Marja de Haan | Anne de Haan | Hilly van der Sluis Shetland stricken

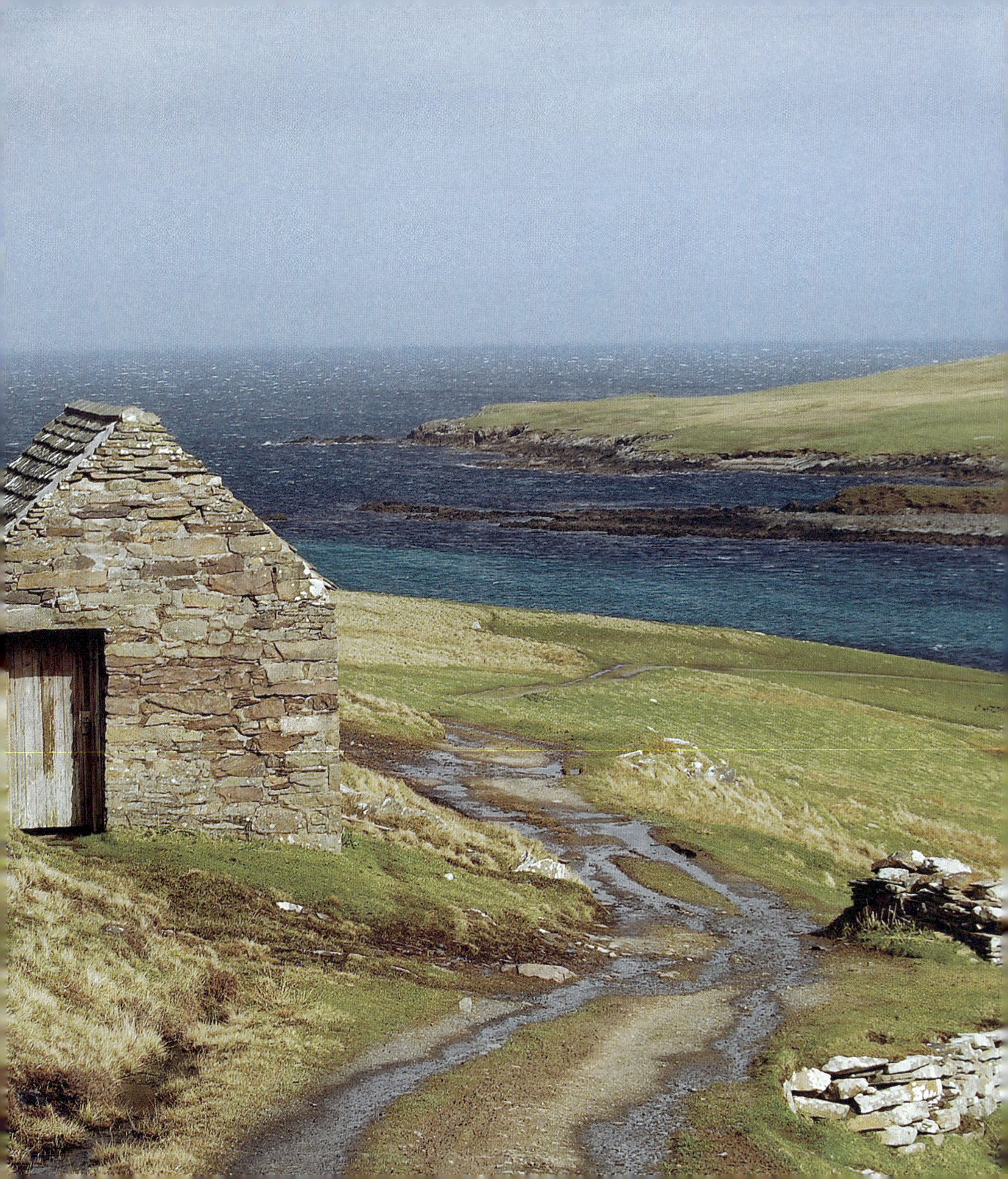

Marja de Haan
Anne de Haan
Hilly van der Sluis

Shetland stricken

Schafe, Wolle und traditionelle Strickkunst

Verlag Freies Geistesleben

Inhalt

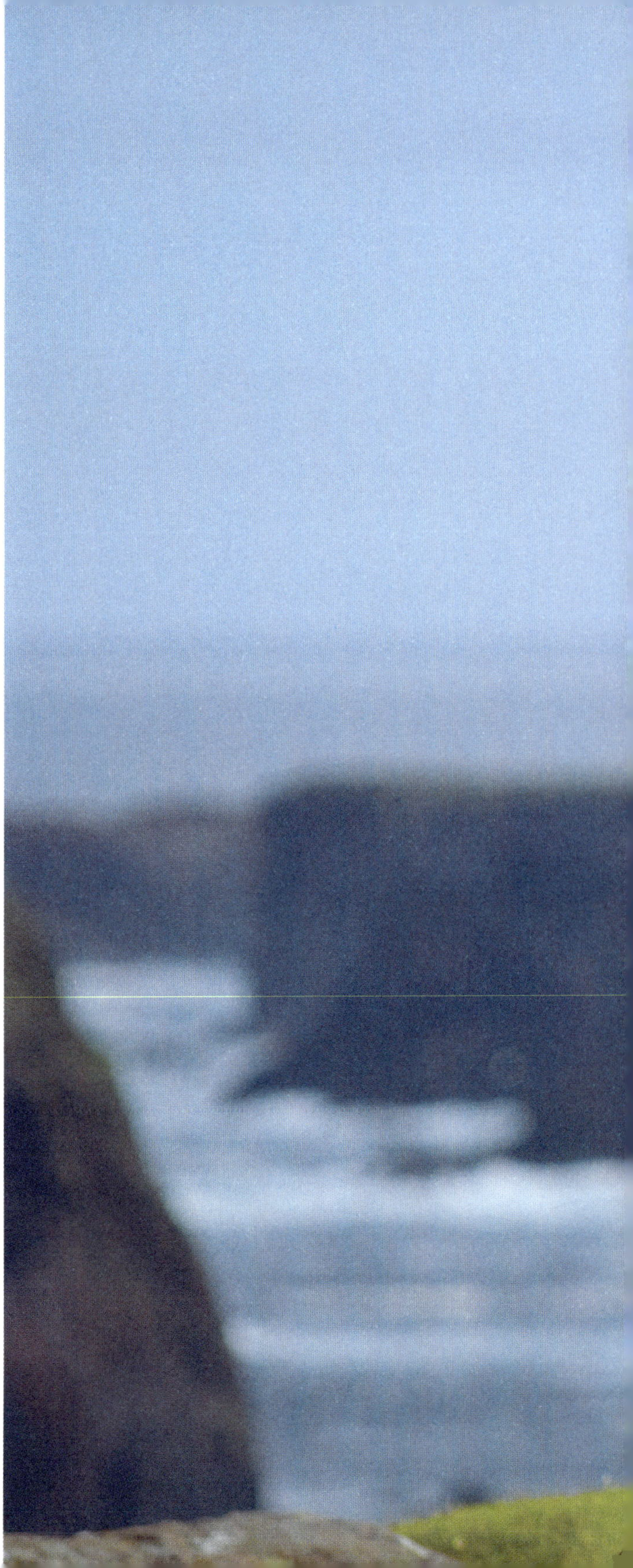

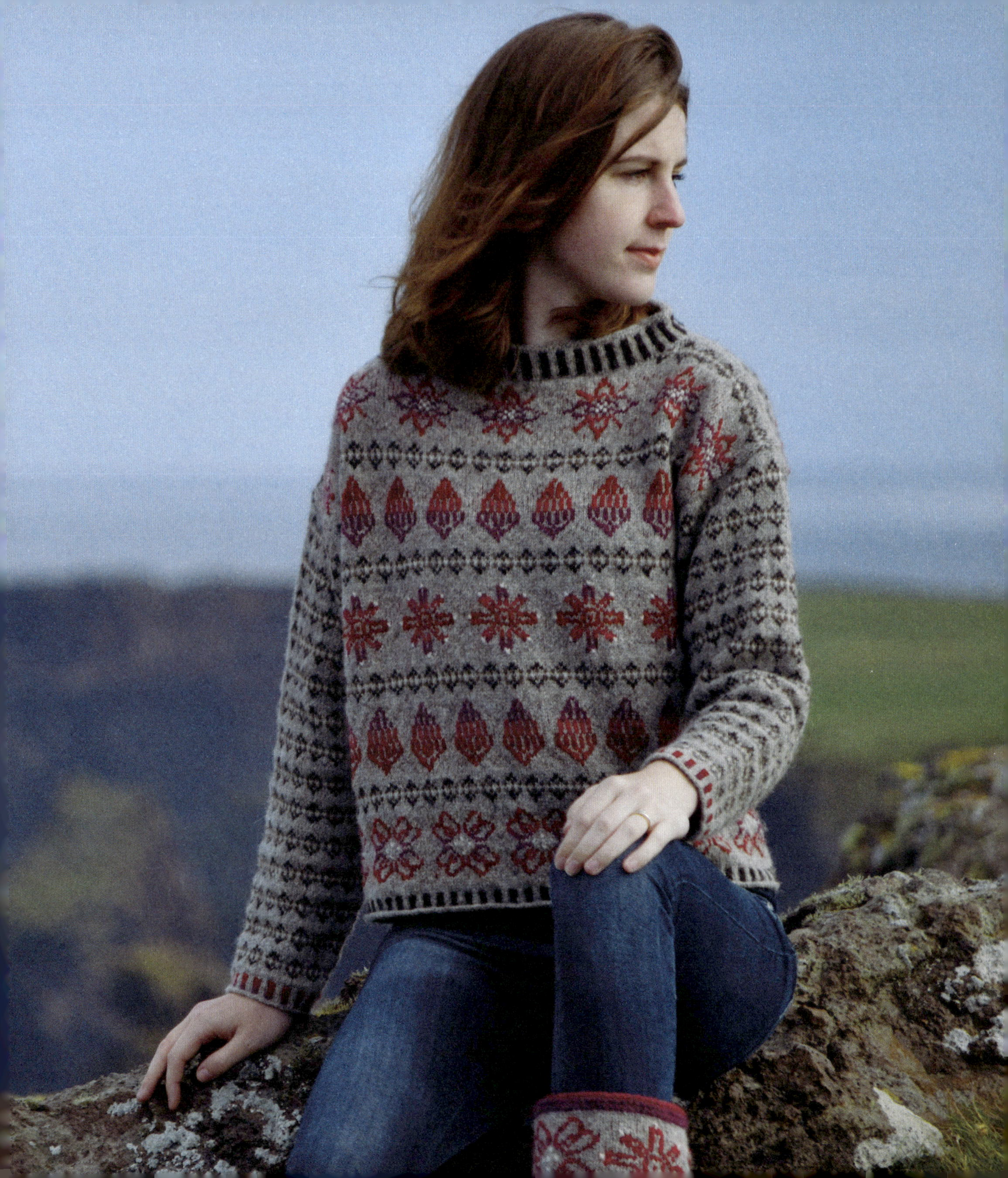

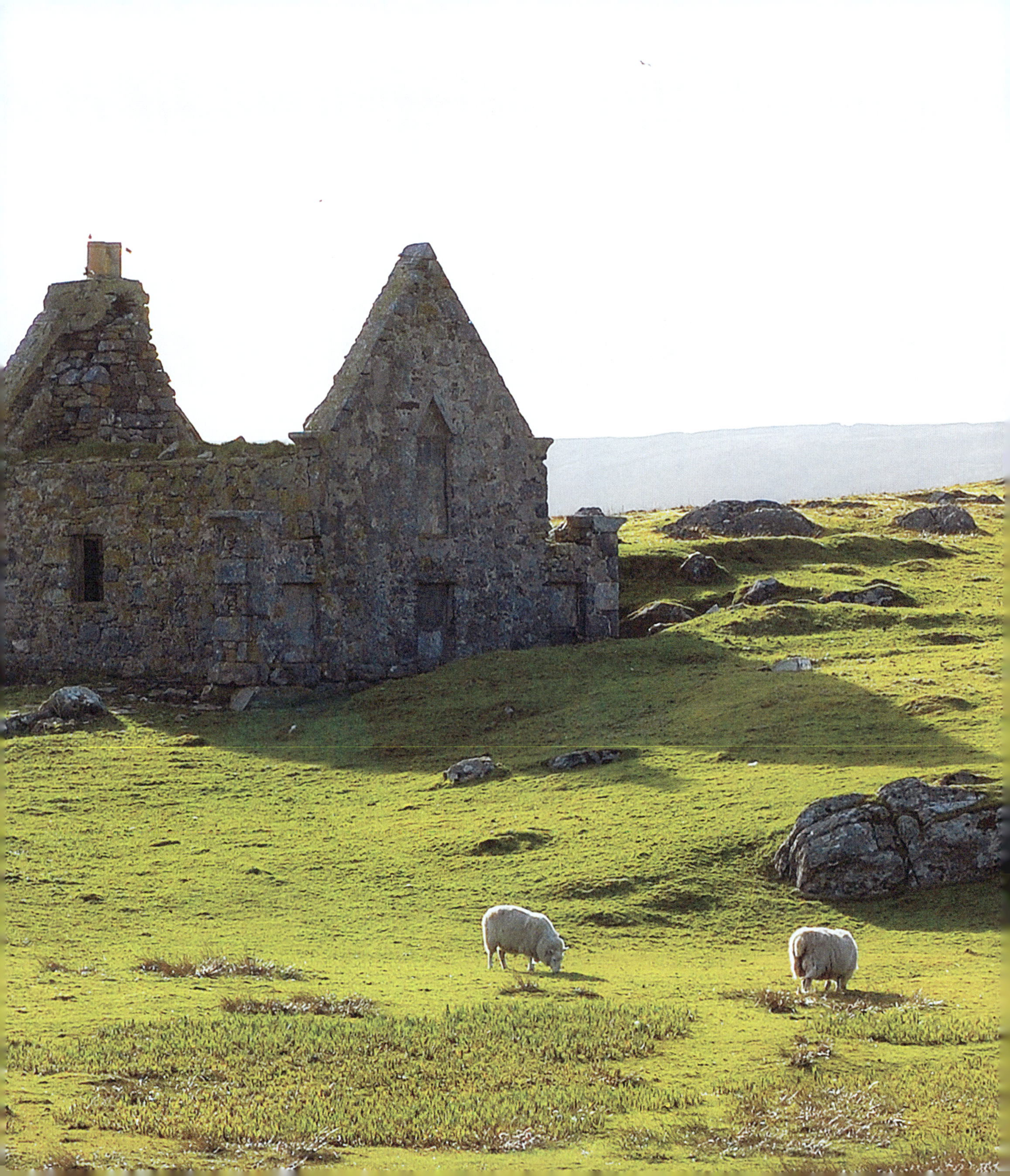

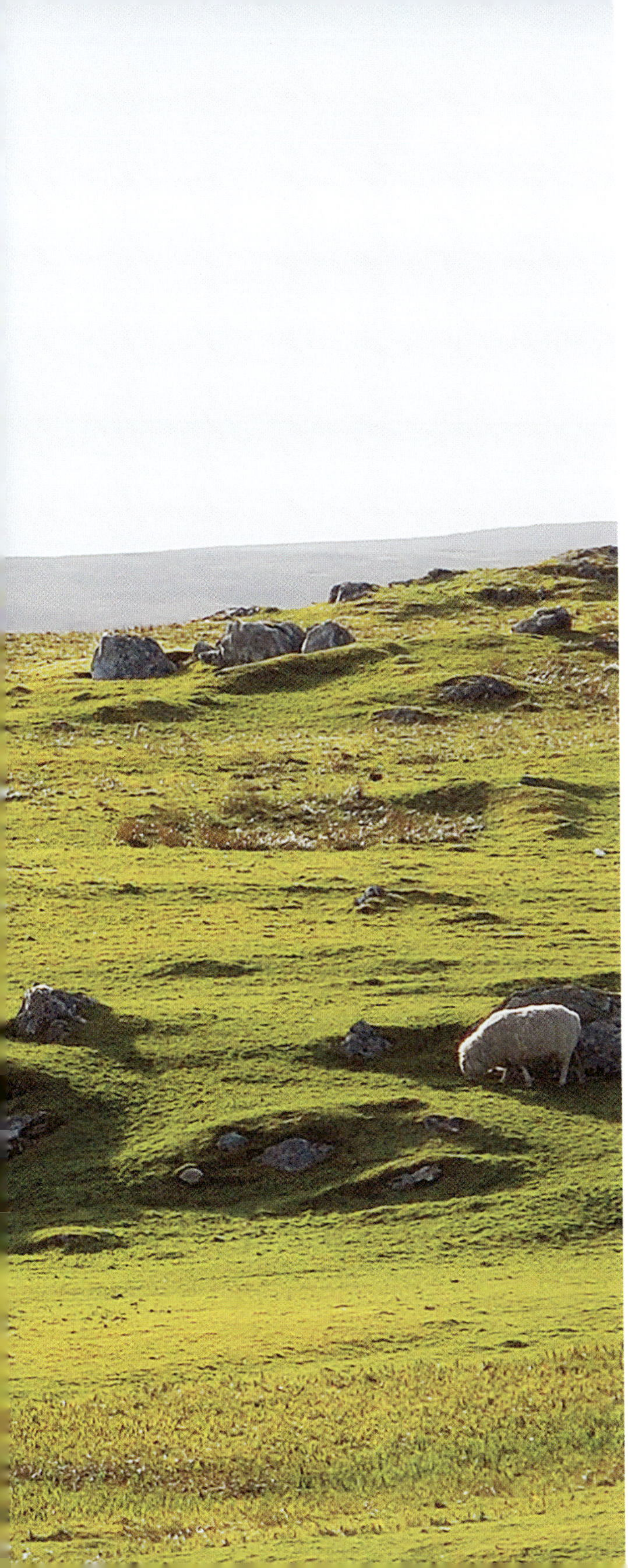

Vorwort

Leider tauchen in unserer Branche immer häufiger Produkte auf, die uns etwas vorgaukeln. Sogar in unserer kleinen Strickwelt spielt die Produktion von Billiggarnen aus Ländern, in denen weder Mensch, Tier noch Umwelt mit Respekt behandelt werden, eine zunehmend größere Rolle. Unsere Suche nach ehrlicher und fair produzierter Wolle, deren Herkunft lückenlos nachvollziehbar ist, führte uns dieses Mal nach Shetland. Dass die Produktionskette für Wolle auch hier nicht transparent und vollständig rückverfolgbar ist, hat uns schließlich zum Schreiben dieses Buches veranlasst. Neben der atemberaubenden Natur auf Shetland, die sich als eine großartige Quelle der Inspiration erwiesen hat, entwickelte sich unsere Suche nach dem Ursprung der Shetlandwolle zu einer Leidenschaft, die wir gern mit Gleichgesinnten teilen möchten. So hoffen wir dann auch, dass sich viele Strickbegeisterte zusammen mit uns auf die Reise zu den Schafen, den Kleinbauern, den sogenannten «crofters» und in die Hügel Shetlands machen wollen.

Marja de Haan

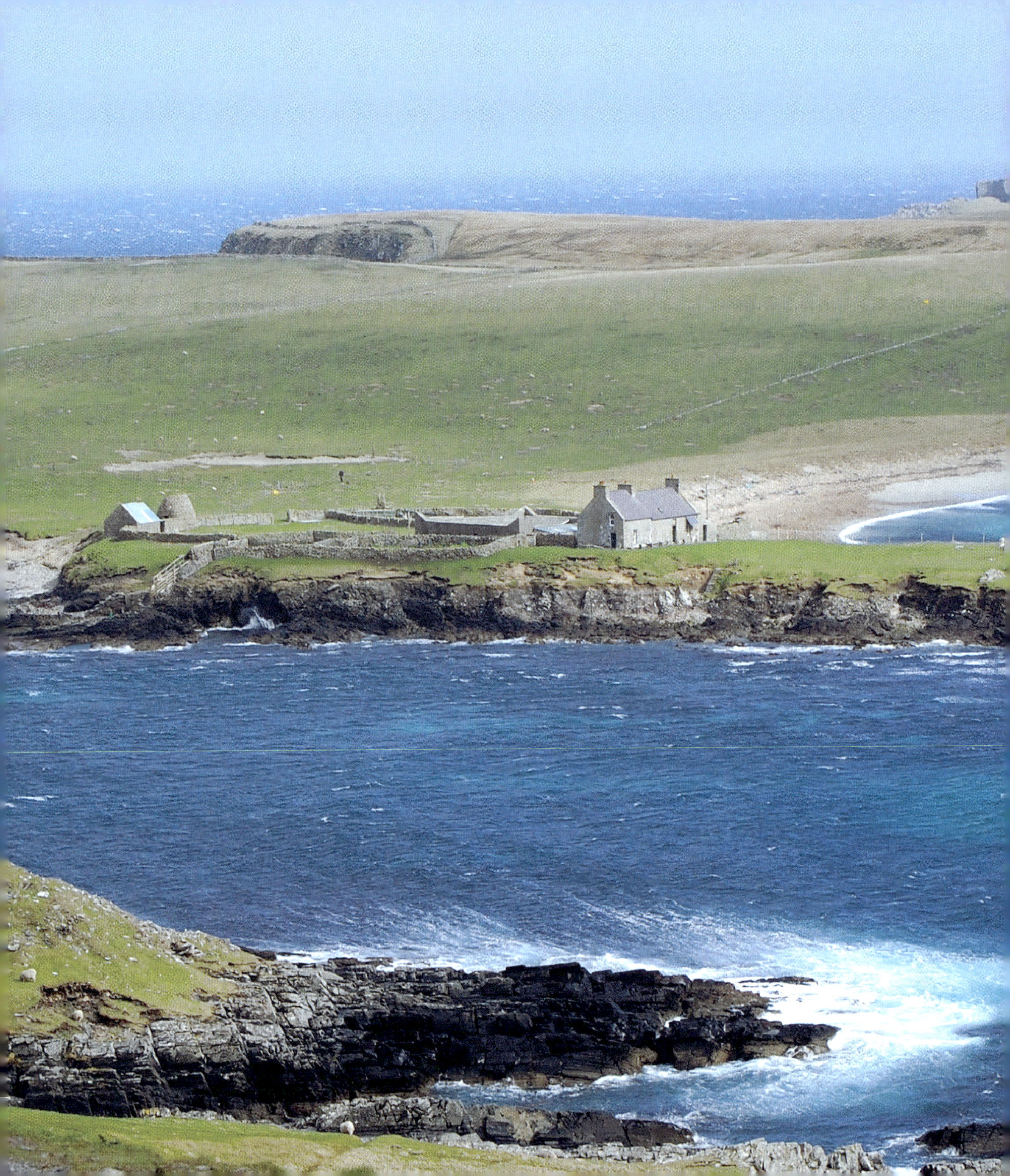

Auf nach Shetland

Eines schönen Tages fassten wir den Entschluss, nach Shetland zu reisen. Fragen Sie mich nicht weshalb, wahrscheinlich war es eine Mischung aus Neugierde, Liebe zur Natur, die Faszination für Inseln sowie eine Begeisterung für Schafe und Wolle, die weit über ein hobbymäßiges Interesse hinausreicht. Da ist Shetland das Traumziel schlechthin!

Die Geschichte beginnt mit der Reisebuchung. Entweder man nimmt das Flugzeug oder den Wagen und die Fähre. Beides hat so seine Tücken. Die Überfahrt von Aberdeen nach Shetland dauert geschlagene zwölf Stunden. Wer seefest ist, kann sich glücklich schätzen. Aber auch die Anreise per Flugzeug hat so ihre Hürden. Direktflüge gibt es nicht. Das heißt: Umsteigen. Entweder in Edinburgh, Aberdeen oder Inverness, in ein kleines Propellerflugzeug. Und bevor man sich versieht, ist man auf dem Weg zur kürzesten Landebahn Europas, die im Meer beginnt und endet. Die Piloten müssen den Anflug fleißig geübt haben, und falls dieser doch nicht gelingen sollte, Meister im Durchstarten sein. Ein Glück, dass wir von alledem keine Ahnung hatten und dies erst von den Inselbewohnern erfuhren, die deshalb auch lieber die Fähre nehmen. Bis auf einige Wagemütige, die sich unbekümmert in das Flugzeug setzen, so ganz nach dem Motto «das gehört hier nun einmal zum Leben».

Unsere Flugreise verlief ohne Komplikationen und wir landeten im März, noch vor Sonnenuntergang, auf Sumburgh. Dort erwartete uns ein freundlicher Mitarbeiter der Autovermietung, und ehe wir uns versahen, waren wir in einem kleinen roten Leihwagen, mit dem Lenkrad auf der rechten Seite, unterwegs. Nach einem kurzen Halt vor den Schranken, welche die Landungsbahn sichern, die wir überqueren mussten, fuhren wir bereits auf den braunen Hügel auf der langen Straße in Richtung Lerwick. Immer mit der Ruhe, auch wenn Sie, so wie wir, noch nie auf der linken Straßenseite gefahren sind!

Die Shetländer trotteln geduldig hinter Ihrem langsam fortkriechenden Wagen her, auch wenn Sie damit auf der sonst kaum befahrenen Straße eine lange Autoschlange hinter sich herziehen. Die Insulaner wissen genau, wann und auf welcher Höhe sie Sie überholen können, winken Ihnen dann fröhlich zu, als wäre es für sie ein Vergnügen, wegen Ihres unbeholfenen Fahrstils das Abendessen aufwärmen zu müssen.

Dank ihrer Gemütsruhe und Gelassenheit fiel uns das Fahren auf der «falschen» Seite schon bald viel leichter. Unser Blick richtete sich jetzt nicht mehr so krampfhaft auf die Straße, weshalb wir plötzlich Schafe, ganz viele Schafe entdeckten, die aber fast alle so aussahen wie die Schafe, denen wir im Urlaub auf der niederländischen Insel Texel auf Schritt und Tritt begegnet sind. Eine leichte Enttäuschung machte sich bei uns breit. Sind wir wirklich so weit gereist, um weiße holländische Wollknäuel auf Beinen zu bewundern? Wir lieben diese entzückenden Tierchen mit ihrer warmen Wolle, gar keine Frage, aber ein Urlaub auf Texel wäre doch um einiges preiswerter und die Anreise erheblich kürzer gewesen...

Im März wird es noch früh dunkel und wir waren froh, als wir in der Dämmerung unsere wunderschöne «croft» (kleiner Bauernhof) erblickten, wo wir mit einem erquicklichen Mahl empfangen wurden. Als wir nach langer Reise schließlich im Schutz des dicken steinernen Gemäuers, das schon seit ewigen Zeiten den Naturgewalten trotzt, in unseren Betten lagen, schwirrte im Halbschlaf immer noch die Frage in unseren Köpfen herum, wo denn nun die süßen kleinen Shetlandschafe in all ihren Naturfarben des Regenbogens geblieben sind, die der eigentliche Grund für unser Abenteuer waren? Aber die ohrenbetäubende Stille und die frischeste Luft, die wir jemals einatmeten, sorgten für die nötige Bettschwere. Schäfchenzählen, nein, das mussten wir bestimmt nicht mehr!

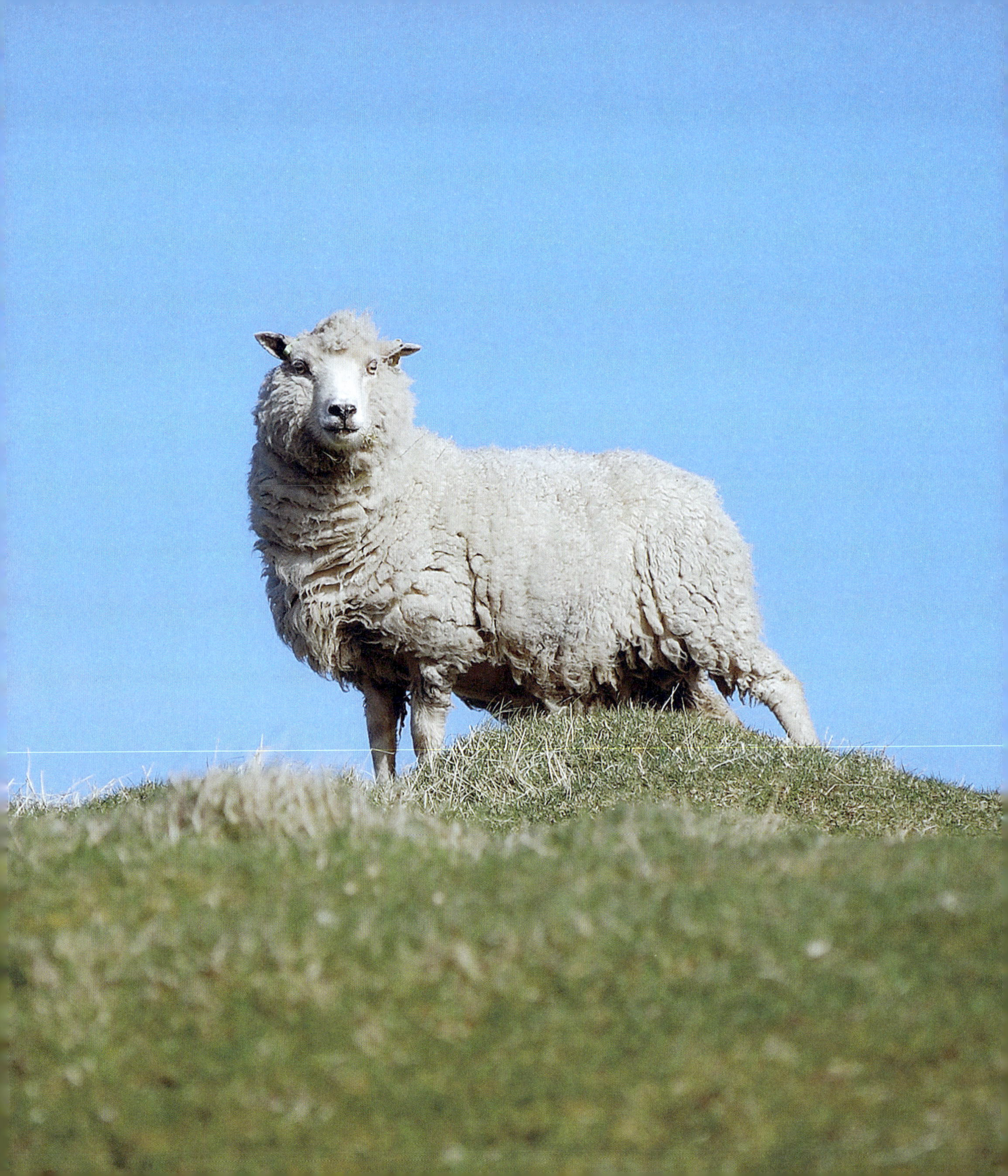

Shetlandschafe

Als wir uns am nächsten Morgen auf den Weg machten, hatten wir noch keine Ahnung, wohin uns die Suche nach Shetlandwolle führen würde. In den darauffolgenden Tagen besuchten wir das herzliche und gastfreundliche Ehepaar Pete und Linda von Shetland Organics; entdeckten die bunteste und ehrlichste Wolle, die wir jemals gesehen hatten, bei Ronnie und Sue von der Uradale Farm und kamen zur urtümlichen und örtlichen Spinnerei von Jamieson's of Shetland. Im Eilverfahren lernten wir alles über Schafe, Wolle, die Farben der Schafe, Maschinen, was auf Shetland möglich ist und was nicht; und vor allem, dass man tüchtig anpacken muss, wenn man diese prächtige Wolle der Shetlandschafe weltweit auf den Markt bringen möchte. Wobei wir dann auch begriffen, weshalb wir so viele große weiße Schafe, wie die auf Texel, hier sahen. Viele Bauern sind im Laufe der Jahre dazu übergegangen, ihre kleinen abgehärteten Shetlandschafe unter anderem mit dem Texelschaf, dem Texelaar, zu kreuzen, weil es mehr Fleisch und Wolle liefert. Wobei allerdings die für die Shetlandschafe typische Fellstruktur und ihre Fähigkeit, selbstständig in der Hügellandschaft zu leben, verloren gegangen sind. Dieser neugezüchtete Schaftyp muss zugefüttert werden und lebt deshalb in der Umgebung des Bauernhofes.

Wenn man vom Flughafen kommt, sieht man sehr viele dieser Schafe. Zum Glück entdeckten wir in den weitläufigen Hügeln, dort wo es nur Einbahnstraßen gibt, eine ganze Menge jener Shetlandschafe, die genauso aussahen wie diejenigen, die wir von Bildern her kannten.

Das Shetland- oder einheimische Schaf («native breed» = einheimische Rasse), das noch bei einigen Bauern der Inseln zu finden ist, ähnelt den zähen kleinen Schafen, die schon seit Jahrtausenden auf den Shetlands leben, noch sehr. Ihr langes, kräuselndes Fell trotzt allen Witterungen. Sie geben sich auch mit einer kargen Mahlzeit zufrieden und fressen manchmal sogar Meerestang. Dieses kleine Schaf ist mit anderen nordischen Rassen verwandt, doch sein Fell verfügt über die vielfältigsten Farbvarianten von allen. Obwohl in der Industrie weiße Wolle bevorzugt wird, und die Bauern deshalb versuchten, die andersfarbigen Schafe wegzuzüchten, haben einige Züchter auf Shetland erkannt, wie wichtig diese Farbvariationen sind. Sie versuchen nun, diese Vielfalt wieder in die Herden zurückzuzüchten und tragen damit Sorge dafür, dass eines der herausragendsten Merkmale des Shetlandschafes erhalten bleibt. Zudem ist die Wolle des Shetlandschafes aus verschiedensten Fasertypen zusammengesetzt: vom harten Deckhaar bis zum weicheren Unterhaar, das sich sehr gut für Pullover eignet, bis hin zum allerfeinsten Flaumhaar, aus dem man sogar Babykleidung fertigen kann. Eigentlich könnte man das Shetlandschaf als eine Art Allround-Zauberknäuel bezeichnen, aus dem jeder Strick-Fan unendlich viele verschiedene Sachen hervorstricken kann.

Schon nach kurzer Zeit hatten wir unser Herz an Shetland, die Landschaft und die Menschen, aber vor allem auch an die Wolle verloren. Noch in der Woche, in der wir im Croft-Häuschen wohnten, war die Idee für dieses Buch herangereift. Als wir mit Organic Wool, dem Uradale Yarn von Aalmerk und der Spindrift von Jamieson's of Shetland strickten, haben wir versucht, die Natur in unseren Strickarbeiten einzufangen. Denn es ist atemberaubend, dass es dort Blumen gibt, die nur hier, auf diesem kleinen Fleckchen Shetland wachsen, und nirgendwo sonst auf der Welt! Als die Woche zu Ende war, wussten wir, dass wir hierher zurückkommen müssen. Weil wir mehr über die Schafe und die Wolle wissen wollten, weil wir dieses Buch schreiben wollten und dafür Bilder gemacht werden mussten, und weil sich mit jeder neuen Antwort gleich zahllose neue Fragen auftaten ...

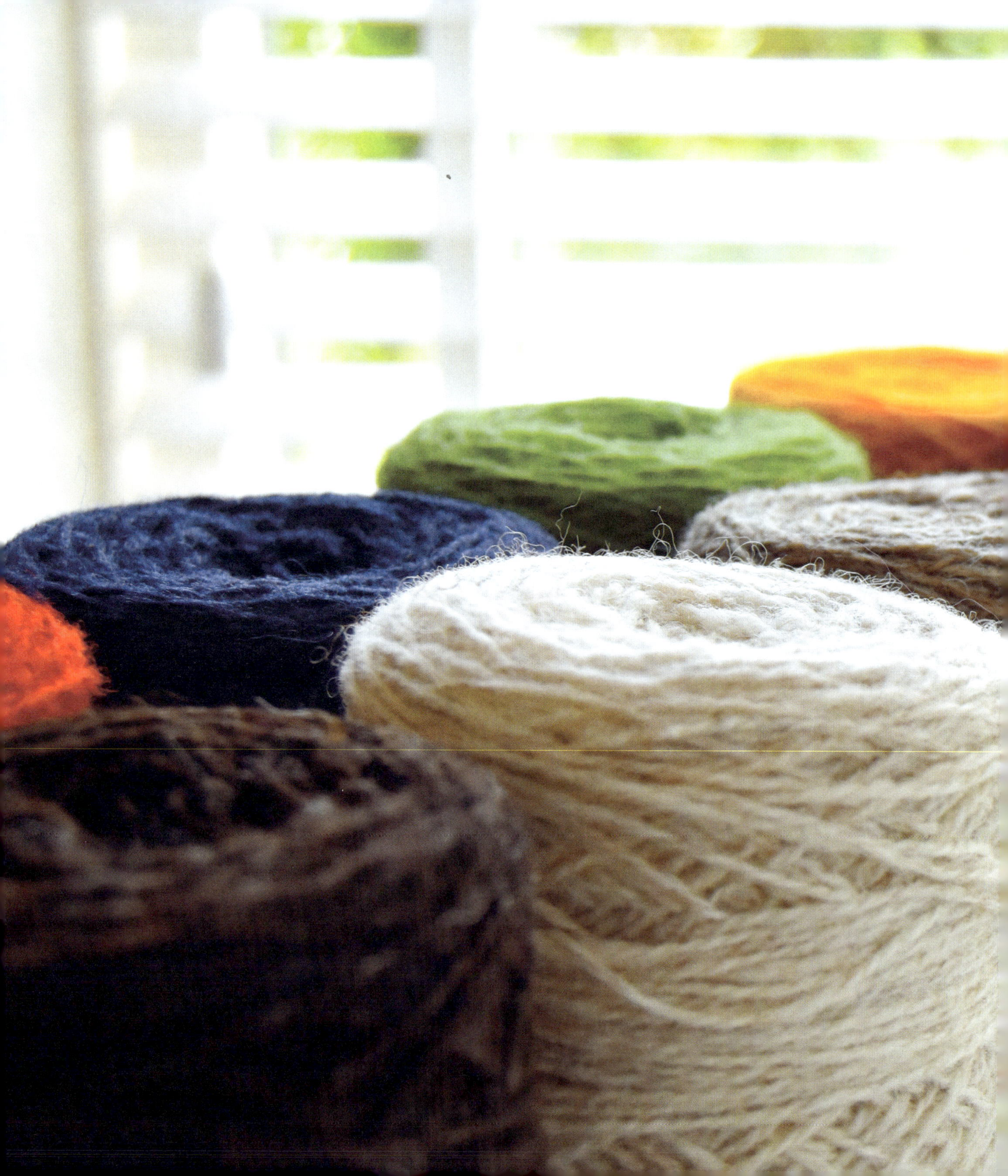

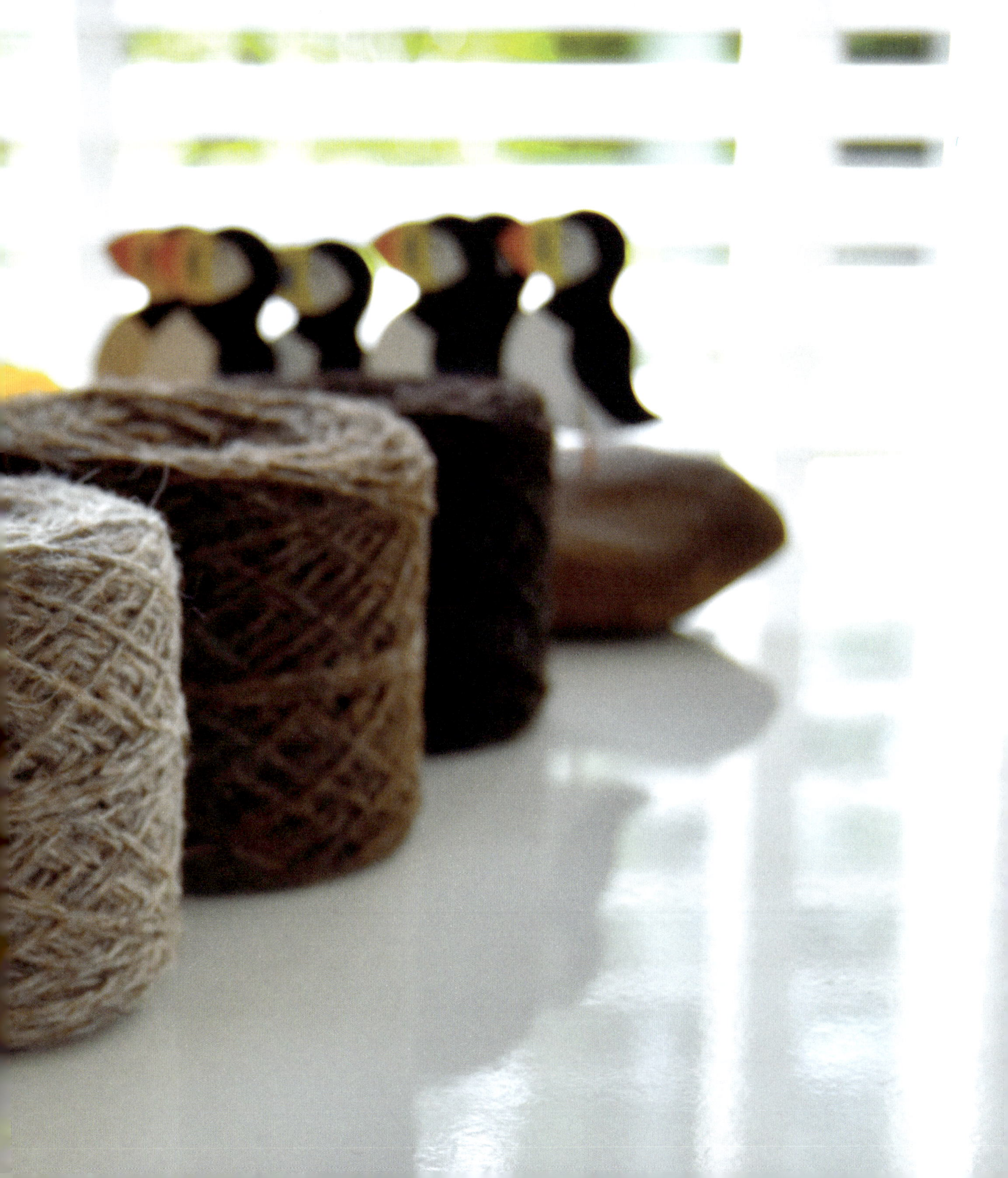

Shetlandwolle

Es dauerte nicht lange, bis wir wieder auf der Insel waren! Nicht zuletzt, weil wir uns mehr und mehr auf der Uradale Farm zuhause fühlten, oder weil wir etwas mit den Leuten von Jamieson's of Shetland zu besprechen gehabt hätten, sondern auch, weil wir lernten, wozu man Shetlandseife benutzen kann und weil die wundervollen Bücher aus dem *Shetland Times Bookshop* und des *Aminity Trust* in unserem Buchladen bereits eine niederländische Fan-Gemeinde gebildet hatten. Nein, der Hauptgrund unserer Rückkehr lag in dem Verlangen, alles bis ins kleinste Detail über Shetlandwolle zu erfahren; über die kleinen Shetlandschafe auf den Hügeln und die größeren in der Umgebung der Bauernhöfe - und vor allem auch alles über die Bezeichnung «Shetlandwolle». Denn inzwischen wussten wir, dass die Shetlandwolle viele Gesichter hat, und dass ein Label oder eine Banderole noch lange nicht alles über die Herkunft der Wolle, das Schaf oder den Herstellungsort aussagt. Der Begriff «Shetlandwolle» wird grob in folgende Kategorien unterteilt:

- Garn, das meist für einen ganz bestimmten Pullover-Typen genutzt wird (oft verkauft für die Anfertigung von Männerkleidung und sehr modern in den 1960er-Jahren). Es kann überall hergestellt werden und die Herkunft der Wolle ist unbekannt.
- Garn eines bestimmten Typs, das einige Merkmale aufweist, die mit der Shetlandwolle übereinstimmen (dabei handelt es sich hauptsächlich um Streichgarn). Auch diese Garne können überall hergestellt werden und die Herkunft der Wolle ist unbekannt.
- Garn, welches aus der Wolle von Shetlandschafen gesponnen wird, die nicht auf Shetland leben. Dabei handelt es sich meist um kleinere Bauernbetriebe und Hersteller. Die Herstellung kann überall stattgefunden haben, nur nicht auf den Shetlandinseln. Die Herkunft der Wolle ist für den Verbraucher oft nachvollziehbar.
- Garn von Schafen, die auf Shetland leben und deren Wolle anderswo versponnen wird. Die Felle können von Shetlandschafen und von «crossbreeds» (Kreuzungen) stammen, die auf Shetland gehalten werden und deren Wolle eventuell dann auch mit anderer Wolle vermischt sein kann. Dieses Garn kann zum Verkauf oder zur Weiterverarbeitung wieder nach Shetland gebracht werden. Oder es findet seinen Weg in die vielen Wollläden und zu den Designern.
- Garn des «hill sheep». So wird das Shetlandschaf genannt, das fähig ist, sich auf den Hügeln Shetlands selbstständig über Wasser zu halten. Dabei handelt es sich oftmals um Schafe, die auf Shetland im «flock book» verzeichnet sind, einem Zuchtbuch, das ins Leben gerufen wurde, um die spezifischen Merkmale des Shetlandschafes, so wie die «crofters» es gerne haben wollten, festzulegen. In der Umgebung von Sandness wird die Wolle des «hill sheep» hauptsächlich bei Jamieson Spinners, der einzigen Spinnerei auf Shetland, wo diese Schafe auch leben, verarbeitet. Erst dann verlassen die Wollknäuel Shetland und ziehen in die weite Welt!
- Garn von Shetlandschafen, die GOTS-zertifiziert (**G**lobal **O**rganic **T**extile **S**tandard) sind und deren Vorfahren möglicherweise im «flock book» registriert wurden, aber auch von denen, die vom alten «native breed»-Typ stammen können. Diese Wolle kann leider nicht auf Shetland verarbeitet werden. Um nach den GOTS-Richtlinien zertifiziert werden zu können, muss das Spinnen und Färben in ein und derselben Fabrik geschehen, und zwar in einem ebenfalls zertifizierten Durchlauf («organic run»), der garantiert, dass sich keine gewöhnliche Wolle mit der «organic wool» vermischt. Anschließend kehrt die Wolle zu ihrem Besitzer nach Shetland zurück oder kann aus logistischen Gründen vorübergehend auch anderswo gelagert werden.

- Zu guter Letzt gibt es auch handgesponnene Shetlandwolle. Die Spinner auf Shetland benutzen selbstverständlich die Wolle der hiesigen Schafe und können sich die edelsten Felle aussuchen. Shetlandschaf-Felle sind auch außerhalb der Inseln sehr beliebt bei denen, die ihre Wolle selber spinnen möchten.

Während unseres letzten Besuchs hatten wir ein interessantes und lehrreiches Gespräch mit Dr. Carol Christiansen, der Konservatorin der Textilienabteilung des *Shetland Museum & Archives*. Wir fragten sie, weshalb denn auf den Banderolen der Wollknäuel, die in den Wollläden allesamt unter dem Namen «Shetlandwolle» verkauft werden, diese Unterschiede nicht vermerkt sind. Für uns klang das wie Parmaschinken aus Texel oder Goudakäse aus Moskau.

Als sich ihr Staunen über unser Interesse an der Herkunft der Wolle und des Schafes auf Shetland gelegt hatte, brachte sie uns in nur wenigen Stunden eine ganze Menge über die Rückverfolgbarkeit der Wollfasern, EU-Regeln, die Zusammenarbeit und die Tätigkeit der Kleinbauern («crofting») auf Shetland bei. Nachdem wir voneinander Abschied genommen hatten, war uns klar, dass es noch einen breiten Graben zwischen Strickern und Schafen zu überbrücken gibt. Natürlich können wir verstehen, dass nicht jeder, der mit Wolle arbeitet, das Bedürfnis hat, genau wissen zu wollen, wo das Wollknäuel vorher herumspazierte und wie es herangewachsen ist. Aber für diejenigen, die sich dafür interessieren, gibt es noch viel zu lernen und zu entdecken.

Auf unserer Entdeckungsreise und Suche nach der Herkunft moderner Shetlandwolle waren wir irgendwann an einem Punkt angelangt, an dem wir über ihre vielen Gesichter nur noch staunen konnten, aber an dem wir auch erkannten, dass Shetlandwolle nicht gleich Shetlandwolle ist.

Wir hoffen, dass dieses Buch ein bisschen dazu beiträgt, das Geheimnis rund um die Shetlandwolle zu lüften und Sie gleichzeitig zum Stricken, Experimentieren und Tragen dieses wundervollen natürlichen Geschenks der Shetlandinseln inspiriert.

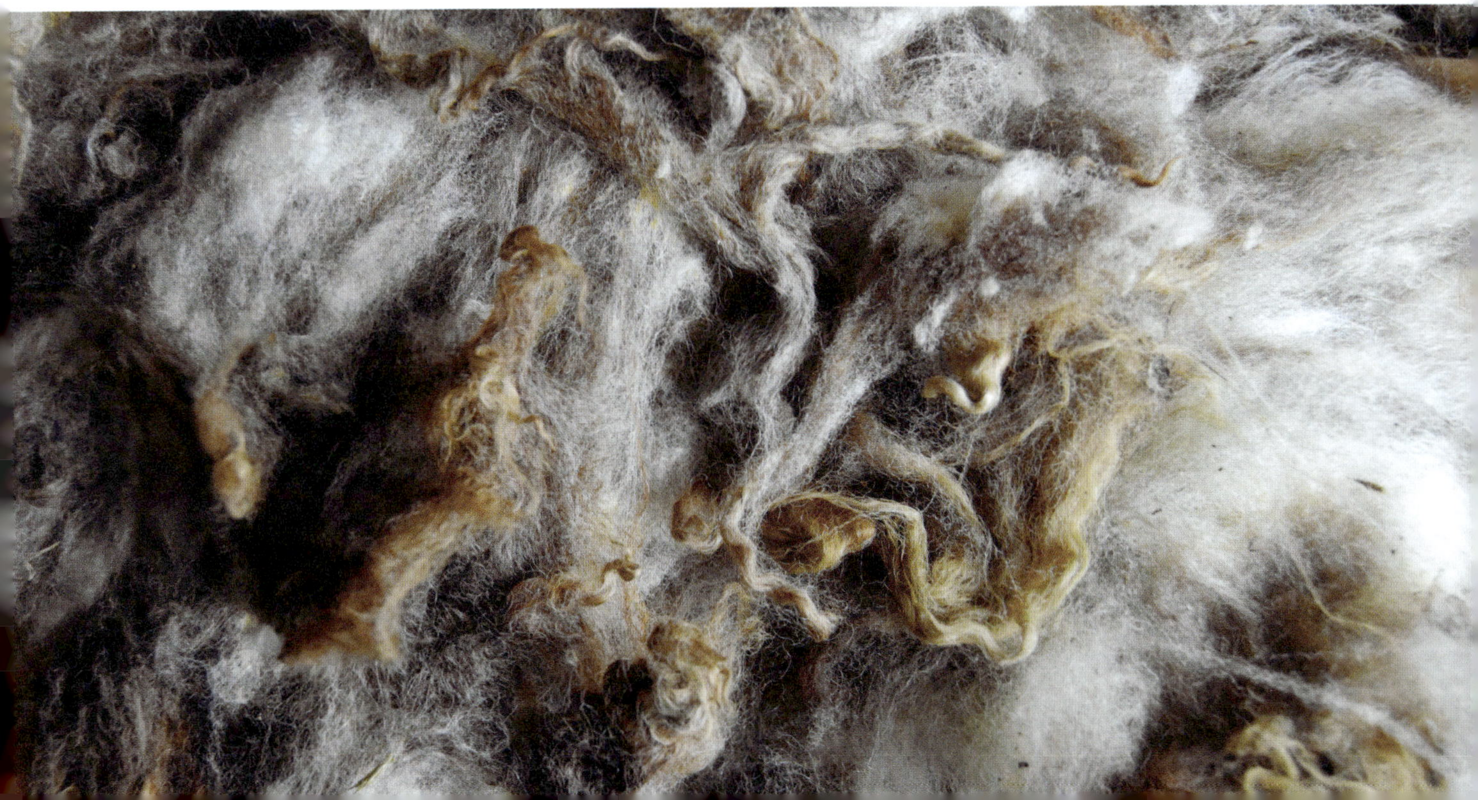

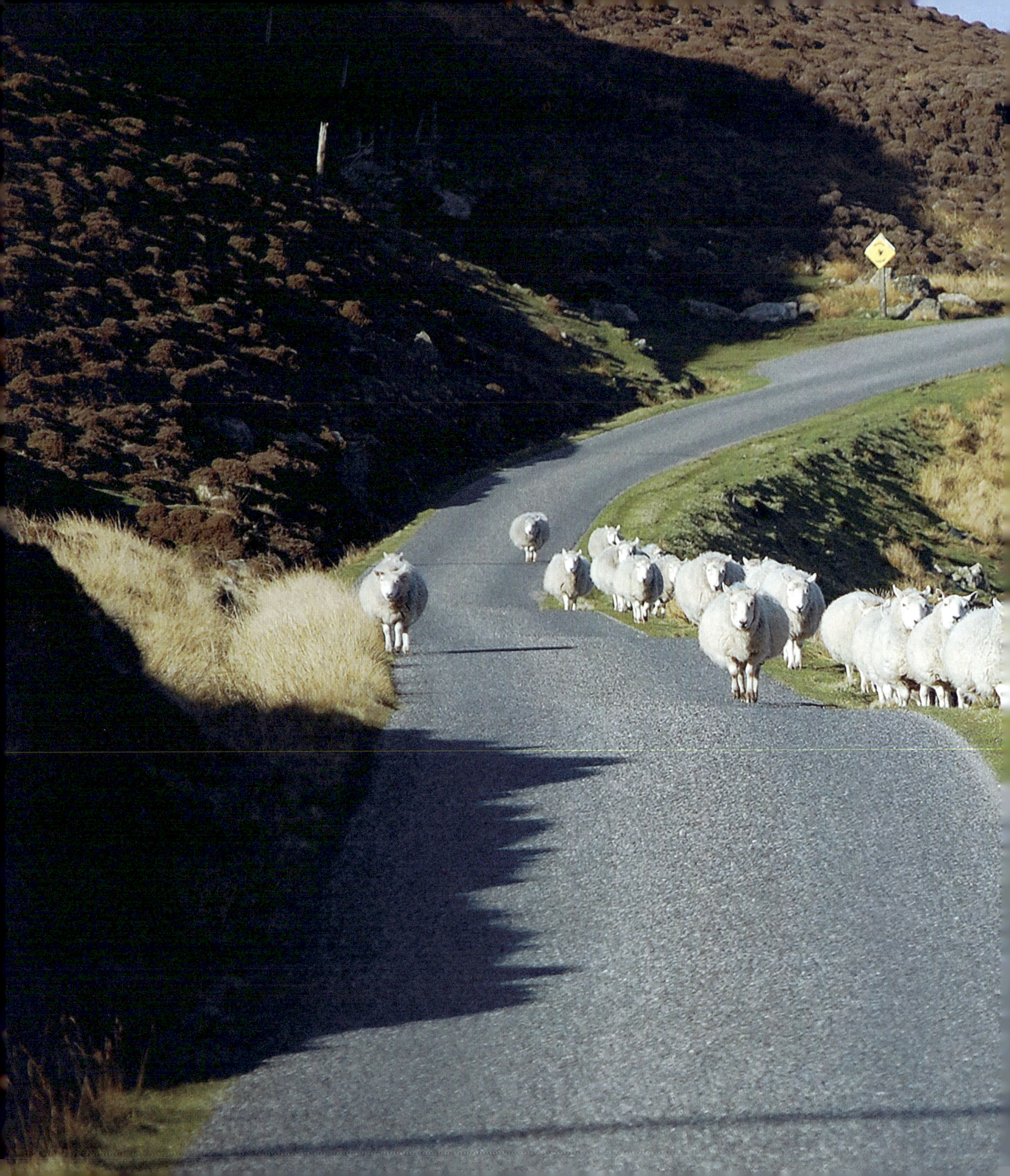

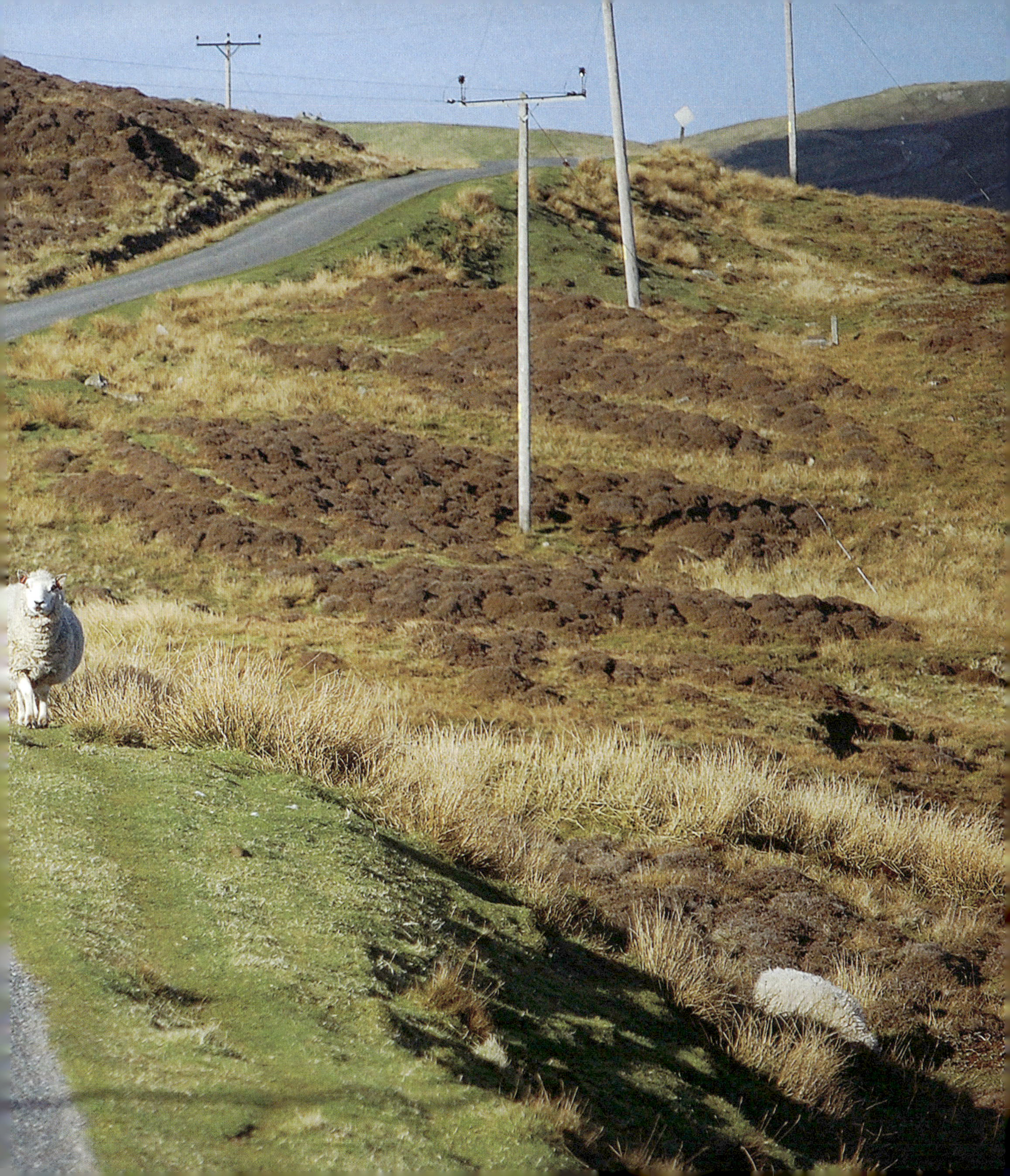

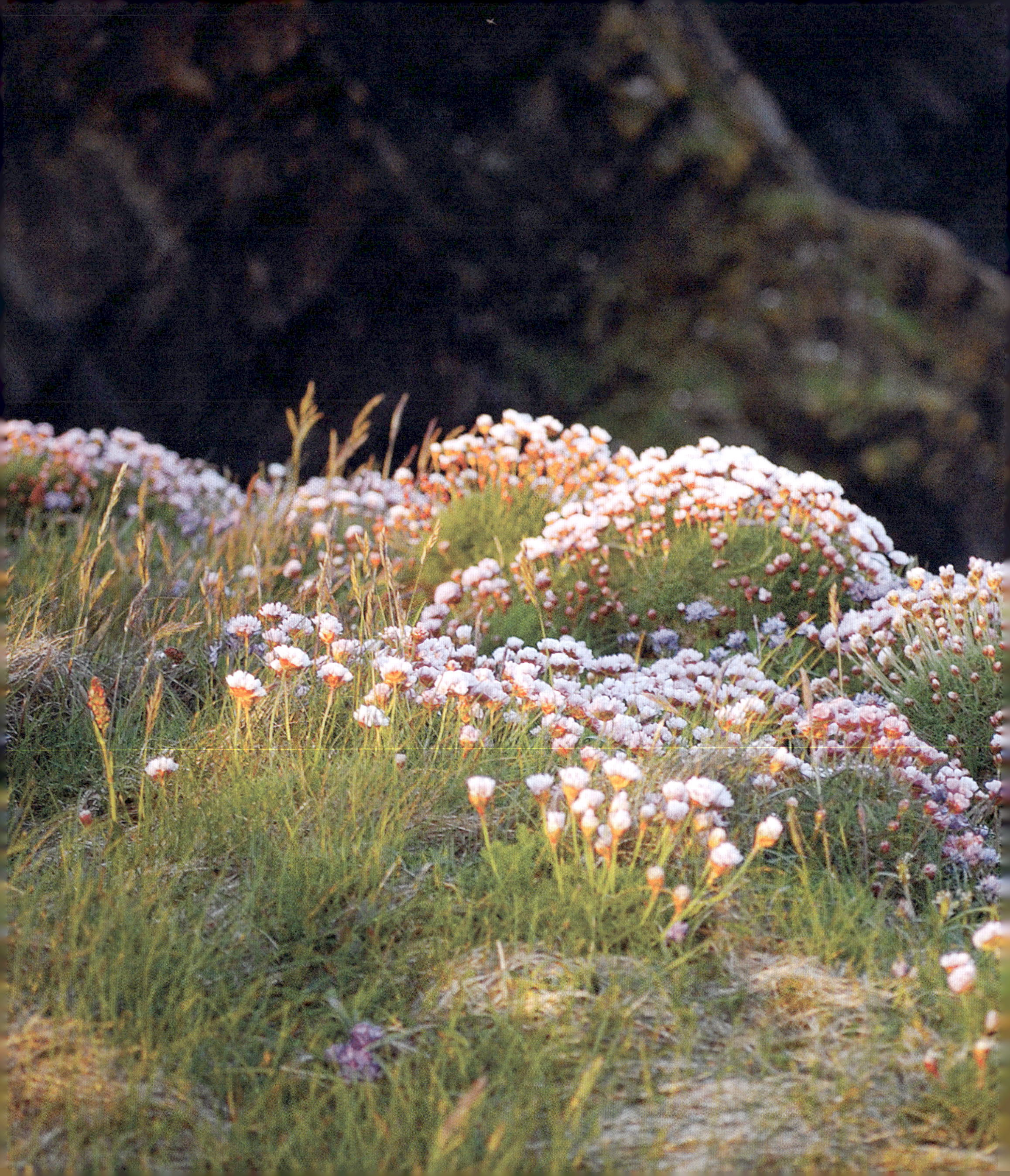

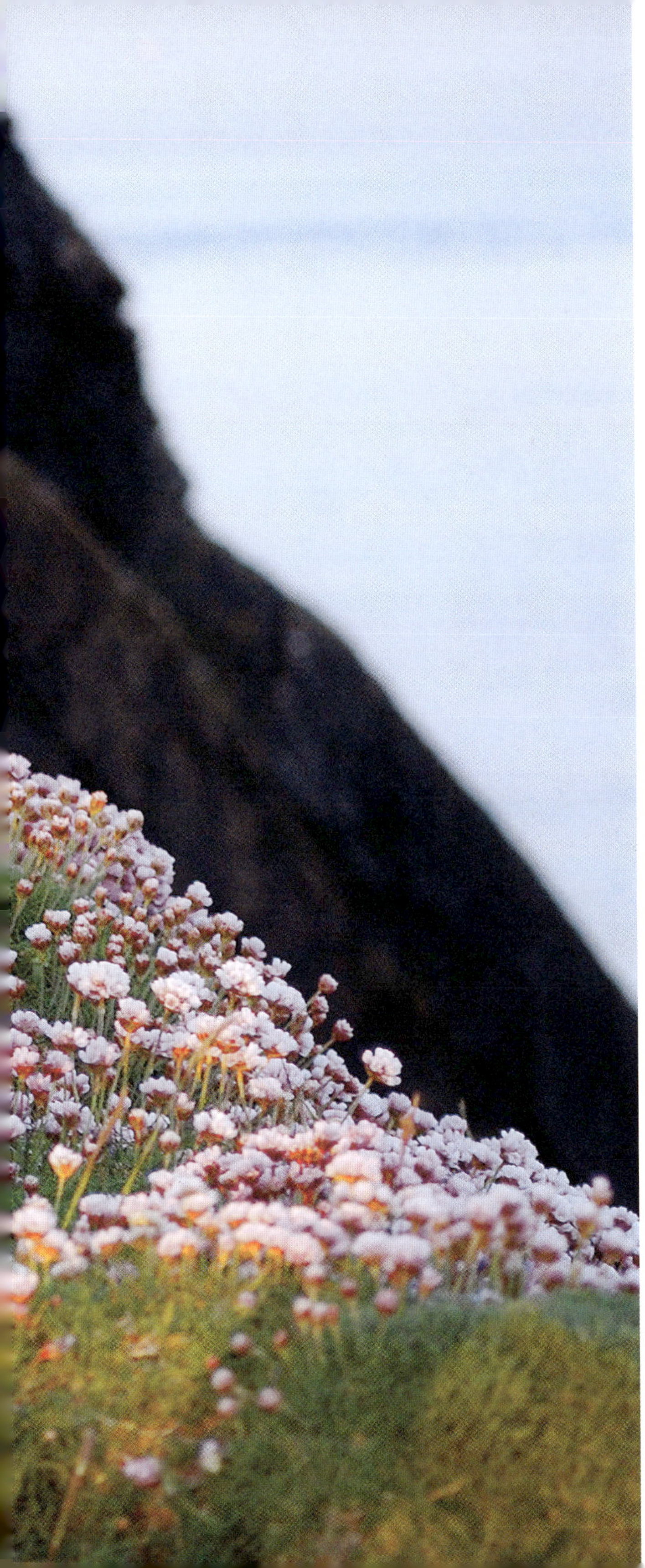

Flora

Edmondston's Chickweed

Sir Thomas Edmondston (1825-1846) war der Spross einer bekannten Shetländer Familie. Bereits im zarten Alter von elf Jahren hatte er eine beachtliche Liste mit Namen von Pflanzen zusammengestellt, die auf den Shetlandinseln wuchsen. Eine davon war die «Shetland mouse-ear», später bekannt als «Edmondston's Chickweed». Der einzige Ort, an dem die Pflanze wächst, ist der Keen of Hamar auf der Insel Unst, der nördlichsten Insel im Archipel der Shetlandinseln. Ein Fleckchen Erde, das eher an eine Mondlandschaft erinnert, bis man das rührend tapfere Blümchen sieht, welches sich in seiner weißen Farbe klar vom steinigen Boden abzeichnet. Und sobald man eines dieser kleinen Naturwunder entdeckt hat, sieht man sie seltsamerweise gleich überall in kleineren oder größeren Gruppen beisammenstehen. Sir Thomas war ein sehr talentierter junger Mann, der mit neunzehn Jahren bereits als Professor für Botanik und Naturgeschichte an der Universität von Glasgow seine Lieblingsfächer dozierte. Als er sich jedoch bereits nach wenigen Wochen auf der «HMS Herald» in Plymouth einschiffte, um, wie damals sein berühmtes Vorbild Charles Darwin auf der Beagle, zu Forschungszwecken nach Südamerika zu reisen, hatte niemand ahnen können, dass dies ein Abschied für immer sein würde. Aus einem unachtsam abgestelltem Gewehr traf ihn versehentlich ein Schuss, der seinem kurzen Leben und damit seiner verheißungsvollen Zukunft als Wissenschaftler ein jähes Ende bereitete. Das tapfere Blümchen auf Unst, das Edmondston's Chickweed, trägt nicht umsonst seinen Namen.

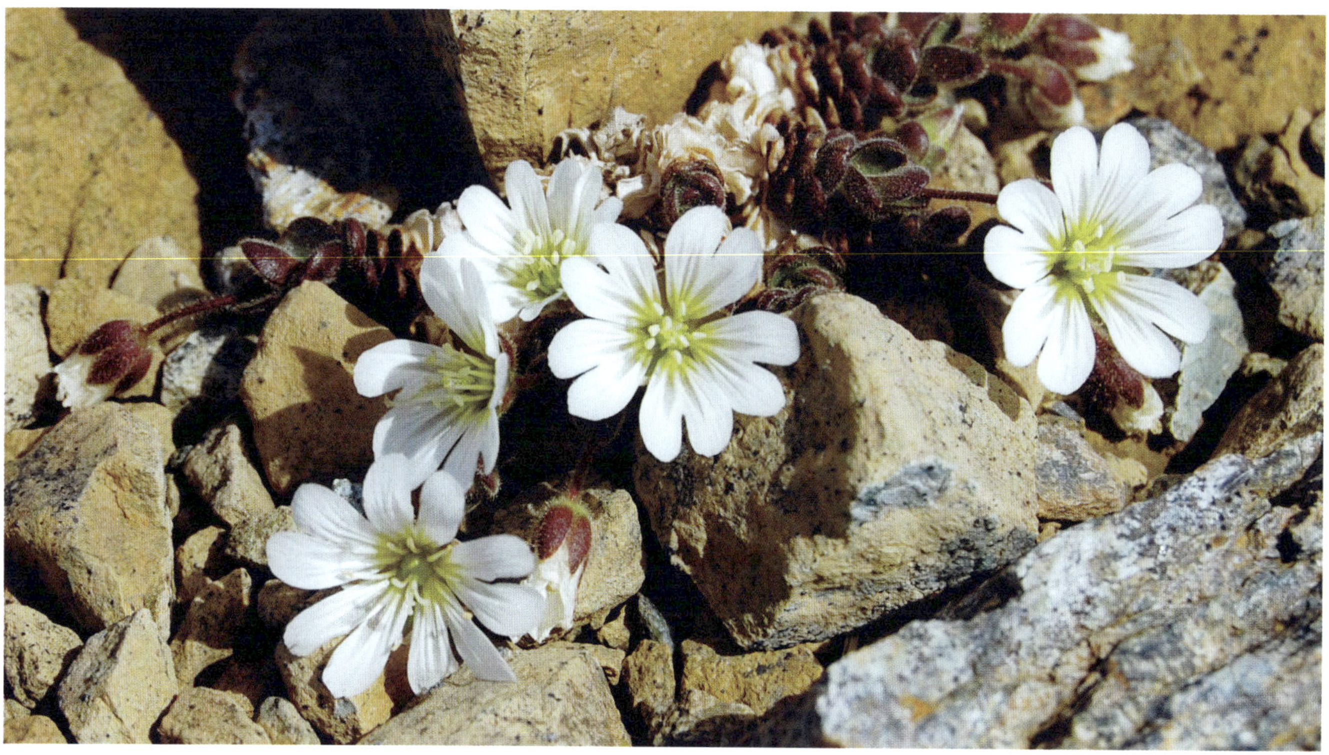

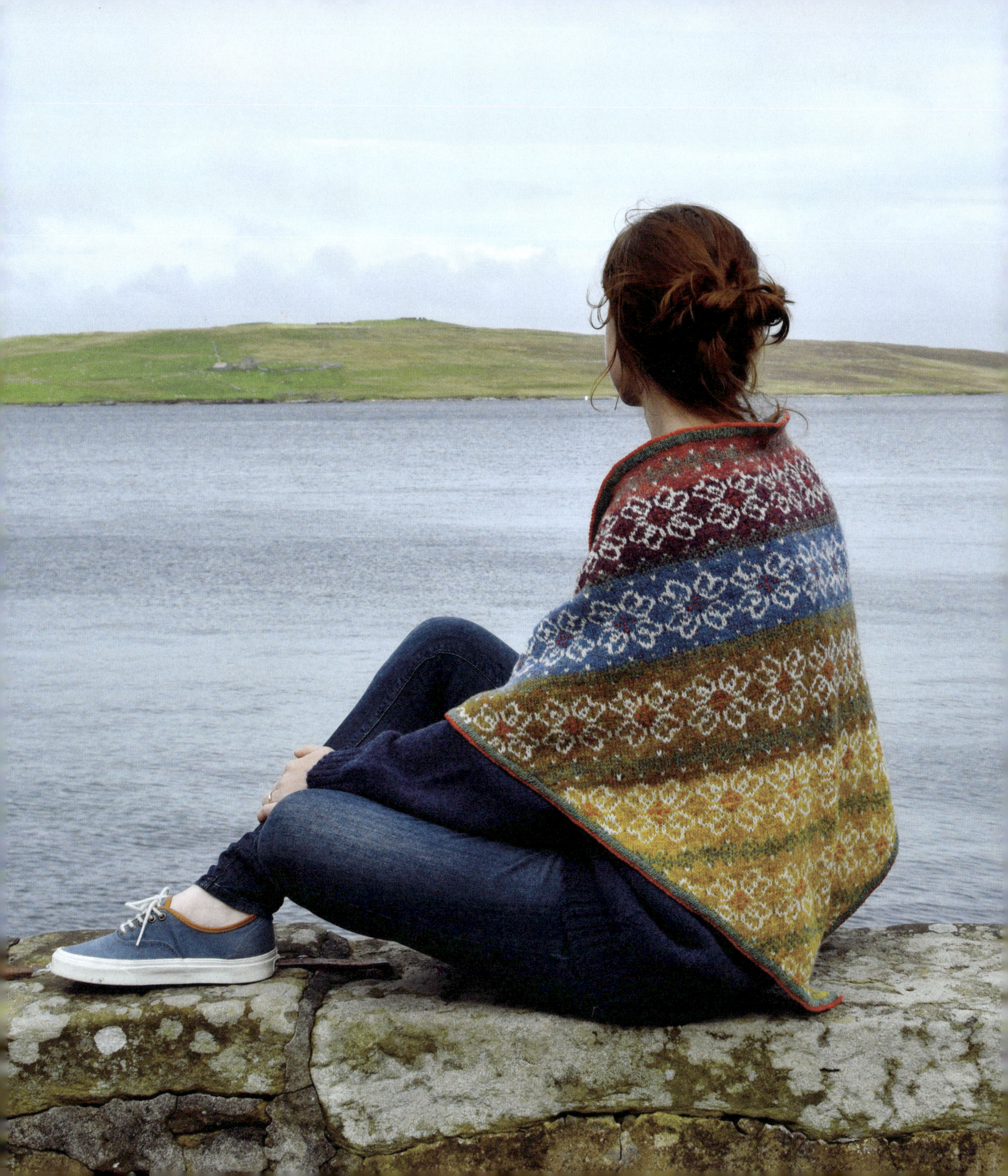

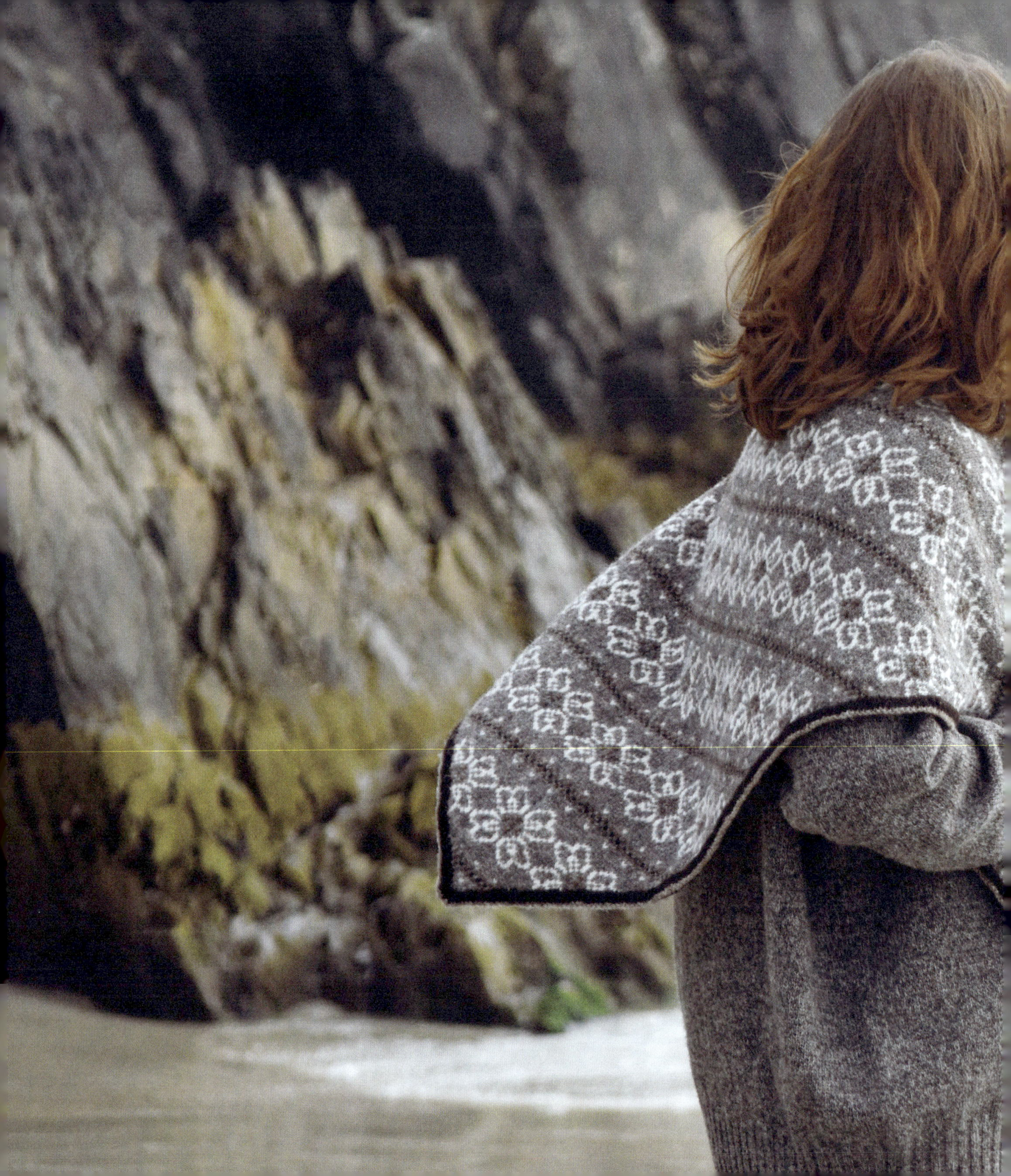

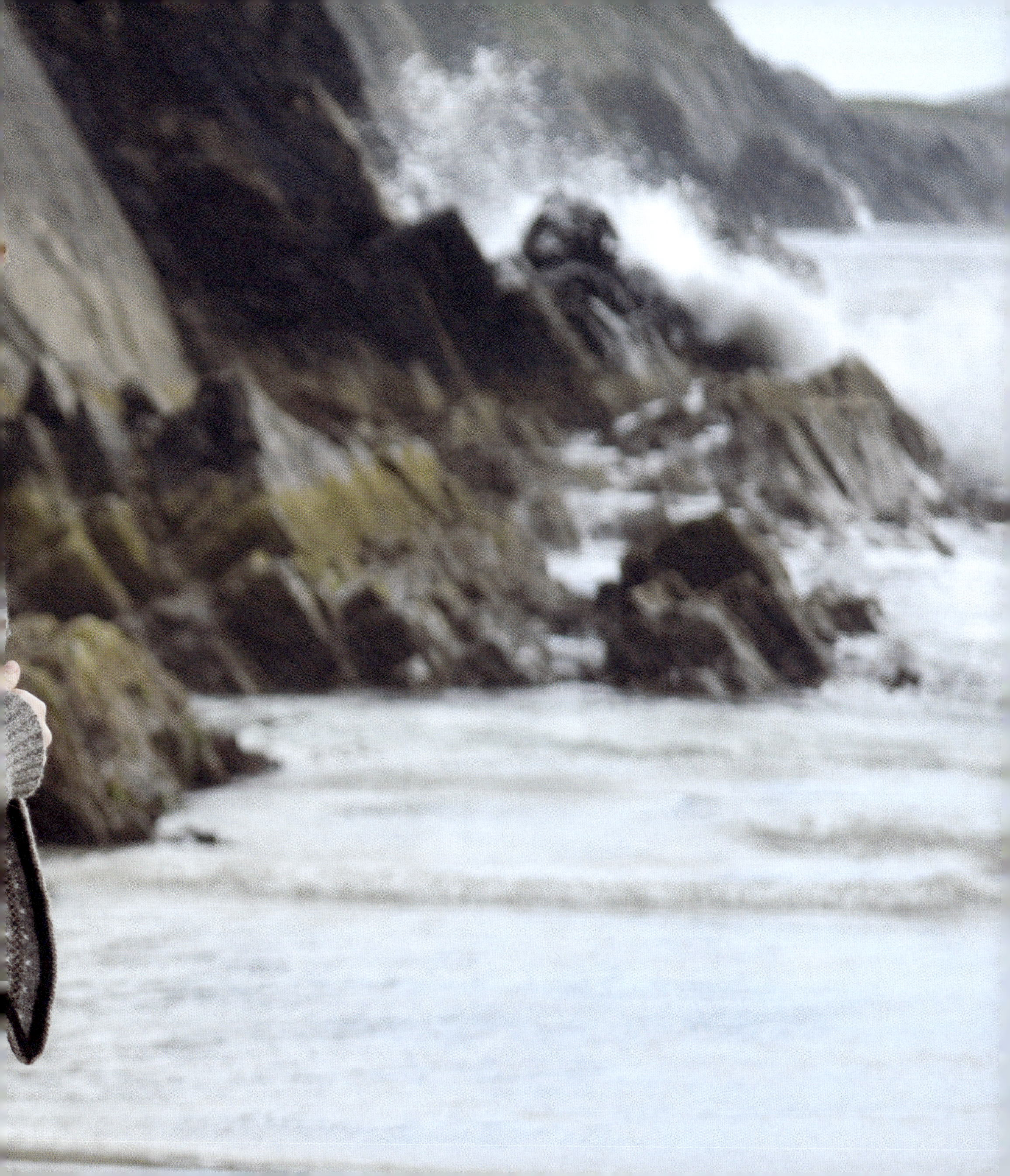

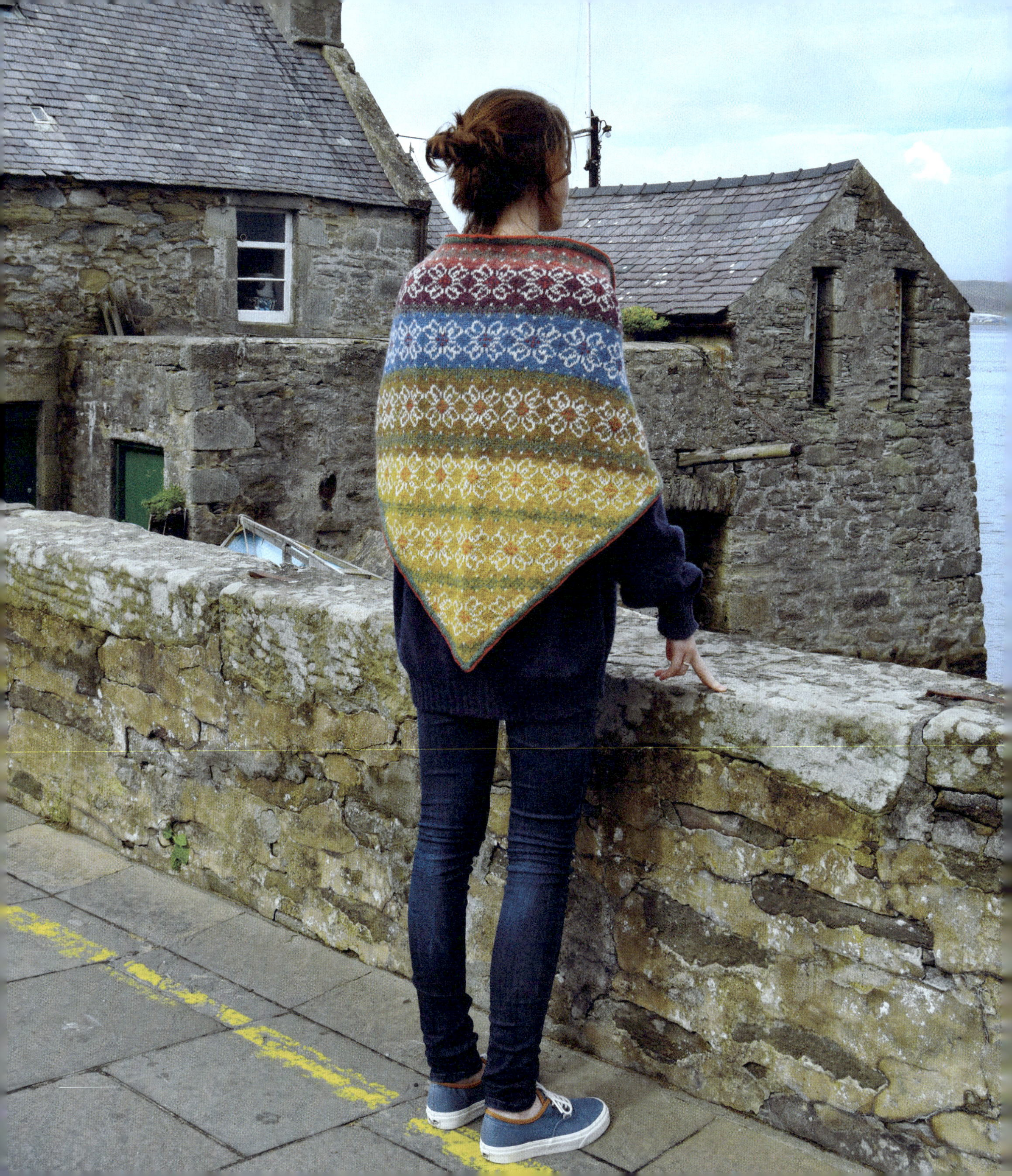

Muster Tuch Chickweed

Material
Farbiges Tuch: «Jamieson's of Shetland Spindrift»
75 Gramm Farbe 1
75 Gramm Farbe 2
25 Gramm Farbe 3
25 Gramm Farbe 4 (Grundfarbe)
25 Gramm Farbe 5 (Grundfarbe)
25 Gramm Farbe 6 (Grundfarbe)
25 Gramm Farbe 7 (Grundfarbe)
25 Gramm Farbe 8 (Grundfarbe)

Stricknadeln
Rundstricknadeln Größe 3,5 mm, in den Längen 40 cm und 80 cm

Material
Naturfarbenes Tuch: «Uradale Yarn Jumper Weight»
150 Gramm Farbe 3 (Grundfarbe)
100 Gramm Farbe 2
50 Gramm Farbe 1
50 Gramm Farbe 4
50 Gramm Farbe 9

Maschenprobe
24 Maschen x 26 Reihen = 10 x 10 cm

Maße
165 cm breit, 70 cm lang

Vorgehensweise

Beim Stricken des farbigen Tuchs wird der Hintergrund der Reihe nach mit den Farben 4 bis 8 (Grundfarben) gestrickt. Wechseln Sie die Farbe, sobald die Farbe, mit der Sie gerade arbeiten, aufgebraucht ist. Schlagen Sie mit der Grundfarbe 5 Maschen auf der Rundstricknadel (Länge 40 cm) an. Stricken Sie solange hin und her, bis genügend Maschen zum Rundstricken auf der Stricknadel liegen. Nehmen Sie in jeder Runde nach der ersten und vor der letzten Masche eine Masche zu. Fahren Sie so fort, bis das Tuch fertig ist. Stricken Sie 3 Runden mit der Grundfarbe und beginnen Sie dann mit der Mustervorlage Fair Isle C (farbiges Tuch) oder Fair Isle E (naturfarbenes Tuch). Achten Sie darauf, dass die Masche mit der Farbe 2 der Mustervorlage mittig zu liegen kommt, denn dann wird auch das Chickweed-Motiv in der Mitte der Spitze auskommen. Der Rapport wächst an beiden Seiten automatisch mit.
Schließen Sie die Reihe ab und stricken, sobald möglich, rund weiter. Schlagen Sie zwischen zwei Maschenmarkierern 6 zusätzliche Maschen an, dies wird die Schnittkante. Wenn Sie mit zwei Farben stricken, dann wechseln Sie die Farben bei jeder der 6 Maschen ab (so werden beide Garne mitgeführt). Versetzen Sie in der nächsten Runde die Farben. Arbeiten Sie mit nur einer Farbe, dann stricken Sie ausschließlich mit dieser weiter. Stricken Sie nach der Mustervorlage Fair Isle 3 Runden mit der Grundfarbe. *Stricken Sie anschließend nach Mustervorlage Chickweed A weiter und achten Sie darauf, dass die Mitte der Blume auch wirklich in der Mitte der Spitze zu liegen kommt und stricken dann wieder 3 Runden mit der Grundfarbe. Stricken Sie dann nach Mustervorlage. Arbeiten Sie dann nach Mustervorlage Fair Isle C/E und stricken anschließend 3 Reihen mit der Grundfarbe*. Wiederholen sie *bis* 6 Mal. Stricken Sie nach dem letzten Fair Isle Muster noch 3 Reihen mit der Grundfarbe. (Sie können das Tuch grösser machen, wenn Sie *bis* mehrmals wiederholen. In diesem Fall benötigen Sie auch mehr Garn.)
Stricken Sie 4 Runden mit der Farbe 1 für die Randborte. Stricken Sie eine Runde mit der Farbe 3 und da-

nach eine Runde links mit derselben Farbe. Stricken Sie jetzt nochmals 4 Runden mit Farbe 1 für die innere Randborte. Vergessen Sie dabei nicht, Maschen abstatt zuzunehmen, damit eine schöne Ecke entsteht. Ketten Sie anschließend alle Maschen ab.
Setzen Sie mit der Nähmaschine zwei Reihen Zickzackstiche in die Schnittkante. Schneiden Sie die Schnittkante zwischen den Zickzackreihen auf. Sie können das Tuch jetzt auseinanderfalten. Nehmen Sie jetzt mit der Farbe 1 den schrägen Kanten entlang Maschen auf (nach dem Rand beginnen, davor wieder aufhören). Stricken Sie aus jeder Masche eine zusätzliche heraus und aus jeder 7. noch eine extra. Schließen Sie die Runde mit 6 zusätzlichen Maschen für die Schnittkante. Stricken Sie nochmals eine Randborte und vergessen dabei nicht, entlang der Schnittkante und beidseits der Maschen in der Spitze zuerst Maschen zu- und später abzunehmen. Setzen Sie in die kleine Schnittkante, wie oben beschrieben, Zickzackstiche und schneiden diese anschließend dazwischen auf.

Verarbeitung

Klappen Sie die Schnittkante nach innen um und nähen Sie von Hand einen unsichtbaren Saum. Das schönste Resultat erzielen Sie, wenn Sie Masche für Masche aufeinandernähen. Achten Sie darauf, dass die Spitzen genau aufeinanderliegen und schließen die Nähte möglichst unsichtbar. Sticken Sie die Kreuzstiche mit der Farbe 3/4, so wie in der Mustervorlage angegeben, ins Herz der Chickweed-Blüte. Danach können Sie das Tuch waschen und spannen.

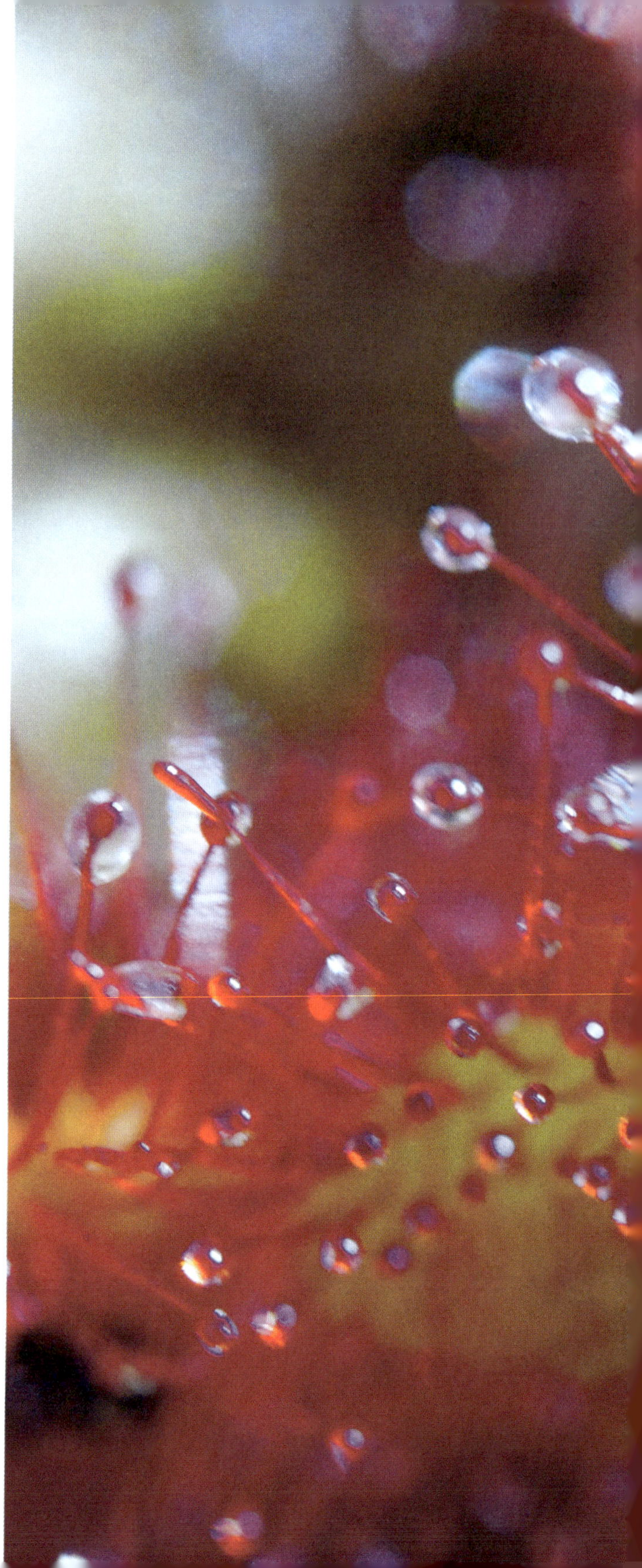

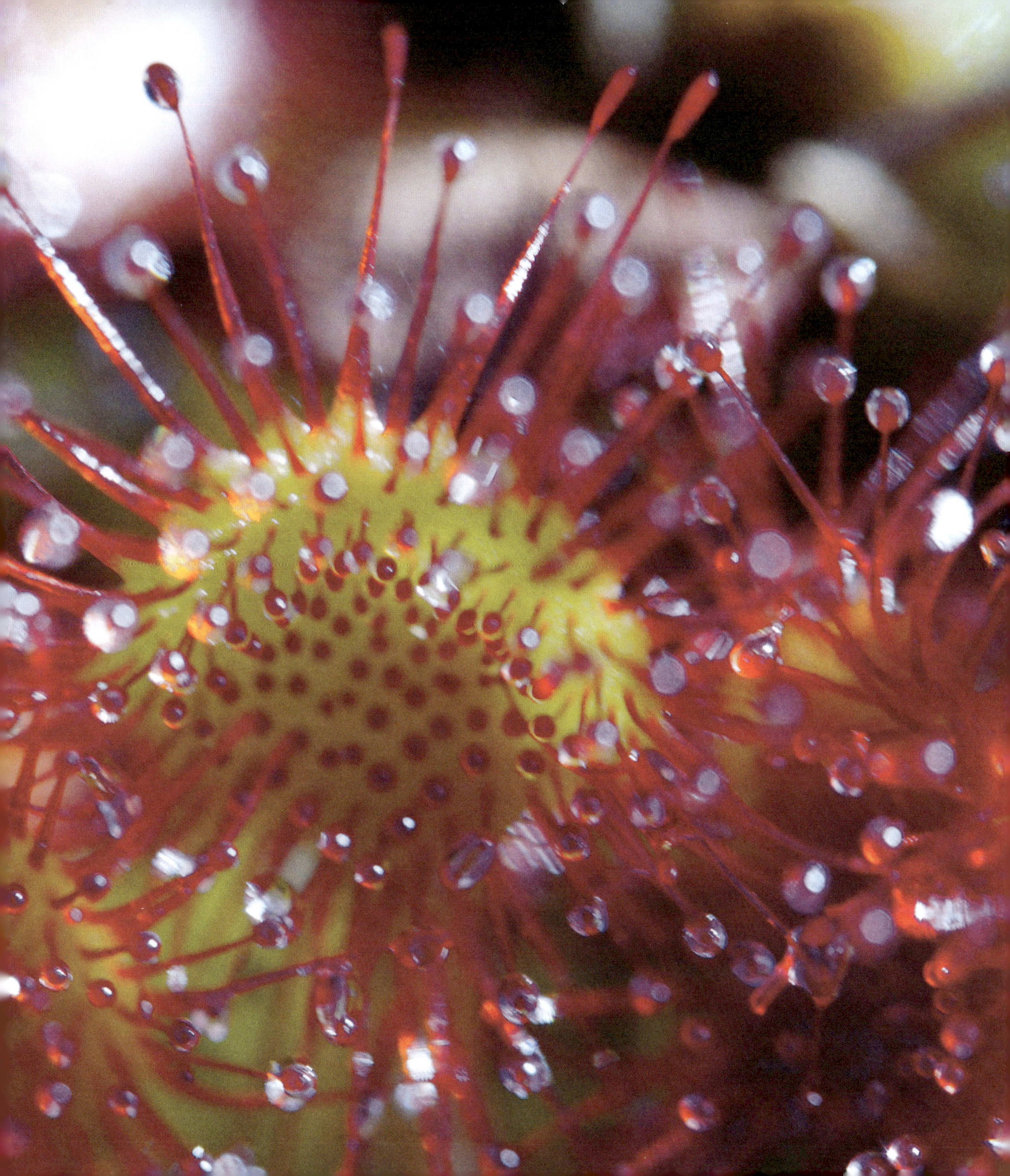

Muster Stirnband

Material
«Uradale Yarn Jumper Weight»
50 Gramm Grundfarbe
50 Gramm Einstrickfarbe
Einige Meter einer dritten Farbe für die Kreuzstiche.

Stricknadeln
Rundstricknadel in der Größe 2,75 mm und der Länge 40 cm
Maschenmarkierer

Maschenprobe
30 Maschen x 36 Reihen = 10 x 10 cm (nach dem Spannen!)

Größe
Kopfumfang 48 (50) 52 cm

Vorgehensweise

Schlagen Sie 140 (147) 154 Maschen locker mit der Einstrickfarbe an. Setzen Sie am Anfang der Runde einen Markierer und stricken Sie eine Runde. Stricken Sie nach Mustervorlage Corrugated rib A insgesamt 4 Runden. Stricken Sie nun 1 Runde mit der Grundfarbe. Stricken Sie nun nach Mustervorlage Chickweed A oder Sundew A wie folgt ein: insgesamt 7 x die 19 Maschen der Mustervorlage mit jeweils 1 (2) oder 3 Maschen zwischen den Blumen. Stricken Sie noch eine Runde mit der Grundfarbe.

Stricken Sie nochmals 4 Runden nach Mustervorlage Corrugated rib A. Ketten Sie nun alle Maschen mit der Einstrickfarbe ab.

Verarbeitung
Sticken Sie mit der 3. Farbe Kreuzstiche auf die in der Mustervorlage mit Kreuzen angegebenen Stellen. Vernähen Sie alle Fäden, waschen und spannen Sie Ihre Arbeit.

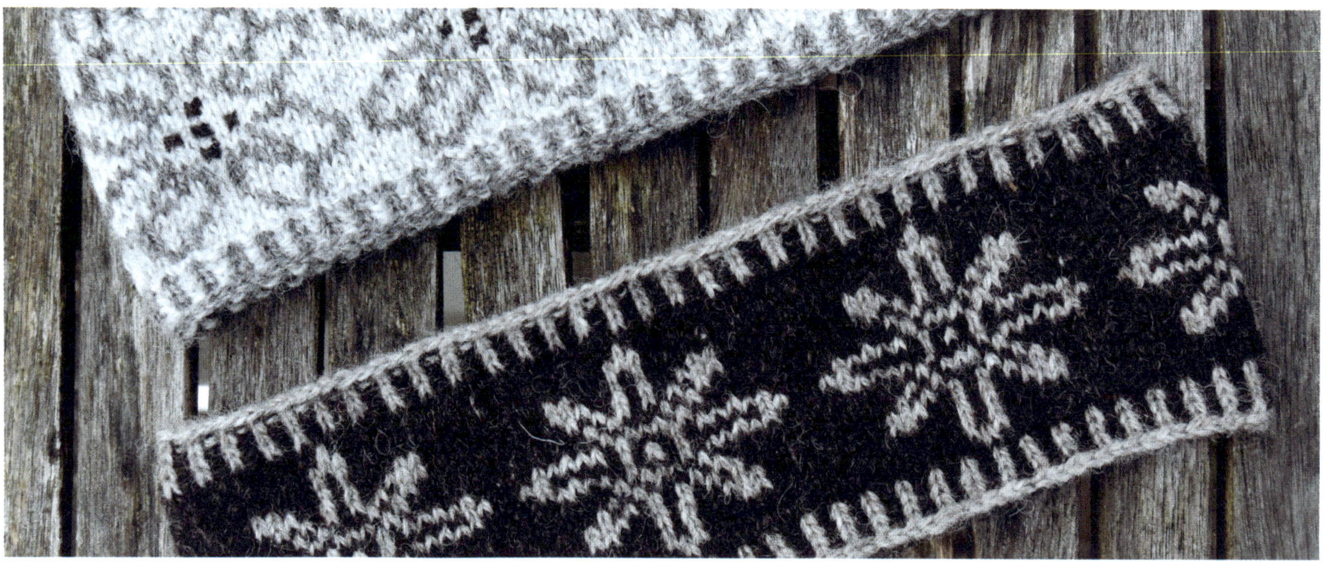

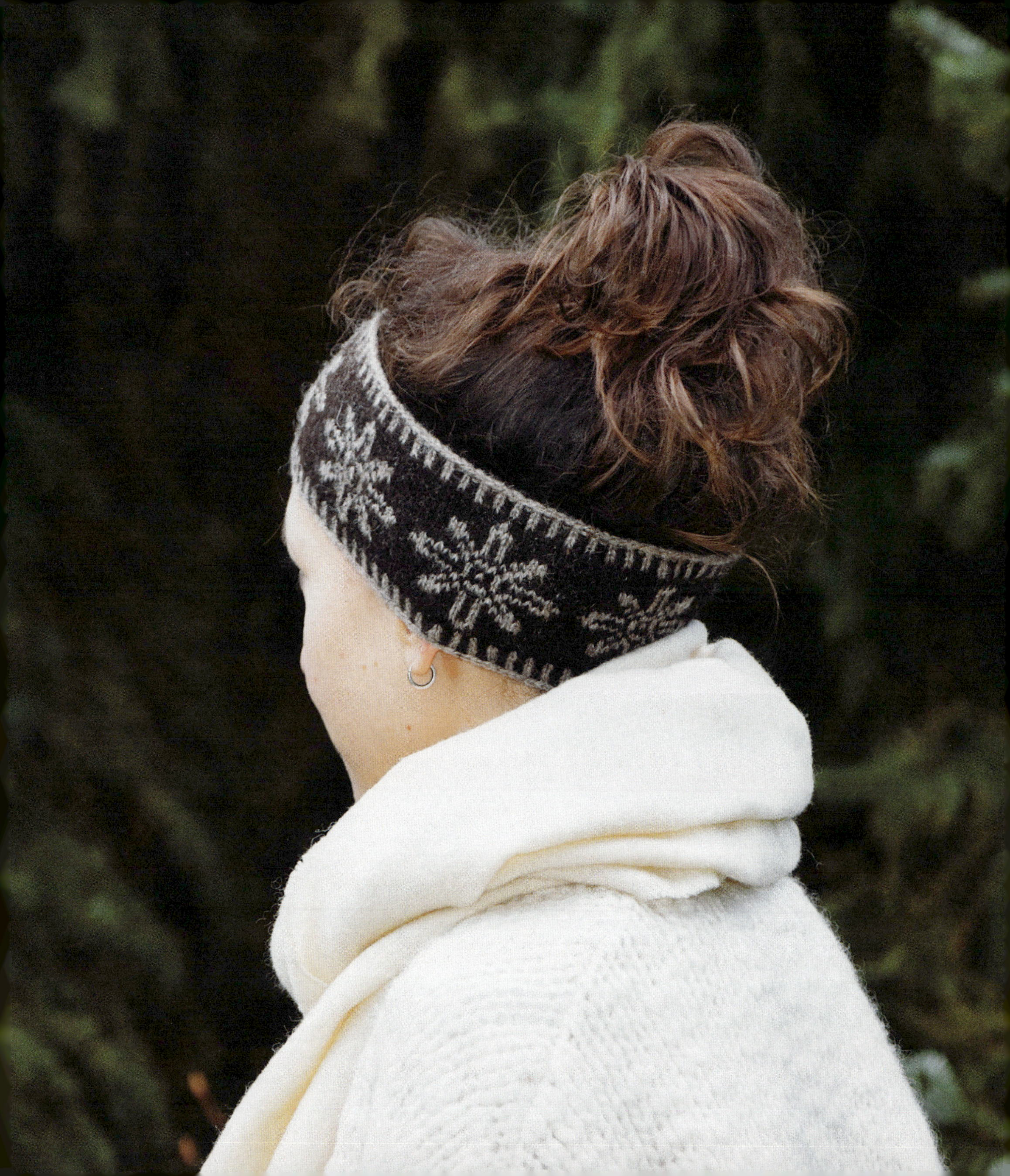

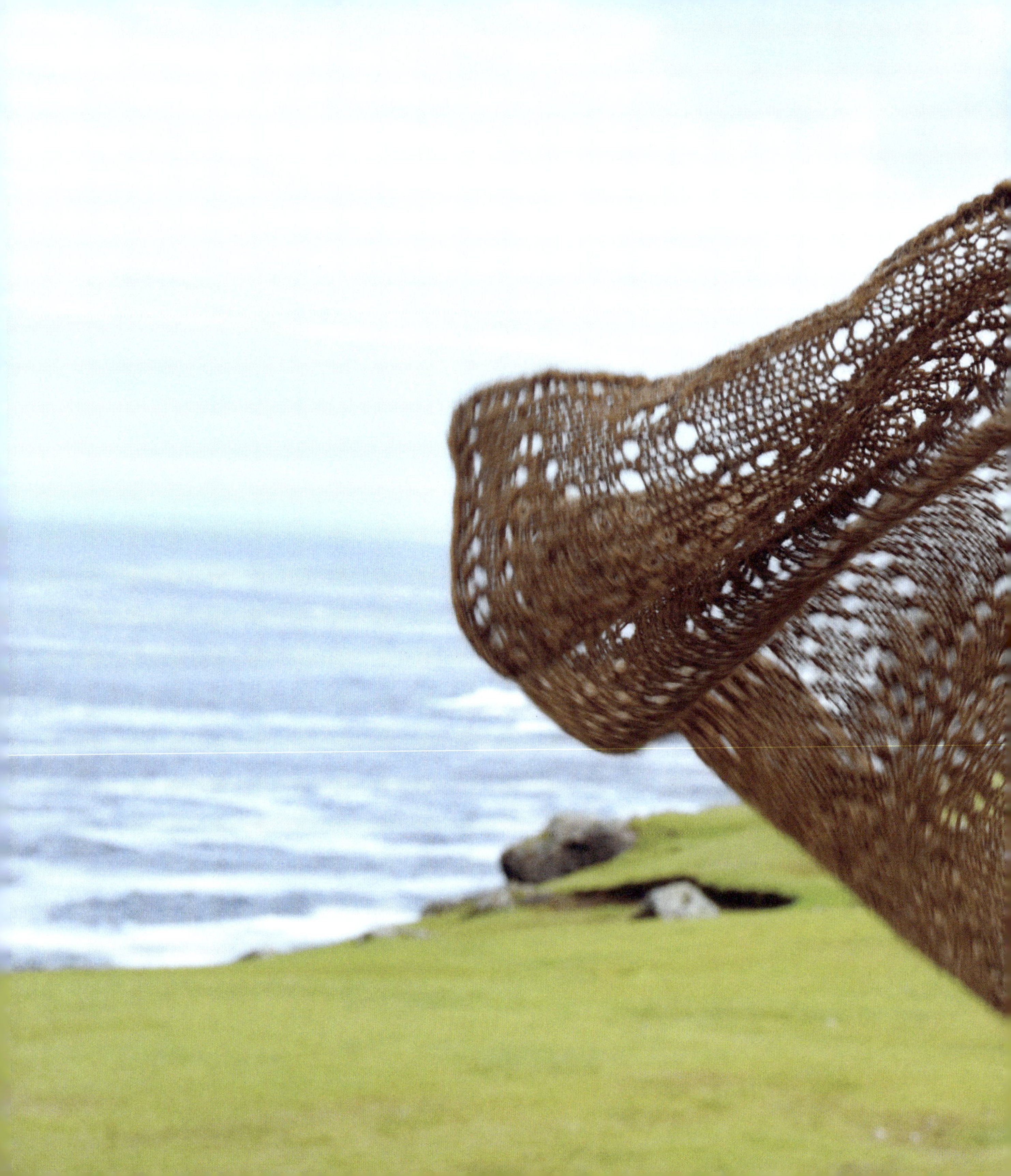

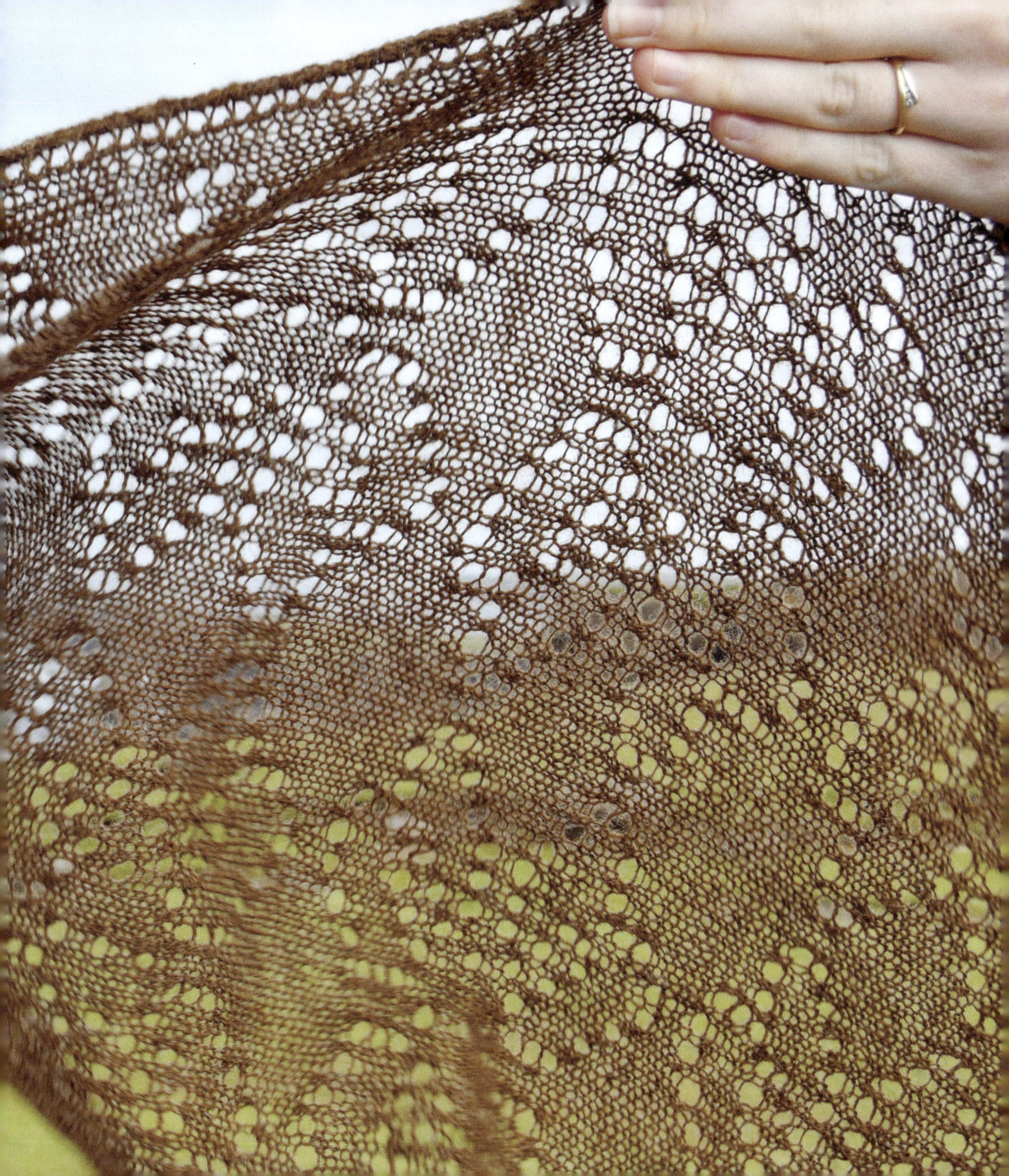

Muster Lace-Schal

Material
100 Gramm «Shetland Organics 1-ply lace»
Stricknadeln 4 mm

Maße
40 cm x 120 cm (nach dem Spannen!)

Vorgehensweise

Schlagen Sie 91 Maschen locker an und stricken anschließend nach Mustervorlage Chickweed lace. **ACHTUNG**: Alle Reihen rechts stricken.
Stricken Sie die Maschen der Musterwiederholung 2 x und die Reihen der Musterwiederholung insgesamt 10 x oder bis zur gewünschte Länge.

Verarbeitung
Ketten Sie alle Maschen locker ab und vernähen Sie die Fäden.
Waschen und spannen Sie den Schal mithilfe von Spanndrähten oder indem Sie Drähte durch die Randmaschen fädeln und diese mit Stecknadeln feststecken. Lassen Sie den Schal gut trocknen und entfernen anschließend die Drähte und Stecknadeln.

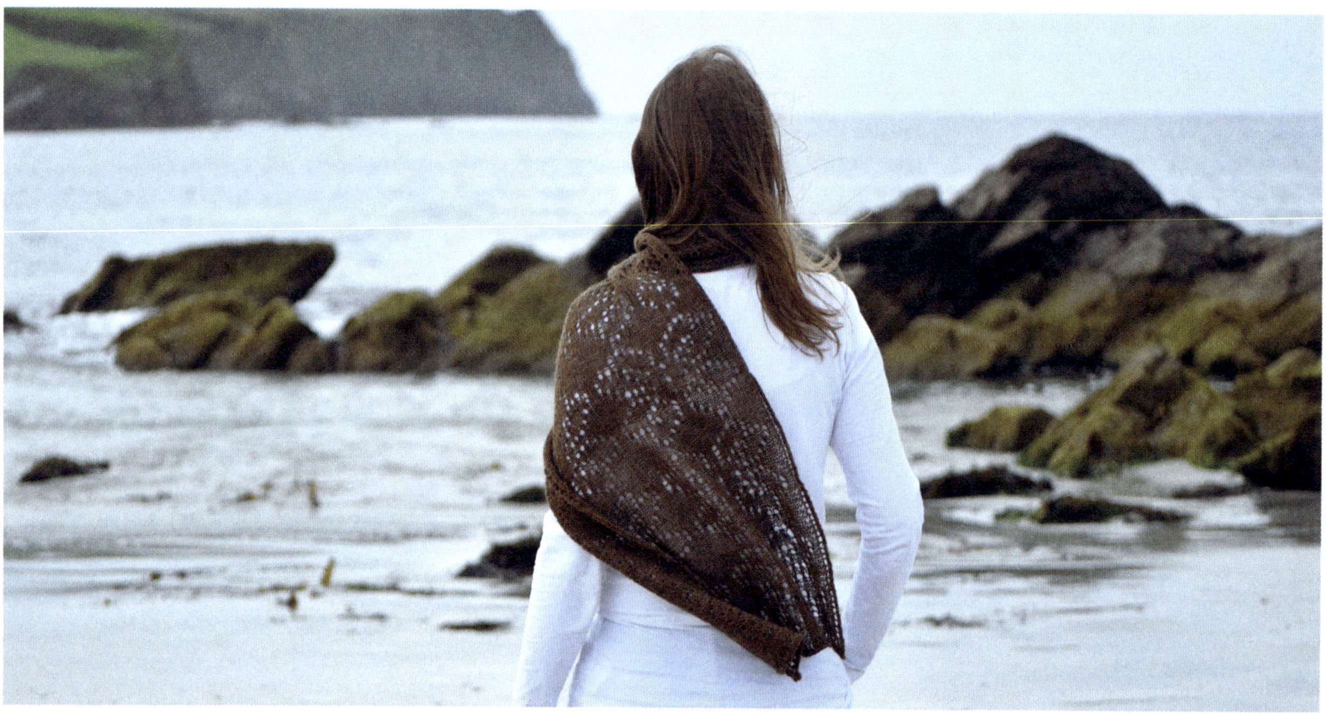

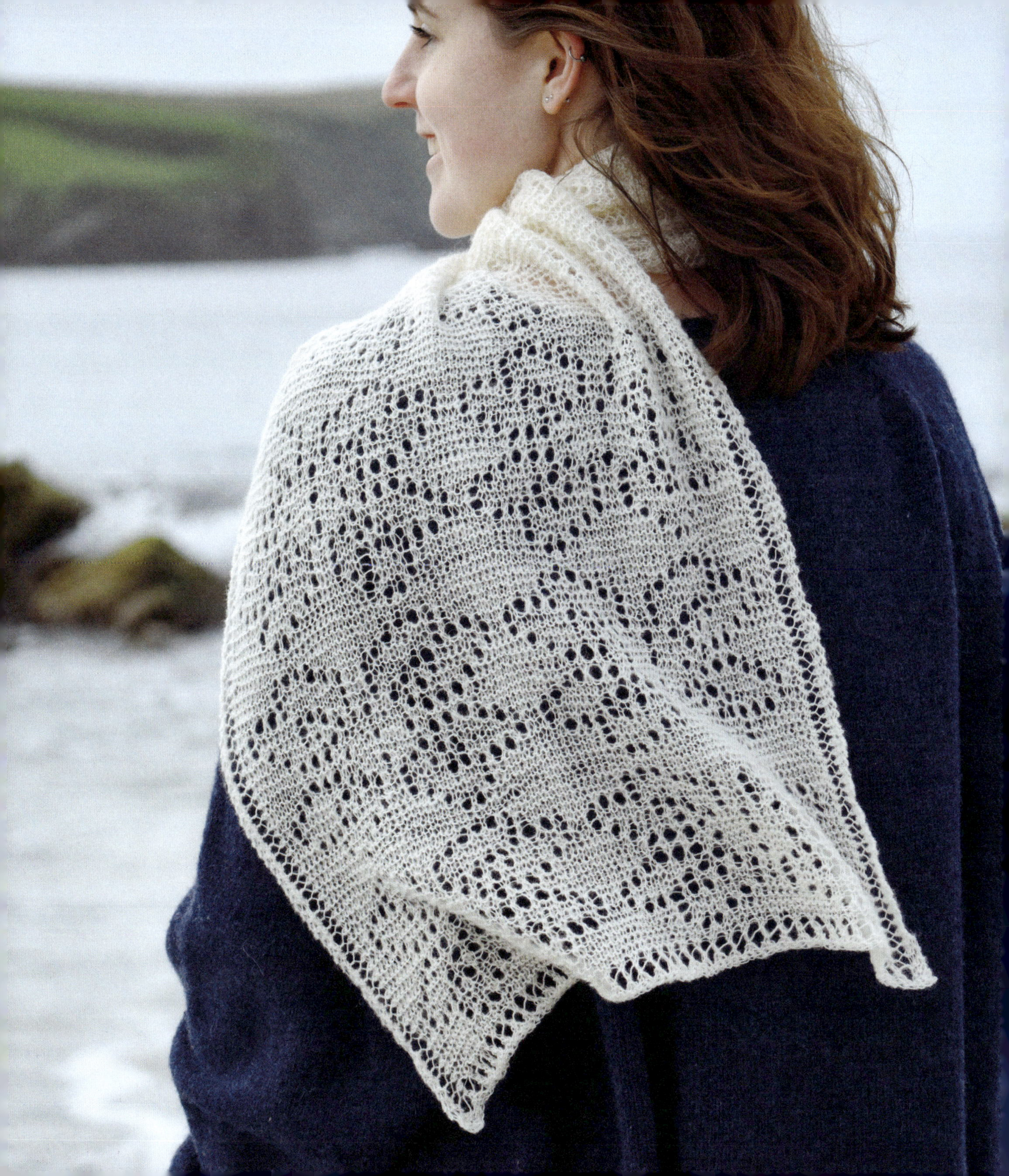

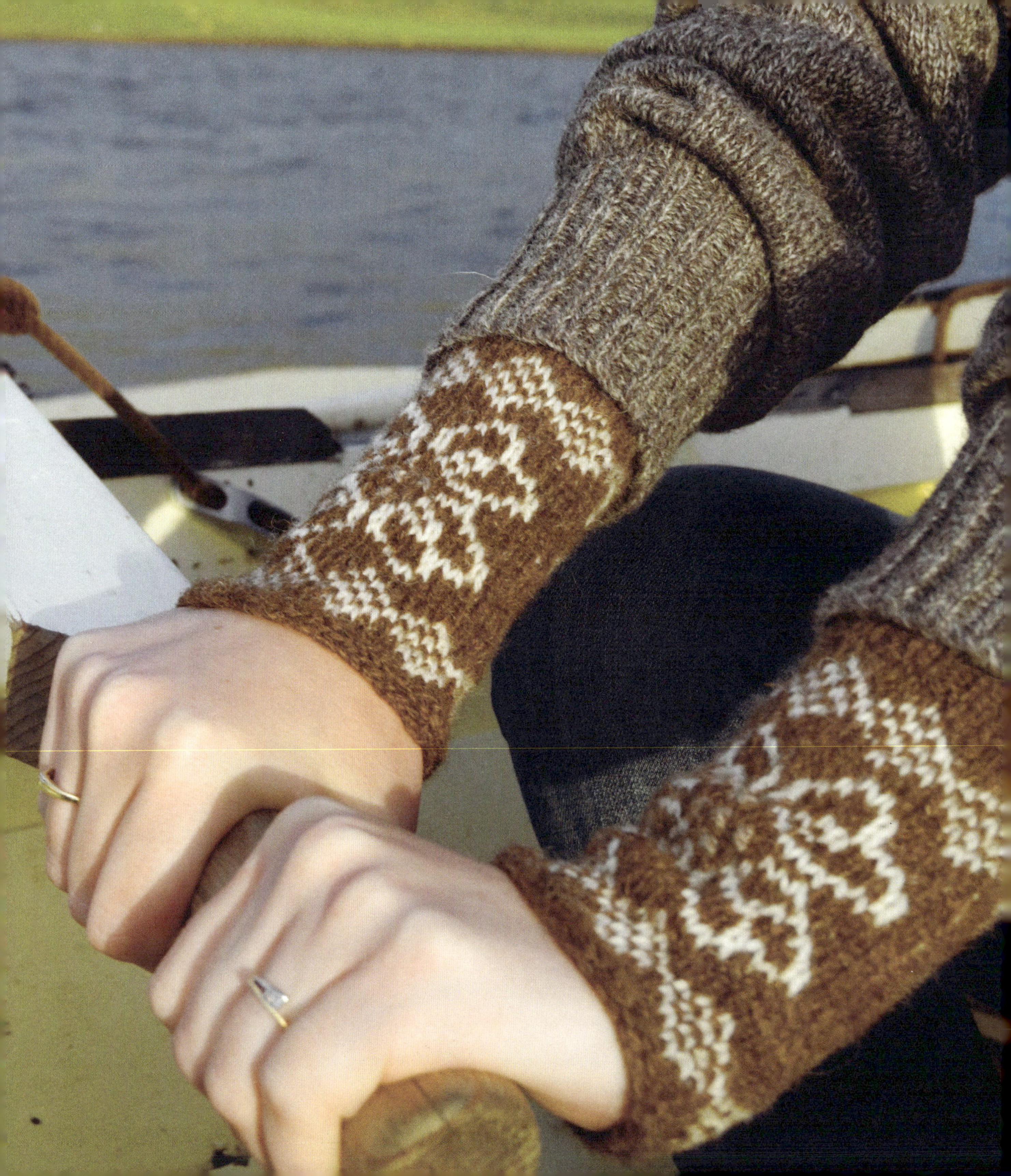

Muster Pulswärmer

Material
«Uradale Yarn Jumper Weight»
50 Gramm Grundfarbe
50 Gramm Einstrickfarbe
Einige Meter einer dritten Farbe für die Kreuzstiche.

Stricknadeln
Nadelspiel Größe 3 mm
Maschenmarkierer

Maschenprobe
27 Maschen x 30 Reihen = 10 cm x 10 cm

Maße
Umfang 18 cm, Länge 15 cm

Vorgehensweise

Schlagen Sie 48 Maschen mit der Grundfarbe an. Verteilen Sie die Maschen auf dem Nadelspiel und schließen Sie die Runde. Achten Sie darauf, dass sich die Anschlagreihe auf den Nadeln nicht verdreht. Setzen Sie am Anfang der Runde einen Marker und stricken Sie 6 Runden Bündchenmuster (abwechselnd 1 Masche rechts, 1 Masche links). Stricken Sie eine Runde rechts. Stricken Sie anschließend nach der Mustervorlage Fair Isle A. Stricken Sie nach den 7 Runden dieser Mustervorlage 1 Runde mit der Grundfarbe.
Nun werden die Chickweed-Blüten wie folgt eingestrickt: Beginnen Sie die nächste Runde mit 3 Maschen in der Grundfarbe und stricken Sie dann die 19 Maschen der Mustervorlage Chickweed A, stricken Sie 5 Maschen mit der Grundfarbe und dann nochmals die 19 Maschen der Mustervorlage Chickweed A und schließen Sie die Runde mit 2 Maschen in der Grundfarbe. Stricken Sie nach Runde 19 der Mustervorlage 1 Runde mit der Grundfarbe und wiederholen Sie dann die Mustervorlage Fair Isle A. Stricken Sie nach Mustervorlage Fair Isle A noch 2 Runden mit der Grundfarbe.

Abketten

Ketten Sie nach der letzten Runde die Maschen mit einer I-Cord-Einfassung ab.
Nehmen Sie am Anfang der Runde eine extra Masche auf indem Sie die 1. Masche rechts stricken und diese nicht runterlassen. Heben Sie diese Masche verschränkt auf die linke Nadel zurück. Wiederholen Sie dies ein Mal. Jetzt stehen Ihnen am Anfang der Runde 2 extra Maschen zur Verfügung.
Stricken Sie 3 Maschen rechts. Heben Sie die 3 Maschen, ohne sie zu verschränken, auf die linke Nadel zurück.
Stricken Sie die ersten 2 Maschen rechts, stricken Sie die 3. und 4. Masche rechts von hinten durch die Maschen zusammen. Heben Sie die 3 Maschen, ohne sie zu verschränken, auf die linke Nadel zurück. Von *bis* wiederholen, bis alle Maschen auf der linken Nadel abgekettet sind. Jetzt liegen noch 3 Maschen auf der rechten Nadel. Nähen Sie diese Maschen so sorgfältig wie möglich am Anfang fest, damit das I-Cord fließend durchläuft.

Verarbeitung

Sticken Sie mit der 3. Farbe Kreuzstiche auf die in der Mustervorlage mit Kreuzchen angegebenen Stellen. Vernähen Sie alle Fäden.
Stricken Sie den zweiten Pulswärmer auf die gleiche Weise.
Waschen Sie die Pulswärmer und lassen Sie diese auf Maß trocknen.

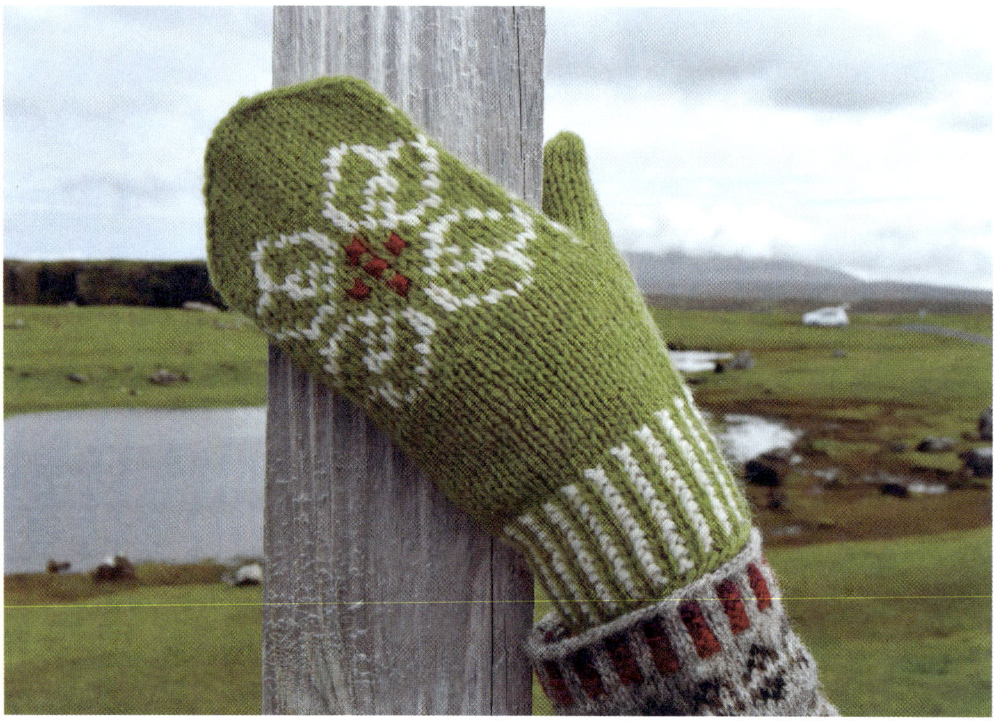

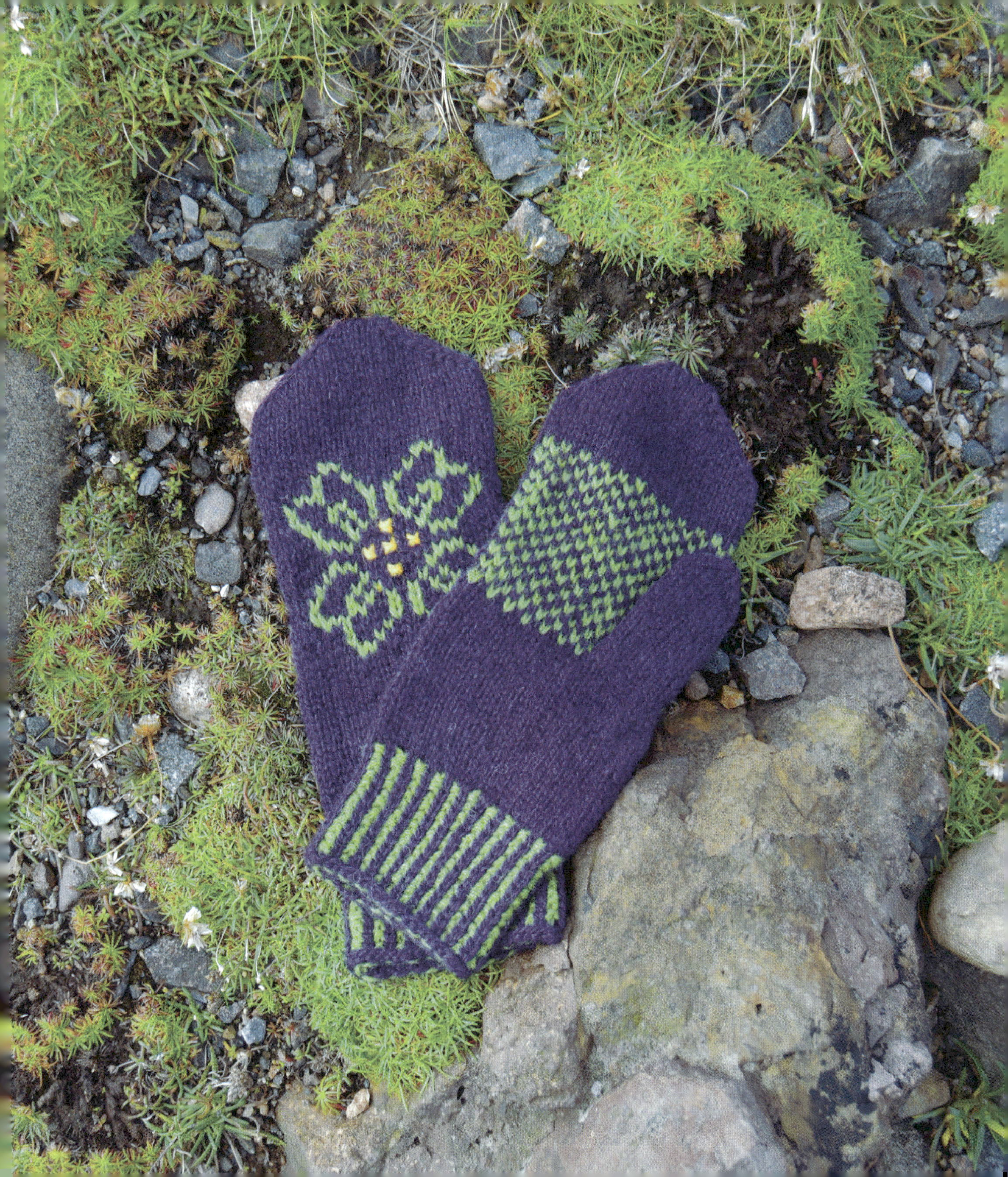

Muster Fäustlinge

Material
»Uradale Yarn DK Weight«
50 Gramm Grundfarbe
50 Gramm Einstrickfarbe
Einige Meter einer dritten Farbe für die Kreuzstiche.

Stricknadeln
Nadelspiel Größe 3,5 mm

Maschenprobe
22 Maschen x 27 Reihen = 10 cm x 10 cm

Größen
S (M) L

Maße
S: Umfang 19 cm, Länge 22 cm
M: Umfang 19 cm, Länge 24 cm
L: Umfang 21 cm, Länge 26 cm

Vorgehensweise

Die folgende Anleitung gilt für den linken und rechten Fäustling.
Schlagen Sie 40 (40) 44 Maschen mit der Grundfarbe an. Verteilen Sie die Maschen auf dem Nadelspiel und schließen Sie die Runde. Achten Sie darauf, dass sich die Anschlagreihe auf den Nadeln nicht verdreht. Stricken Sie nach Mustervorlage Corrugated rib A insgesamt 12 (12) 13 Runden.
Stricken Sie mit der Grundfarbe weiter. Stricken Sie 18 (20) 22 Runden und nehmen Sie gleichzeitig, gleichmäßig über die 1. Runde verteilt, 2 Maschen = 42 (42) 46 Maschen, zu.

Daumenkeil

Stricken Sie nach Mustervorlage Mittelteil rechter oder linker Fäustling weiter.
ACHTUNG: Hier gibt es 2 verschiedene Sets Mustervorlagen: eines für den linken und rechten Fäustling in den Größen S und M, und eines für den linken und rechten Fäustling in der Größe L.
Stricken Sie bis zur 1. Masche des Daumenkeils. Diese wird in den Mustervorlagen - Mittelteil rechter und linker Fäustling - im Feld mit dem Buchstaben D angegeben. Danach legen Sie die folgenden 7 (7) 8 Maschen (mit der Grundfarbe) des zukünftigen Daumenkeils mithilfe einer Stopfnadel auf einem Baumwollfaden still. Schlagen Sie 7 (7) 8 neue Maschen für die Innenseite des Daumens an. Dies sind die Maschen in den Feldern mit einem D. Stricken Sie die restlichen Maschen der Runde ab. Stricken Sie das Handteil nach Mustervorlage weiter. Der Daumenkeil sieht jetzt aus wie ein Knopfloch, woran der Daumen gestrickt wird. Nachdem Sie mit der Mustervorlage fertig sind, stricken Sie in der Grundfarbe noch 4 (7) 9 Runden.

Abnahmen für die Handschuhspitze

ACHTUNG: Kontrollieren Sie, ob der Fäustling lang genug ist. Die Spitze des kleinen Fingers muss bedeckt sein. Je nachdem ein paar Runden weniger oder mehr stricken.
Stellen Sie sicher, dass die Maschen gleichmäßig über das Nadelspiel verteilt sind. Beginnen Sie mit der Abnahme beim Anfang der Nadel 1 (= Rundenanfang).
Nehmen Sie eine Masche durch Überziehen einer Masche oder SSK ab. Stricken Sie alle verbliebenen Maschen auf Nadel 1, und stricken die Maschen auf Nadel 2, bis noch 2 Maschen auf der linken Nadel liegen. Stricken Sie diese 2 Maschen rechts zusammen. Das Gleiche machen Sie auf Nadel 3 und 4 (insgesamt 4 Maschen abgenommen).
Wiederholen Sie diese Runde mit den Abnahmen bis insgesamt noch 10 Maschen übrig bleiben. Heben Sie die Maschen von Nadel 1 und Nadel 2 auf eine Nadel

und auch die Maschen von Nadel 3 und 4. Schneiden Sie den Arbeitsfaden in einer Länge von etwa 50 cm ab. Nähen Sie die Oberseite des Fäustlings sorgfältig zu, zum Beispiel mit dem Kitchener stitch. Informationen zum Kitchener stich und SSK finden Sie im Internet.

Daumen

Stricken Sie den Daumen mit der Grundfarbe. Heben Sie die 7 (7) 8 Maschen für den Daumen vom Baumwollfaden auf zwei Stricknadeln und stricken diese Maschen. Arbeiten Sie jetzt mit der 3. und 4. Nadel weiter. Nehmen Sie an der Oberseite der Daumenöffnung Schlaufen aus dem Rand auf und stricken an dieser Stelle, auf zwei Nadeln verteilt, 7 (7) 8 Maschen heraus. Nehmen Sie, falls nötig, zu Beginn der 3. und am Ende der 4. Nadel eine zusätzliche Masche aus den Eckpunkten auf, sodass keine seitlichen Löcher entstehen. Nehmen Sie diese aufgenommenen Maschen in der folgenden Runde wieder ab, und zwar durch Überziehen einer Masche oder SSK zu Beginn der 3. Nadel und durch das rechts Zusammenstricken von 2 Maschen am Ende von Nadel 4. Stricken Sie insgesamt 16 (18) 20 Runden über die 14 (14) 16 Daumenmaschen und beginnen danach mit den Abnahmen für die Spitze.

ACHTUNG: Kontrollieren Sie, ob der Daumen bis zur Hälfte des Daumennagels reicht. Dementsprechend ein paar Runden mehr oder weniger stricken.

Die Vorgehensweise bei den Abnahmen und der Verarbeitung der Daumenspitze ist die gleiche wie bei der Fäustlings-Spitze. Es bleiben 6 (6) 4 Maschen übrig. Schneiden Sie den Arbeitsfaden in einer Länge von etwa 30 cm ab und ziehen den Faden durch die verbliebenen Maschen und anschließend fest zusammen.

Verarbeitung

Sticken Sie mit der 3. Farbe Kreuzstiche auf die in der Mustervorlage mit Kreuzen markierten Stellen. Vernähen Sie alle Fäden sorgfältig. Waschen und spannen Sie die Fäustlinge. Sie können auch spezielle Spanner für Fäustlinge verwenden.

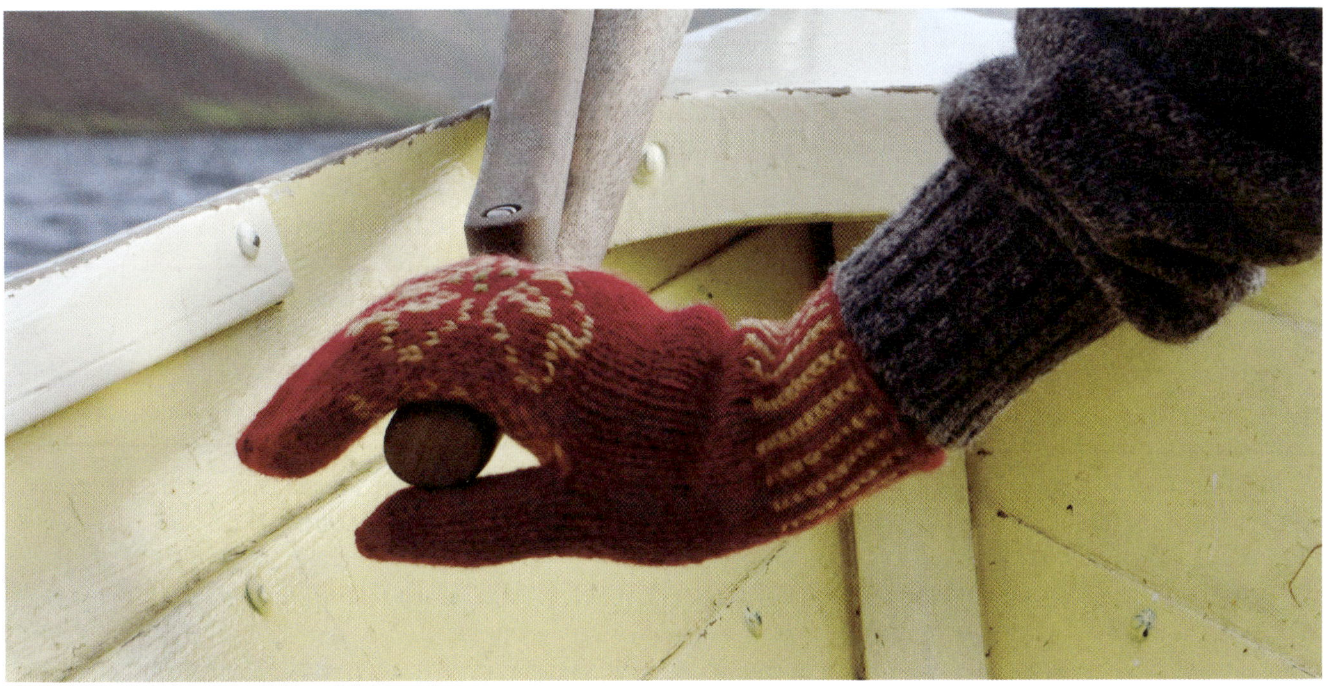

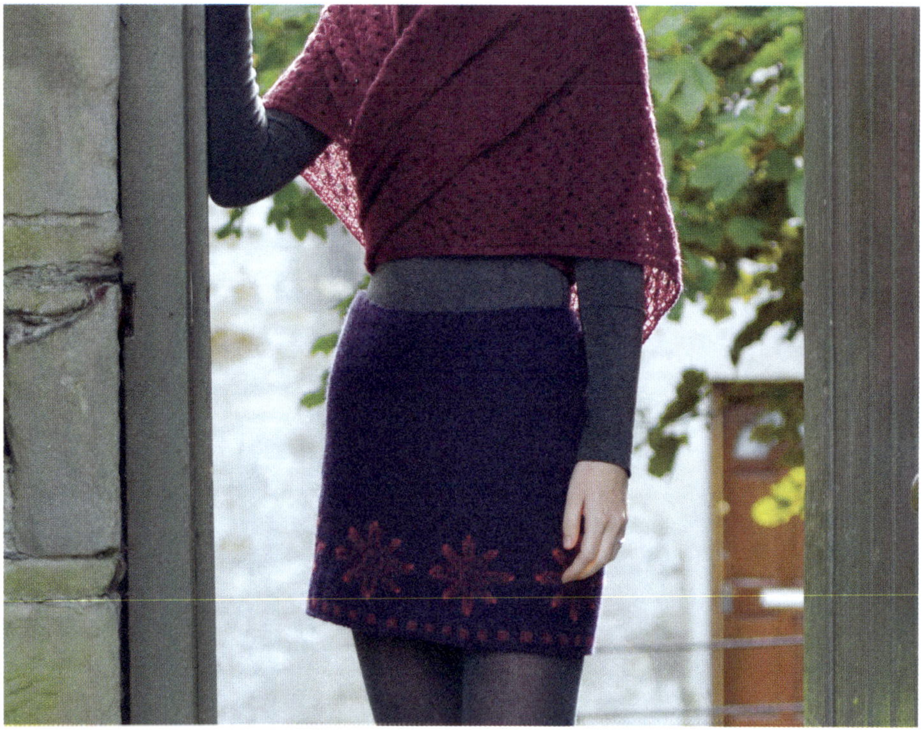

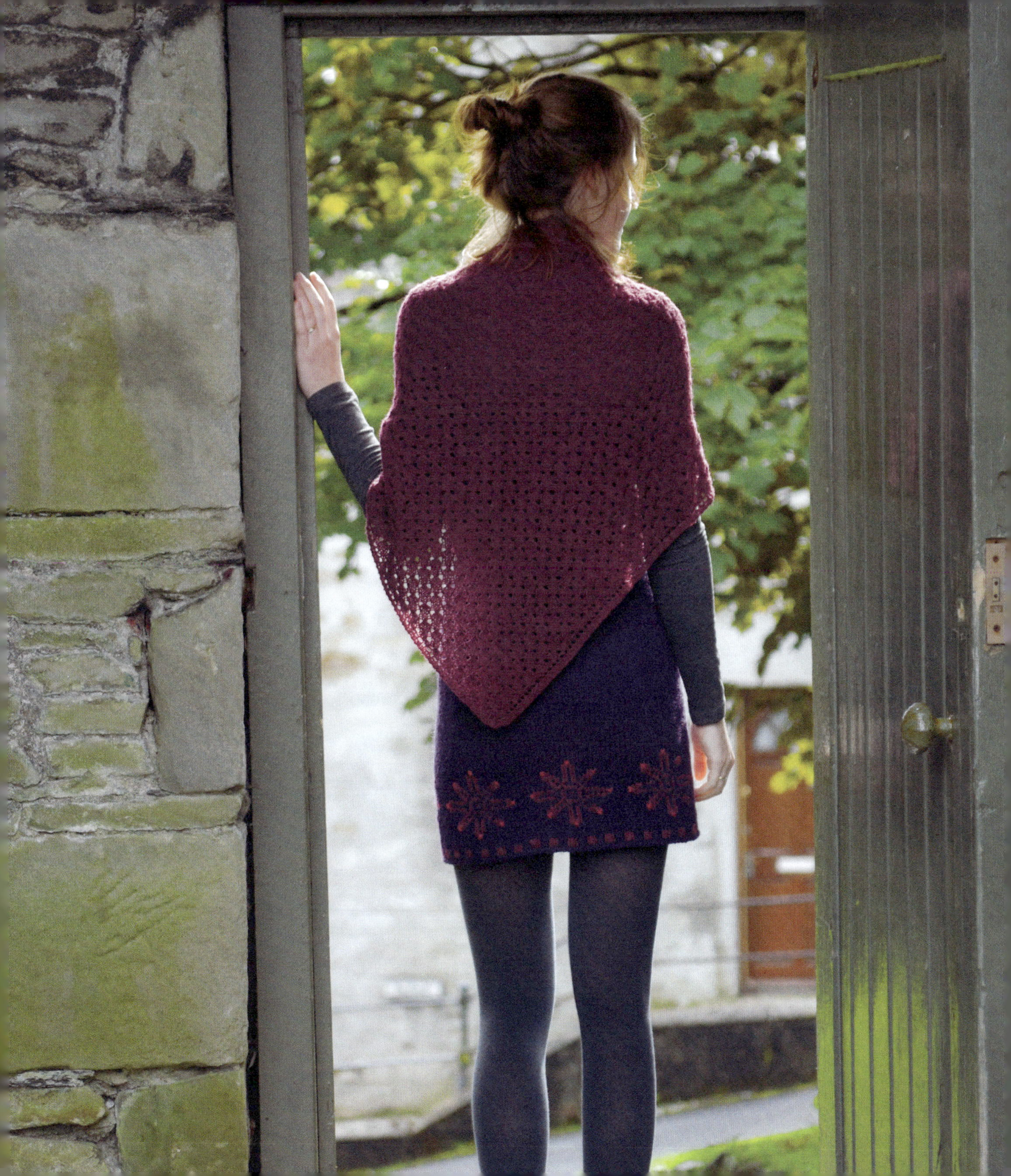

Muster Rock

Material
«Uradale Yarn Aran»
200 (300) 400 Gramm (Grundfarbe)
50 (100) 100 Gramm (Einstrickfarbe 1)
Einige Meter einer dritten Farbe für die Kreuzstiche
oder
«Jamieson's of Shetland Heather»
200 (300) 400 Gramm (Grundfarbe)
50 (100) 100 Gramm (Einstrickfarbe 1)
50 Gramm (Einstrickfarbe 2)
Einige Meter einer weiteren Farbe für die Kreuzstiche

Stricknadeln
Rundstricknadel Größe 5 mm, Länge 80 cm
Maschenmarkierer
100 - 120 cm Gummiband, 1 - 1,5 cm breit

Maschenprobe
16 Maschen x 24 Reihen = 10 cm x 10 cm

Größen S (M) L

Maße Siehe Zeichnung auf Seite 117

Vorgehensweise

Schlagen Sie 152 (174) 200 Maschen mit der Grundfarbe an. Stricken Sie 1 Runde rechts und anschließend 4 Runden nach Mustervorlage Corrugated rib B und stricken die linken Maschen mit der Einstrickfarbe. Stricken Sie dann 3 Runden mit der Grundfarbe und nehmen nach dem Rand 2 Maschen für die Größen S und M auf und 2 Maschen für die Größe L ab = 154 (176), 198. Arbeiten Sie nach der 3. Runde mit der Mustervorlage Sundew A oder Chickweed A mit der Einstrickfarbe weiter und stricken zwischen den Mustervorlagen jeweils 3 Maschen mit der Grundfarbe. Stricken Sie nach der Mustervorlage weiter mit der Grundfarbe und nehmen in der 3. Runde, über die Runde verteilt, 2 Maschen für die Größen S und M ab (keine Abnahmen für Größe L). Setzen Sie 6 Maschenmarkierer in der 14. (16.) 18. Runde nach Mustervorlage über die Runde verteilt (zwischen den Markierern befinden sich 26 (29) 33 Maschen). Stricken Sie in der

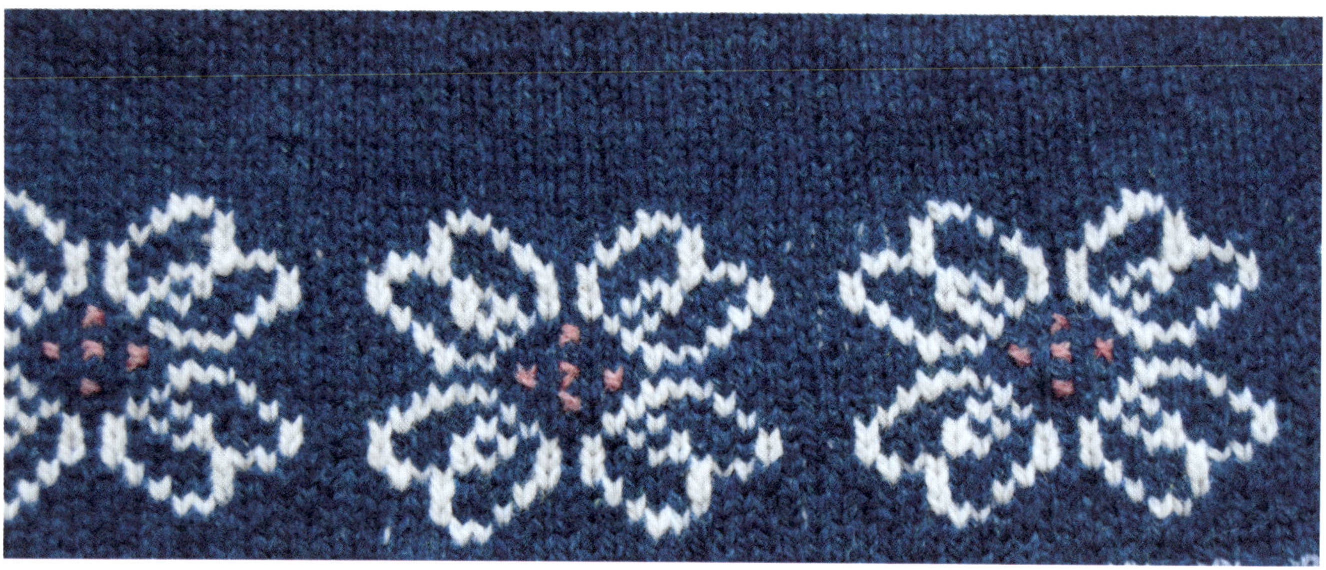

folgenden Runde nach jedem Markierer 2 Maschen zusammen. Wiederholen Sie dies 4 Mal in jeder 8. (10.) 14. Runde (insgesamt 122 (144) 168 Maschen). Stricken Sie 18 Runden (oder mehr für einen längeren Rock) und anschließend 1 Runde links. Stricken Sie noch 4 Runden rechts und ketten dann alle Maschen ab.

Verarbeitung

Nähen Sie den Saum an der oberen Seite Masche für Masche auf der Innenseite fest und lassen ein kleines Stückchen offen, damit Sie das Gummiband in den Bund einziehen können. Sticken Sie die Kreuzstiche nach der Mustervorlage in die Blumen. Ziehen Sie das Gummiband ein und nähen es in der passenden Länge fest. Waschen und spannen Sie den Rock in der gewünschten Große.

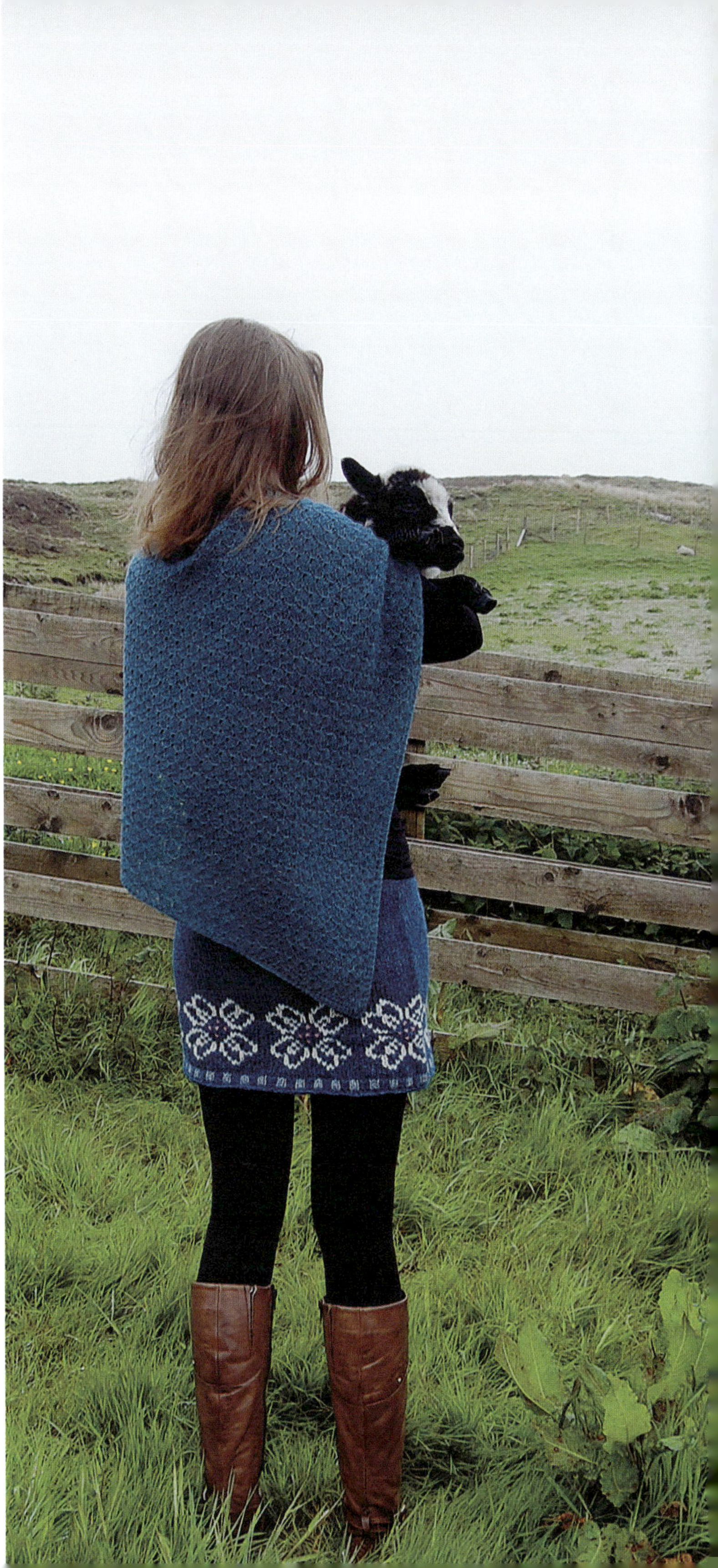

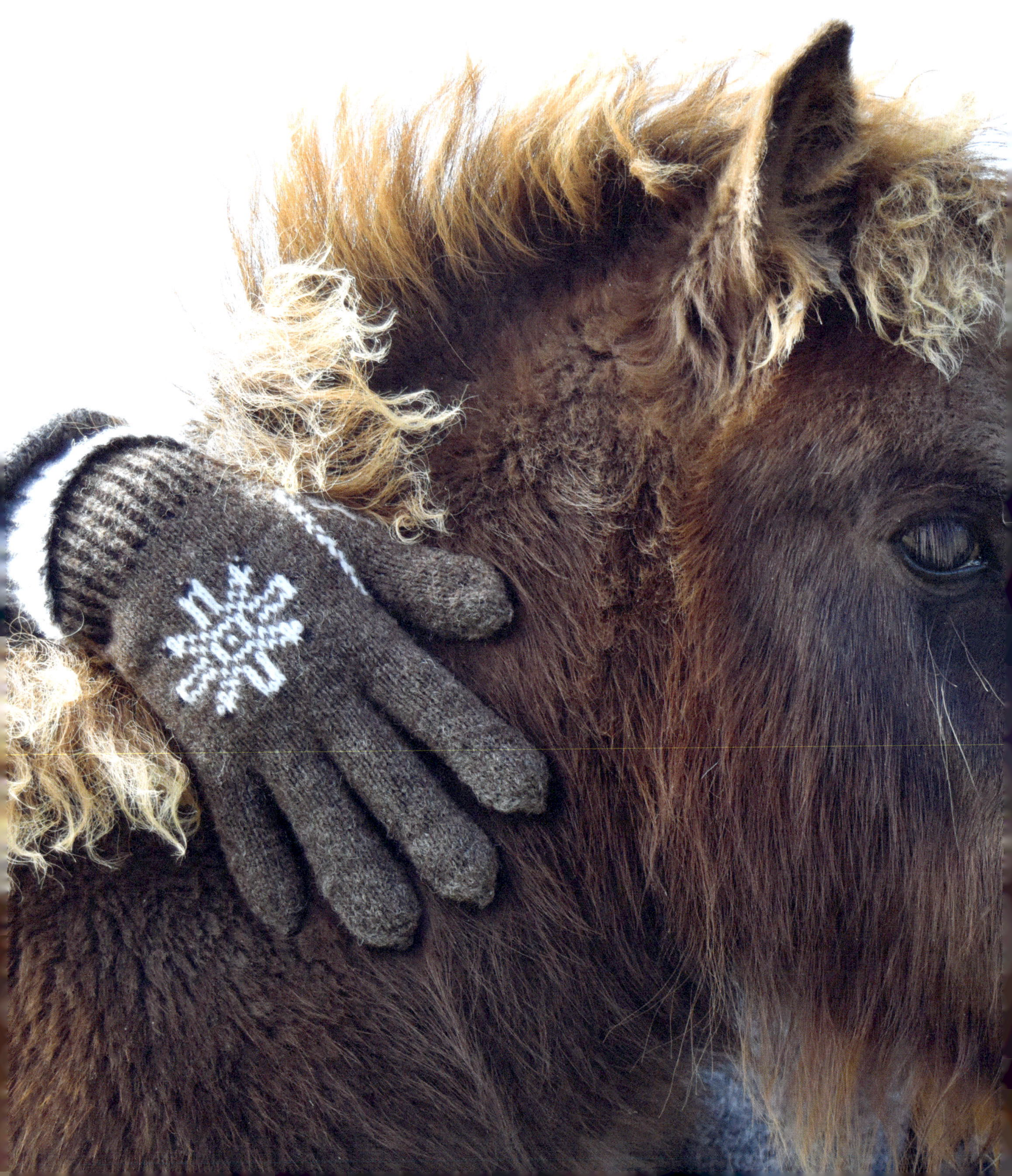

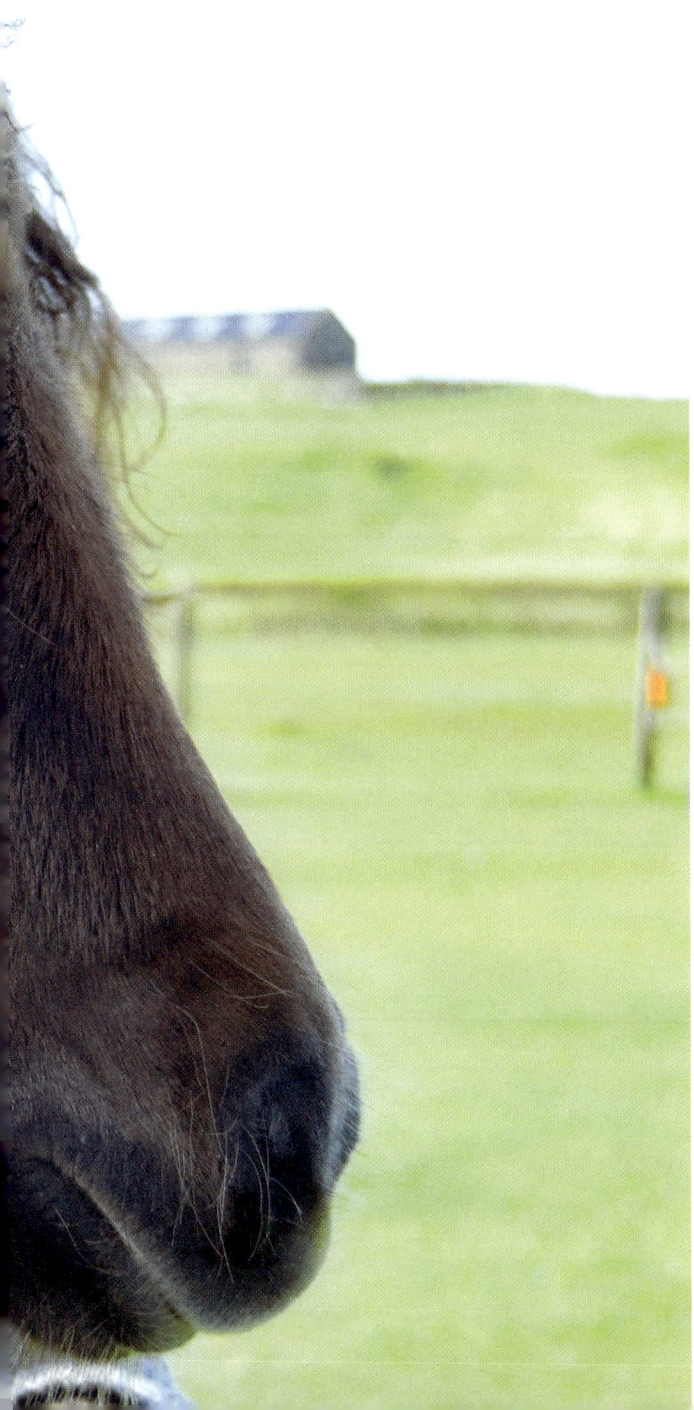

Muster Handschuhe

Material
«Jamieson's of Shetland Spindrift»
50 Gramm Grundfarbe
25 Gramm Einstrickfarbe 1
25 Gramm Einstrickfarbe 2
oder
«Uradale Yarn Jumper Weight»
50 Gramm Grundfarbe
50 Gramm Einstrickfarbe 1
50 Gramm Einstrickfarbe 2

Stricknadeln
Nadelspiel Größe 2,5 mm
Maschenmarkierer

Ein Stück Baumwollfaden

Maschenprobe
31 Maschen x 34 Reihen = 10 cm x 10 cm

Maße
Umfang Handteil 21 cm, die Gesamtlänge ist von der Länge der Finger abhängig.

Vorgehensweise

Die Anleitung gilt für beide Handschuhe, jedoch gibt es für den linken und den rechten Handschuh verschiedene Mustervorlagen.

Bündchen

Schlagen Sie 56 Maschen auf Nadeln Größe 2,5 mm in der Grundfarbe an und verteilen diese Maschen auf 4 Nadeln. Stricken Sie nach Mustervorlage Corrugated rib A insgesamt 15 Runden. Verwenden Sie die Grund- und Einstrickfarbe 1.

Handteil und Daumenkeil

Stricken Sie nach Mustervorlage Handteil und Daumenkeil mit der Grundfarbe und Einstrickfarbe 2 weiter. Nehmen Sie in der 1. Runde 2 Maschen, wie in der Mustervorlage angegeben, zu. Platzieren Sie in Runde 5 der Mustervorlage die 5 Maschen, die den Anfang des Daumenkeils formen, zwischen die Maschenmarkierer (für den linken Handschuh sind dies die Maschen 23 bis einschließlich 27 und für den rechten Handschuh die Maschen 32 bis einschließlich 36 der Mustervorlage Hand). Stricken Sie die Daumenmaschen nach Mustervorlage Daumenkeil und gleichzeitig die Hand nach Mustervorlage Hand.

Stricken Sie die Zunahmen für den Daumenkeil wie folgt:

Auf der rechten Seite: stechen Sie gleich nach dem 1. Maschenmarkierer des Daumenkeils in die folgende, eine Runde tiefer liegende Masche ein und stricken hier eine neue Masche heraus.

Auf der linken Seite: stricken Sie bis zum 2. Maschenmarkierer des Daumenkeils und stechen dann unter der gerade gestrickten Masche 2 Runden tiefer ein und stricken hier eine neue Masche heraus.

Legen Sie in Runde 25 nach Mustervorlage Hand und Daumenkeil die 17 Maschen des Daumenkeils auf einer Hilfsnadel oder einem Baumwollfaden still. Stricken Sie an dieser Stelle des Daumenkeils 5 Maschen dazu. Jetzt haben Sie auf dem Nadelspiel wieder insgesamt 58 Maschen liegen. Stricken Sie nach Mustervorlage Hand weiter.

Kleiner Finger

Runde 33 der Mustervorlage Hand: lassen Sie die ersten 7 Maschen der Runde auf der Nadel liegen. Legen Sie alle übrigen Maschen, bis auf die letzten 7, auf einem Baumwollfaden (44 Maschen) still. Stricken Sie die 7 Maschen, die auf Nadel 1 liegen, rechts. Stricken Sie mit einer zweiten Nadel 3 zusätzliche neue Maschen. Stricken Sie nun die letzten 7 Maschen auf eine dritte Nadel ab. Verteilen Sie nun die 17 Maschen neu auf 3 Nadeln: 6 Maschen auf Nadel 1, 6 Maschen auf Nadel 2 und 5 Maschen auf Nadel 3. Siehe Mustervorlage.

Stricken Sie den kleinen Finger bis zur gewünschten Länge (der Fingernagel muss bis zur Hälfte bedeckt sein). Stricken Sie anschließend die Spitze des kleinen Fingers nach Mustervorlage. Schneiden Sie, nachdem Sie die Abnahme für die Fingerspitze gemacht haben, den Faden in einer Länge von etwa 30 cm ab und ziehen ihn durch die 5 verbliebenen Maschen, anschließend gut festziehen.

Legen Sie jetzt alle Handmaschen wieder auf das Nadelspiel zurück. Für den linken Handschuh, Anfang an der Innenseite der Hand, für den rechten Handschuh Anfang an der Außenseite der Hand gleich nach dem kleinen Finger (44 Maschen). Stricken Sie alle Maschen und schließen die Runde mit der Aufnahme von 3 Maschen aus der Seite des kleinen Fingers (47 Maschen) ab. Stricken Sie noch 2 Runden.

Ringfinger

Nach Runde 35 der Mustervorlage Hand: lassen Sie die ersten 7 Maschen der Runde auf der Nadel liegen. Legen Sie alle anderen Maschen, bis auf die letzten 10, auf einem Baumwollfaden still (30 Maschen). Stricken Sie die 7 Maschen, die auf Nadel 1 liegen, rechts. Nehmen Sie mit einer zweiten Nadel 3 Maschen auf. Stricken Sie dann mit der dritten Nadel die 10 verbliebenen Maschen. Verteilen Sie die 20 Maschen neu auf das Nadelspiel: 5 Maschen pro Nadel. Siehe Mustervorlage.

Stricken Sie den Finger bis zur gewünschten Länge (der Fingernagel muss bis zur Hälfte bedeckt sein). Stricken Sie anschließend die Spitze des Fingers nach Mustervorlage. Schneiden Sie, nachdem Sie die Abnahme für die Fingerspitze gemacht haben, den Faden in einer Länge von etwa 30 cm ab. Ziehen sie den Faden durch die 4 verbliebenen Maschen, anschließend gut festziehen.

Mittelfinger

Legen Sie die ersten 7 Maschen vom Baumwollfaden auf Nadel 1, und lassen die übrig gebliebenen Maschen, bis auf die letzten 7, auf dem Baumwollfaden liegen (16 Maschen). Legen Sie diese letzten 7 Maschen auf eine neue Nadel. Stricken Sie die 7 Maschen, die auf Nadel 1 liegen, rechts. Stricken Sie mit einer neuen Nadel (Nadel 2) 3 zusätzliche Maschen. Stricken Sie nun die letzten 7 Maschen (Nadel 3) und nehmen Sie anschließend mit einer vierten Nadel 3 Maschen aus der Seite des Ringfingers auf. Verteilen Sie die 20 Maschen neu auf das Nadelspiel: 5 Maschen pro Nadel. Siehe Mustervorlage.

Stricken Sie den Finger bis zur gewünschten Länge (der Fingernagel muss bis zur Hälfte bedeckt sein). Stricken Sie anschließend die Spitze des Fingers nach Mustervorlage. Schneiden Sie, nachdem Sie die Abnahme für die Fingerspitze gemacht haben, den Faden in einer Länge von etwa 30 cm ab und ziehen diesen durch die 4 verbliebenen Maschen, anschließend gut festziehen.

Zeigefinger

Legen Sie die auf dem Baumwollfaden verbliebenen Maschen auf das Nadelspiel. Stricken Sie die ersten 16 Maschen. Nehmen Sie 3 Maschen aus der Seite des Mittelfingers auf (19 Maschen). Verteilen Sie die 19 Maschen neu auf das Nadelspiel: 5 Maschen auf Nadel 1, 5 Maschen auf Nadel 2, 5 Maschen auf Nadel 3 und 4 Maschen auf Nadel 4. Siehe Mustervorlage.

Stricken Sie den Finger bis zur gewünschten Länge (der Fingernagel muss bis zur Hälfte bedeckt sein). Stricken Sie anschließend die Spitze des Zeigefingers nach Mustervorlage. Schneiden Sie, nachdem Sie die Abnahme für die Fingerspitze gemacht haben, den Faden in einer Länge von etwa 30 cm ab und ziehen diesen durch die 4 verbliebenen Maschen, anschließend gut festziehen.

Daumen

Beginnen Sie die Runde an der rechten Seite des Daumenkeils. Verteilen Sie die 17 Maschen vom Baumwollfaden auf 3 Nadeln des Nadelspiels (6 Maschen auf Nadel 1, 5 Maschen auf Nadel 2 und 6 Maschen auf Nadel 3). Stricken Sie diese 17 Maschen nach Runde 25 der Mustervorlage Daumen. Nehmen Sie mit der vierten Nadel 5 Maschen aus den neu angeschlagenen Maschen der Hand auf. Nehmen Sie, falls nötig, beidseits davon eine zusätzliche Masche aus den Eckpunkten auf und stricken diese mit der 1. und 4. Masche von Nadel 4 zusammen, sodass keine seitlichen Löcher entstehen. Stricken Sie Runde 26 bis einschließlich 28 nach Mustervorlage und stricken Sie den Finger bis zur gewünschten Länge weiter (der Fingernagel muss bis zur Hälfte bedeckt sein). Stricken Sie anschließend die Spitze des Daumens nach Mustervorlage. Schneiden Sie, nachdem Sie die Abnahme für die Fingerspitze gemacht haben, den Faden in einer Länge von etwa 30 cm ab und ziehen ihn durch die 6 verbliebenen Maschen, anschließend gut festziehen.

Verarbeitung

Vernähen Sie alle Fadenenden. Sticken Sie mit der Einstrickfarbe 1 Kreuzstiche auf die in der Mustervorlage Hand markierten Stellen.

Waschen und spannen Sie die Handschuhe bis zur gewünschten Größe. Sie können dazu auch Spanner für Handschuhe verwenden.

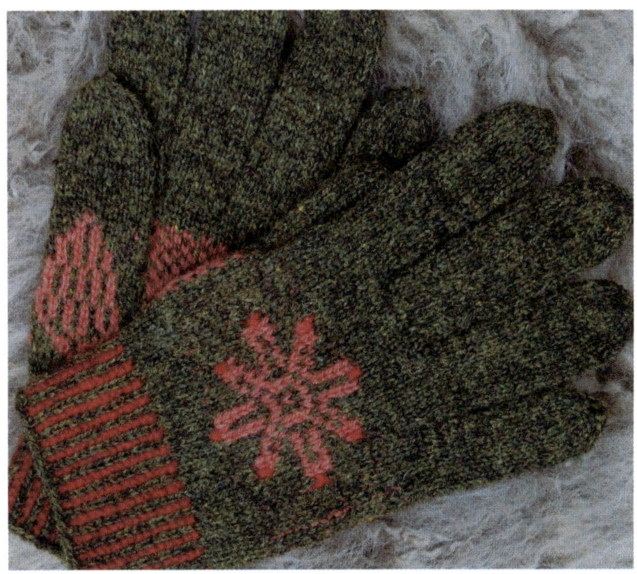

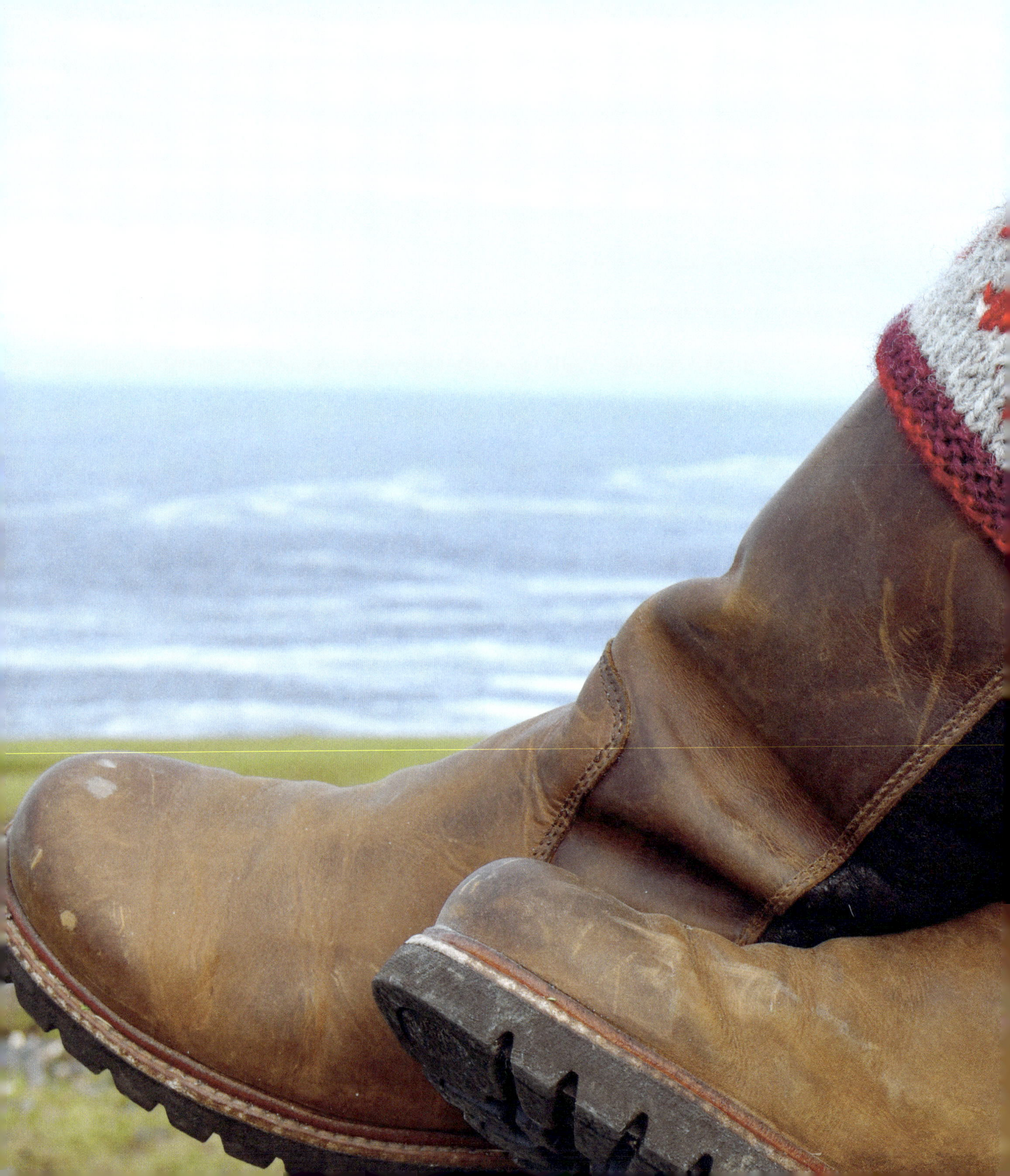

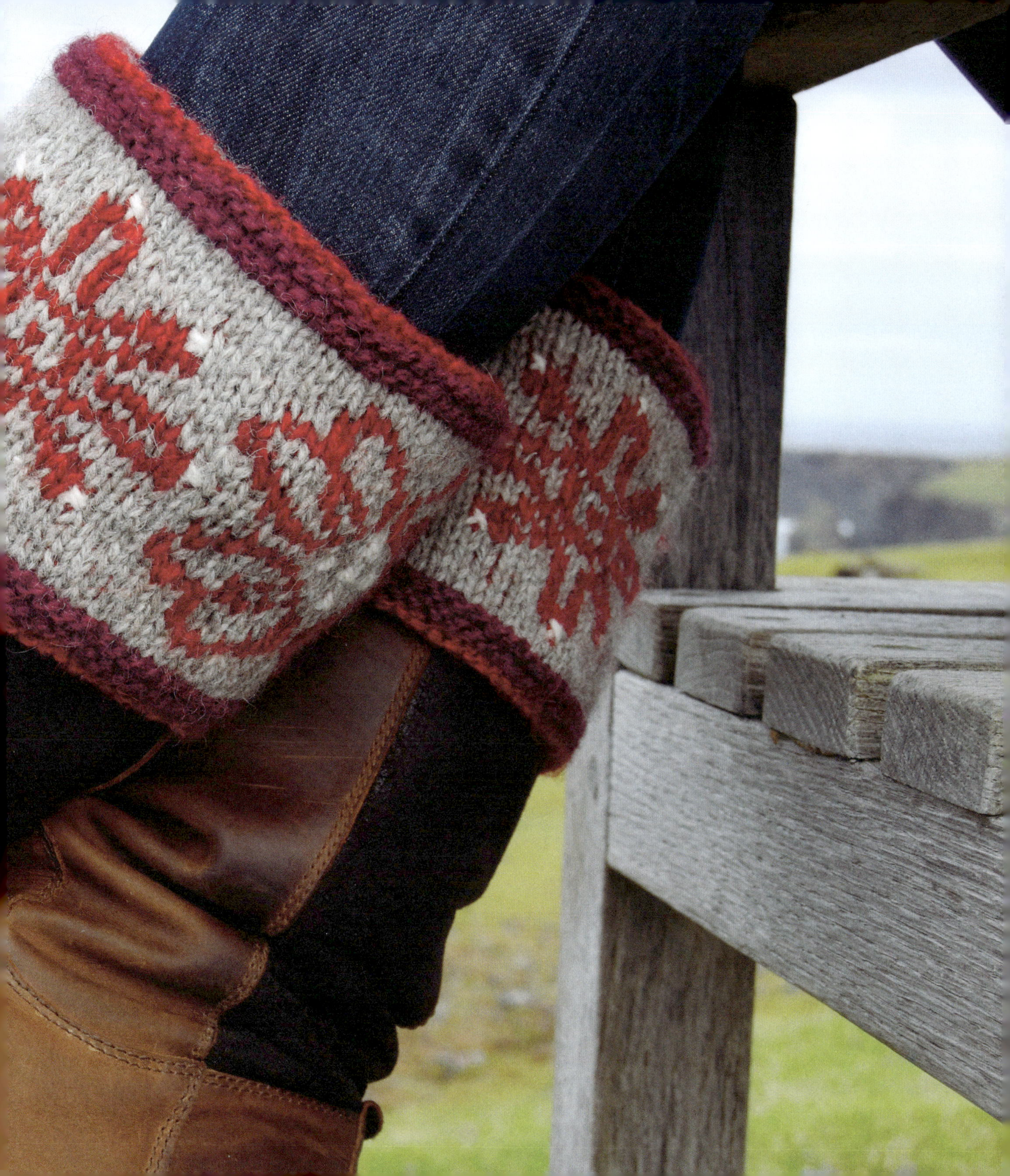

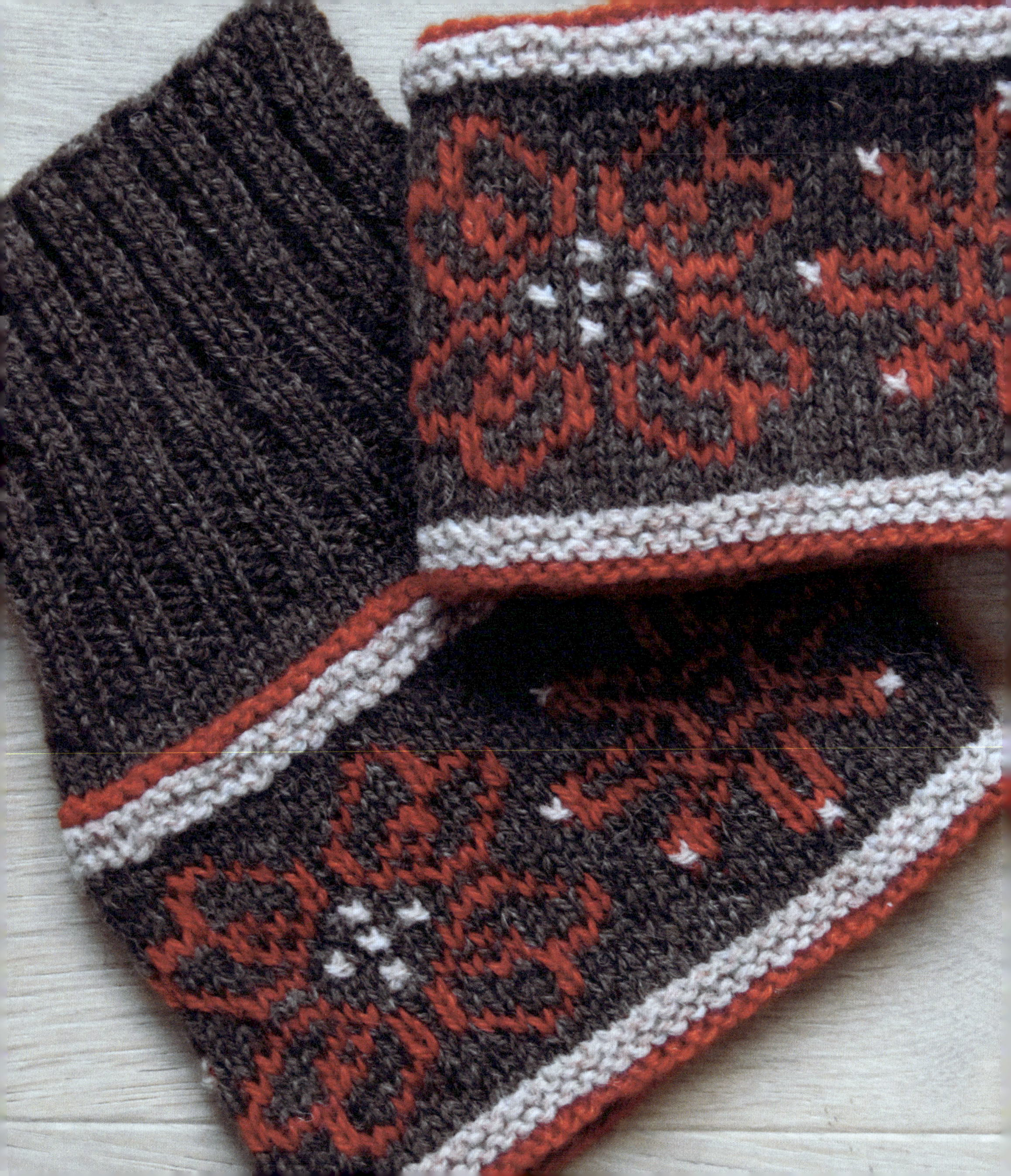

Muster Stiefelmanschetten

Material
«Jamieson's of Shetland DK»
75 Gramm Grundfarbe
25 Gramm Einstrickfarbe 1
25 Gramm Einstrickfarbe 2
oder
«Uradale Yarn DK Weight»
100 Gramm Grundfarbe
50 Gramm Einstrickfarbe 1
50 Gramm Einstrickfarbe 2
Einige Meter einer vierten Farbe für die Kreuzstiche

Stricknadeln
Nadelspiel in den Größen 3,5 und 4 mm
(evt. Rundstricknadel Größe 4 mm, Länge 40 cm)
Maschenmarkierer

Maschenprobe
22 Maschen x 27 Reihen = 10 cm x 10 cm
auf Nadeln der Größe 4 mm

Maße
Umfang 35 cm, Gesamthöhe 22 cm

Vorgehensweise

Schlagen Sie 76 Maschen auf einer Nadel der Größe 3,5 mm mit der Einstrickfarbe 1 an (benutzen Sie, falls die Maschen nicht auf eine Nadel passen sollten, vorübergehend eine längere 3,5 mm-Nadel). Kehren Sie Ihre Strickarbeit von innen nach außen (dadurch kommt die Anschlagreihe als linke Reihe auf die Vorderseite). Wechseln Sie jetzt zur Einstrickfarbe 2 und stricken Sie eine Reihe rechts. Verteilen Sie die Maschen auf ein Nadelspiel der Größe 3,5 mm und schließen nun die Runde. Achten Sie darauf, dass sich die Anschlagreihe nicht verdreht. Setzen Sie am Anfang der Runde einen Maschenmarkierer. Stricken Sie 1 Runde links, 1 Runde rechts und 1 Runde links. Wechseln Sie nun zum Nadelspiel (oder Rundstricknadel) Größe 4 mm und stricken mit der Grundfarbe 2 Runden rechts. Stricken Sie die nächsten 19 Runden nach den Mustervorlagen Sundew A und Chickweed A mit der Grundfarbe und Einstrickfarbe 1. Stricken Sie die Mustervorlage wie folgt: Beginnen Sie mit Muster Sundew A und stricken gleich anschließend das Muster Chickweed A, stricken Sie nochmals Sundew A und schließen mit Chickweed A ab. Stricken Sie nach den 19 Runden der Mustervorlagen nochmals 2 Runden mit der Grundfarbe. Wechseln Sie zu den Nadeln Größe 3,5 mm und stricken 1 Runde rechts, 1 Runde links, 1 Runde rechts und noch 1 Runde links mit der Einstrickfarbe 2; dann 1 Runde rechts und eine Runde links mit der Einstrickfarbe 1. Arbeiten Sie jetzt mit der Grundfarbe weiter, stricken Sie 5 Runden rechts und nehmen dabei gleichzeitig 8 Maschen gleichmäßig über die 1. Runde verteilt ab (die Gesamtmaschenzahl beträgt nun 68 Maschen). Stricken Sie 10 cm im Bündchenmuster (2 rechts, 2 links). Ketten Sie nach der letzten Runde die Maschen locker ab. Die zweite Stiefelmanschette genauso stricken.

Verarbeitung
Vernähen Sie alle Fadenenden. Sticken Sie mit der Einstrickfarbe 2 (bei Verwendung von Uradale Yarn den zur Seite gelegten Faden der 4. Farbe) Kreuzstiche auf die in der Mustervorlage angegebenen Stellen. Waschen Sie die Stiefelmanschetten und lassen diese liegend in der gewünschten Größe trocknen.

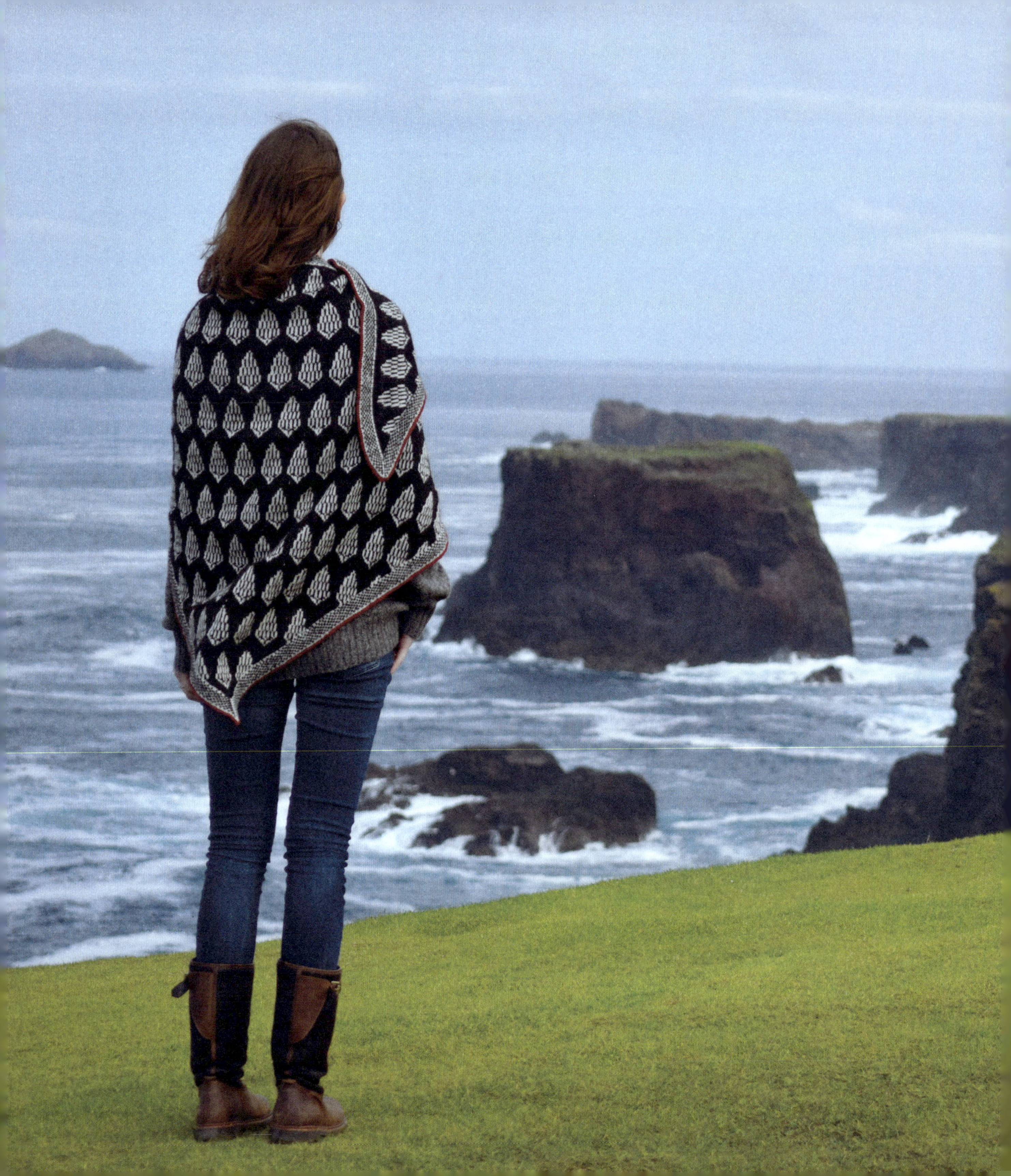

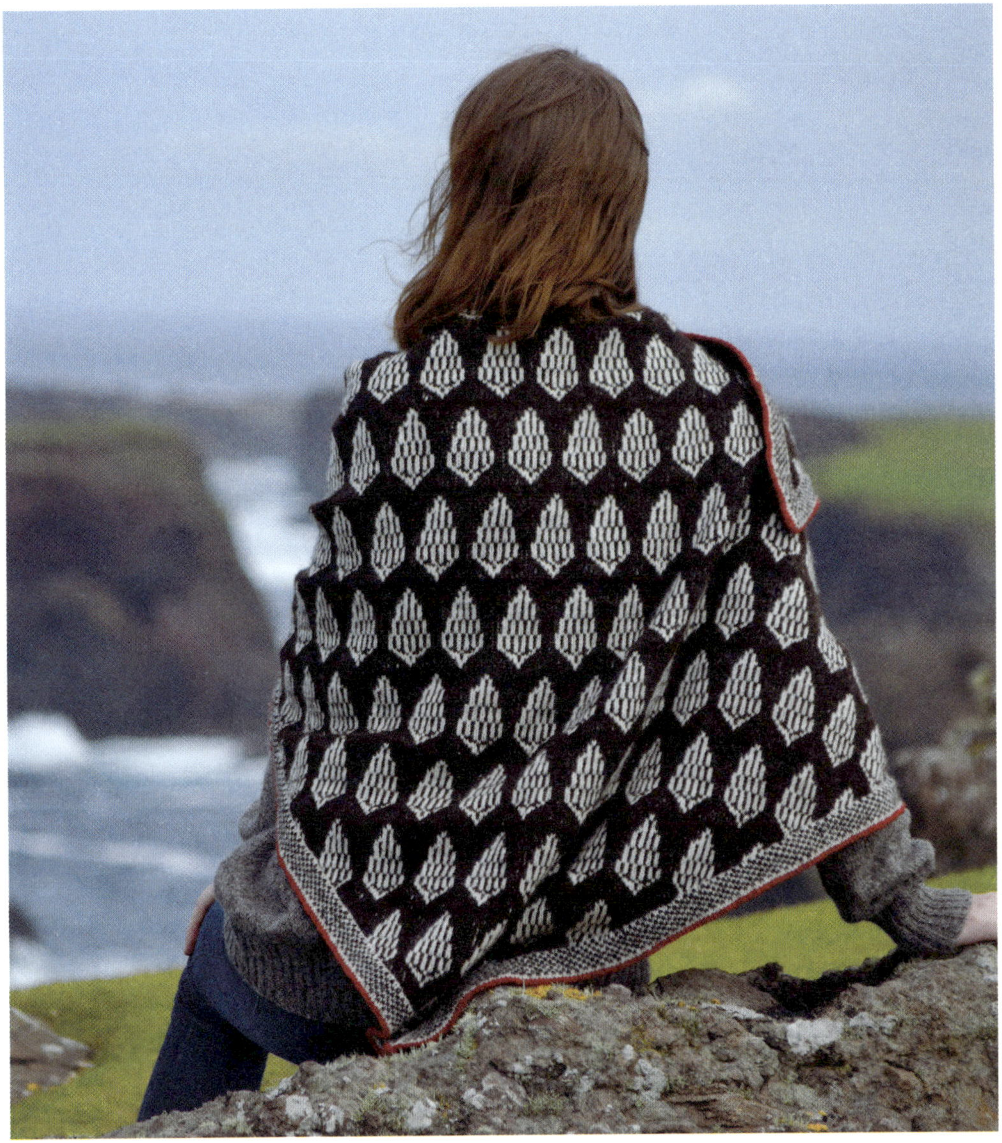

Muster Tuch Orchidee

Material
«Uradale Yarn Jumper Weight»
500 Gramm Grundfarbe
300 Gramm Einstrickfarbe 1
50 Gramm Einstrickfarbe 2

Stricknadeln
Rundstricknadeln Größe 3,5 mm, in den Längen 40, 80 und 120 cm
Rundstricknadel Größe 3,25 mm, Länge 120 cm
Maschenmarkierer

Maschenprobe
24 Maschen x 26 Reihen = 10 x 10 cm

Maße
190 cm breit, 92 cm lang

Vorgehensweise

Schlagen Sie mit der Grundfarbe 5 Maschen auf der Rundstricknadel der Größe 40 cm an. Stricken Sie solange hin und her, bis genügend Maschen zum Rundstricken auf der Nadel sind. Nehmen Sie in jeder Reihe nach der ersten und vor der letzten Masche 1 Masche auf. Fahren Sie so fort, bis das Tuch fertig ist. Stricken Sie 8 Reihen mit der Grundfarbe und dann nach Mustervorlage Orchidee A mit der Einstrickfarbe 1. Achten Sie darauf, dass die Mitte des Rapports auch genau mittig liegt, und stricken Sie zwischen jede Orchideen-Blüte 3 Maschen. Stricken Sie zwischen den Orchideen-Borten stets 3 Runden nur mit der Grundfarbe. Achten Sie bei der folgenden Musterborte darauf, dass die Orchideen versetzt und in der Mitte des Zwischenbereichs der vorhergehenden Orchideen-Borte liegen. Der Rapport wächst an beiden Seiten automatisch mit.
Schließen Sie die Reihe zur Runde und stricken Sie, sobald möglich, rund weiter. Schlagen Sie davor zwischen zwei Maschenmarkierern 6 zusätzliche Maschen an, dies wird die Schnittkante. Stricken Sie mit 2 Farben und wechseln die Farben bei jeder der 6 Maschen ab (so werden beide Garne mitgeführt). Versetzen Sie in der nächsten Runde die Farben bei diesen 6 Maschen (arbeiten Sie mit nur einer Farbe, dann stricken Sie mit dieser weiter). Wiederholen Sie die Musterränder bis zur Länge zwischen 90 bis 100 cm oder so weit, wie gewünscht. Bei dem Modell in diesem Buch wurde das Muster zehn Mal wiederholt. Schließen Sie die Strickarbeit mit 3 Runden in der Grundfarbe ab.

Randborte

Wechseln Sie für die Randborte jetzt zur Einstrickfarbe 1 und stricken 1 Runde. Stricken Sie dann 8 Runden nach Mustervorlage Rechteck. Stricken Sie eine Runde mit der Einstrickfarbe 1. Stricken Sie eine Runde mit der Einstrickfarbe 2 und danach eine Runde links mit dieser Farbe. Stricken Sie nun die nächsten 9 Runden mit der Grundfarbe für die innere Randborte. Vergessen Sie dabei nicht, Maschen ab- anstatt zuzunehmen, damit eine schöne Ecke entsteht. Stricken Sie danach eine Runde mit der Einstrickfarbe 1 und ketten anschließend alle Maschen ab. Setzen Sie mit der Nähmaschine zwei doppelte Reihen Zickzackstiche locker in die Schnittkante. Schneiden Sie die Schnittkante zwischen den Zickzackreihen auf. Sie können das Tuch jetzt auseinanderfalten.
Nehmen Sie jetzt mit der Einstrickfarbe 1 den schrägen Kanten entlang Maschen auf (nach dem Rand beginnen, davor wieder aufhören). Stricken Sie aus jeder Masche 1 zusätzliche Masche heraus und aus jeder 7. noch eine extra Masche.

Setzen Sie in die Spitze einen Maschenmarkierer, ebenso beidseits der 6 Maschen der Schnittkante. Schließen Sie die Runde mit 6 zusätzlichen Maschen. Stricken Sie nochmals einen Rand nach der Mustervorlage der oberen Borte und vergessen Sie dabei nicht, zuerst Maschen zuzunehmen und auf der Innenseite entlang der Schnittkante und beidseits der Maschenmarkierer in der Spitze Maschen abzunehmen. Setzen Sie in die kleine Schnittkante, wie oben beschrieben, Zickzackstiche und schneiden Sie diese anschließend wieder dazwischen auf.

Verarbeitung

Klappen Sie die Schnittkante nach innen um und nähen Sie von Hand einen unsichtbaren Saum. Das schönste Resultat erzielen Sie, wenn Sie Masche für Masche festnähen, da sich dadurch die Borte nicht verzieht. Achten Sie darauf, dass die Spitzen genau aufeinanderliegen und schließen Sie die Nähte möglichst unsichtbar. Danach können Sie das Tuch waschen und spannen.

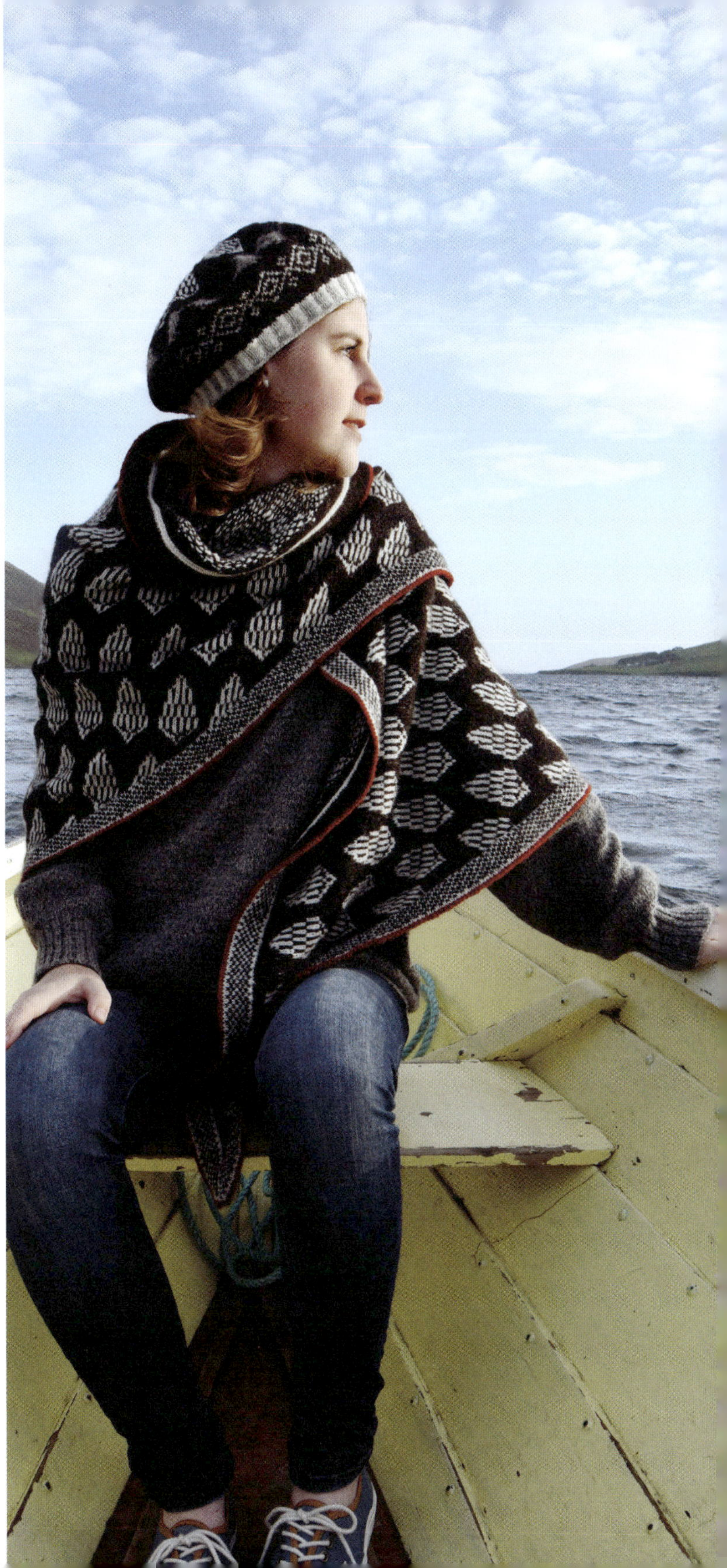

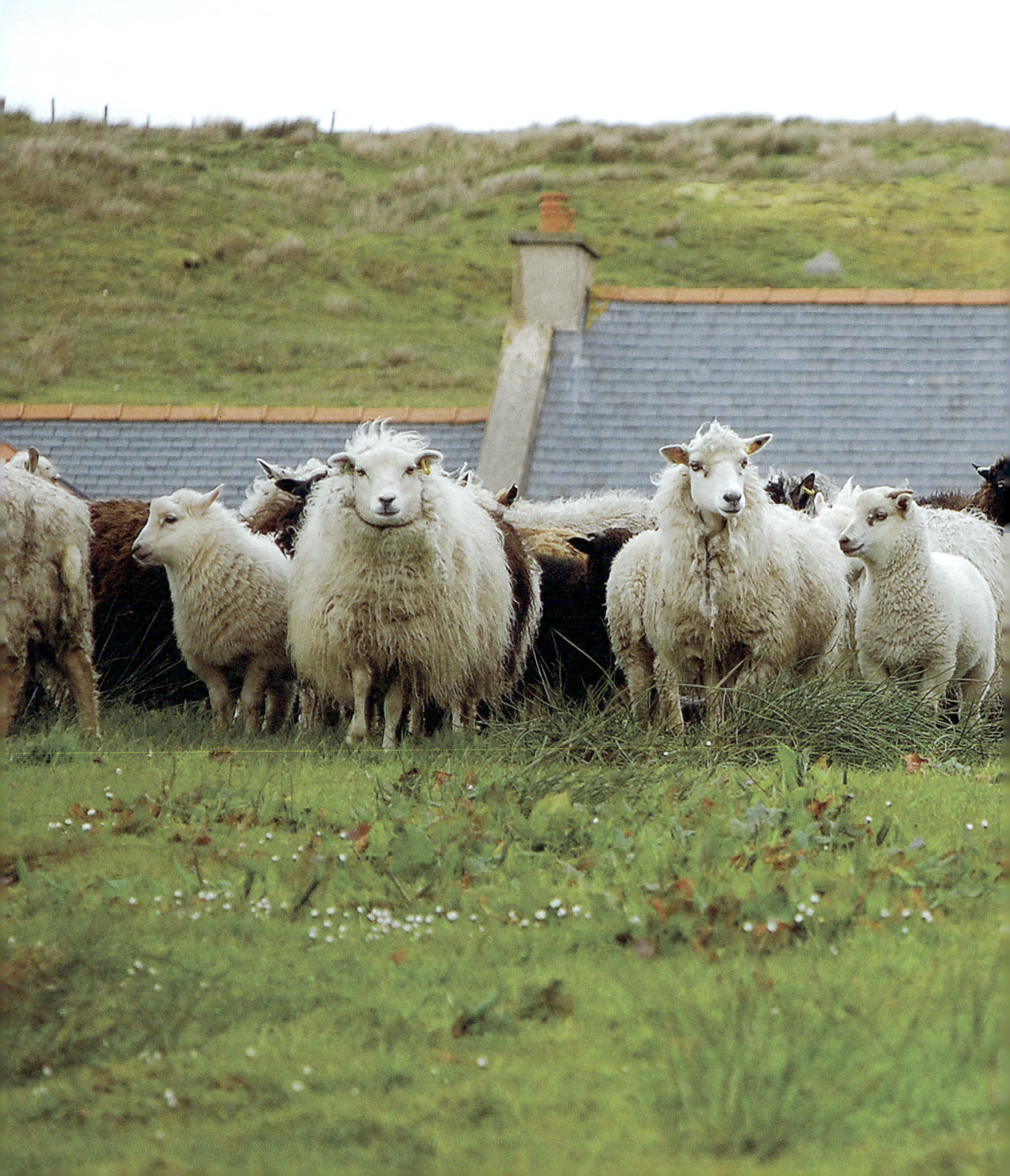

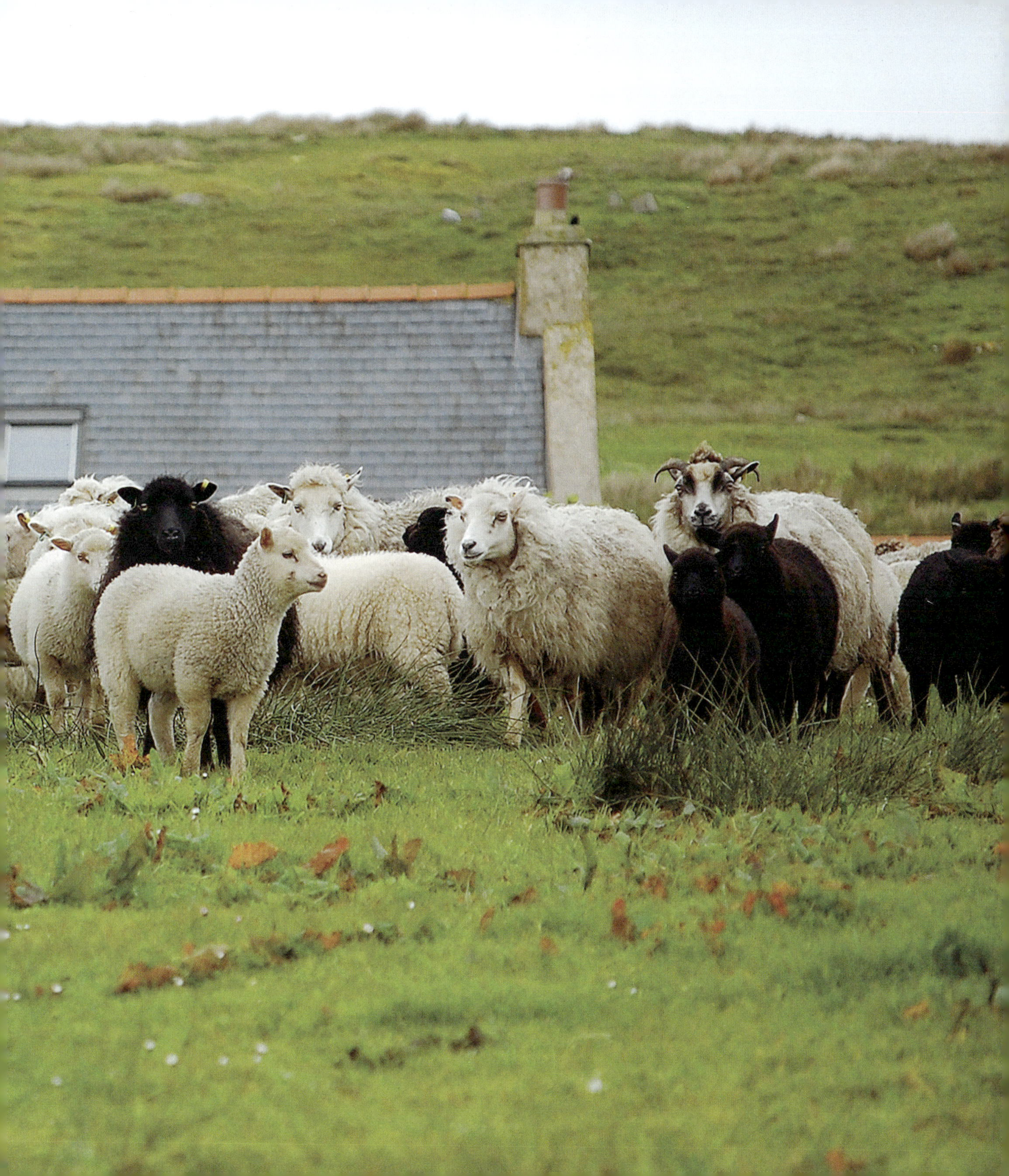

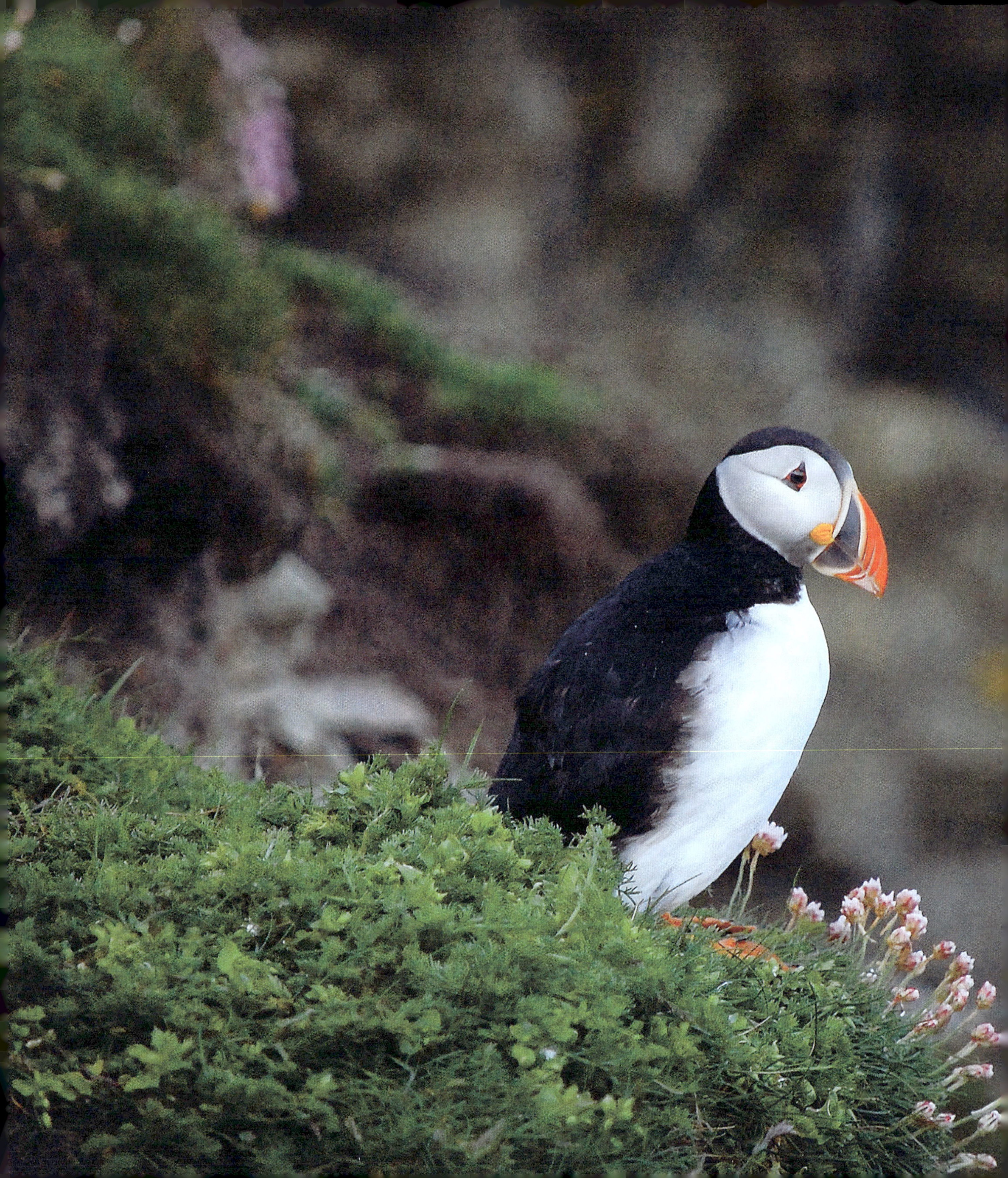

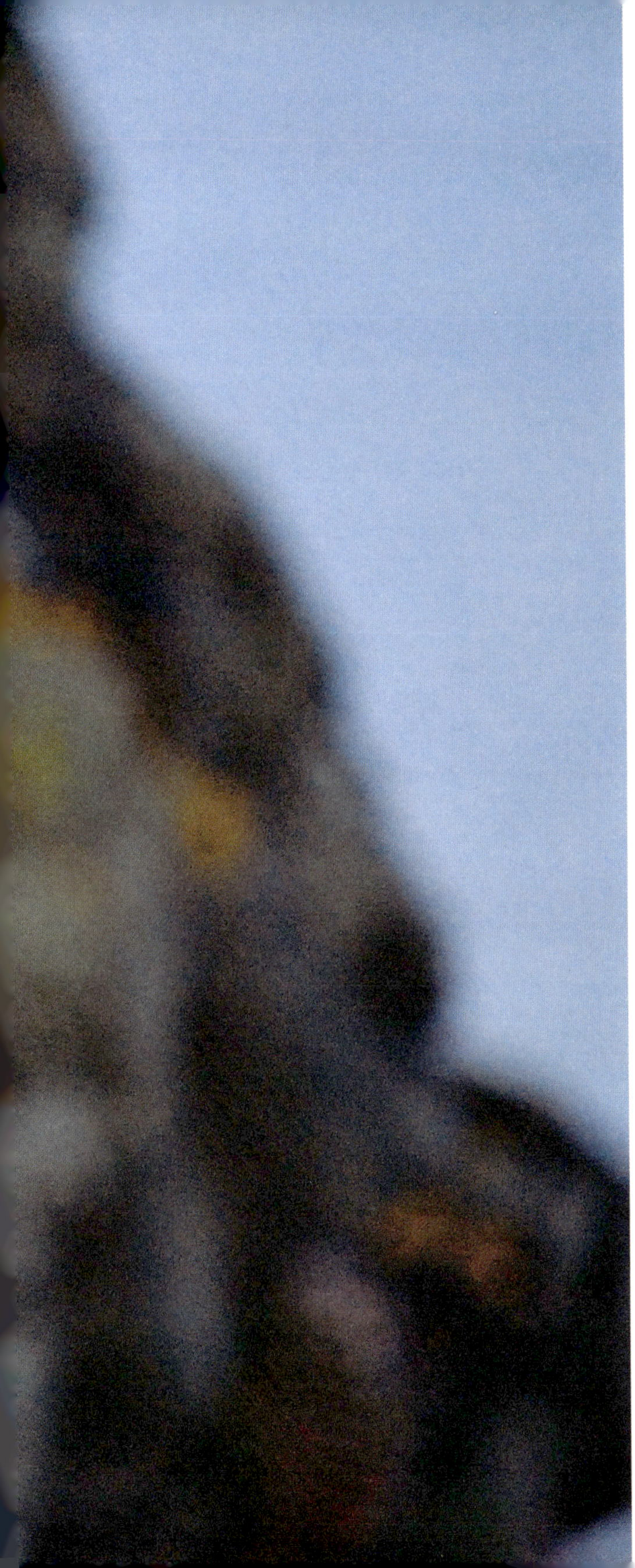

Fauna

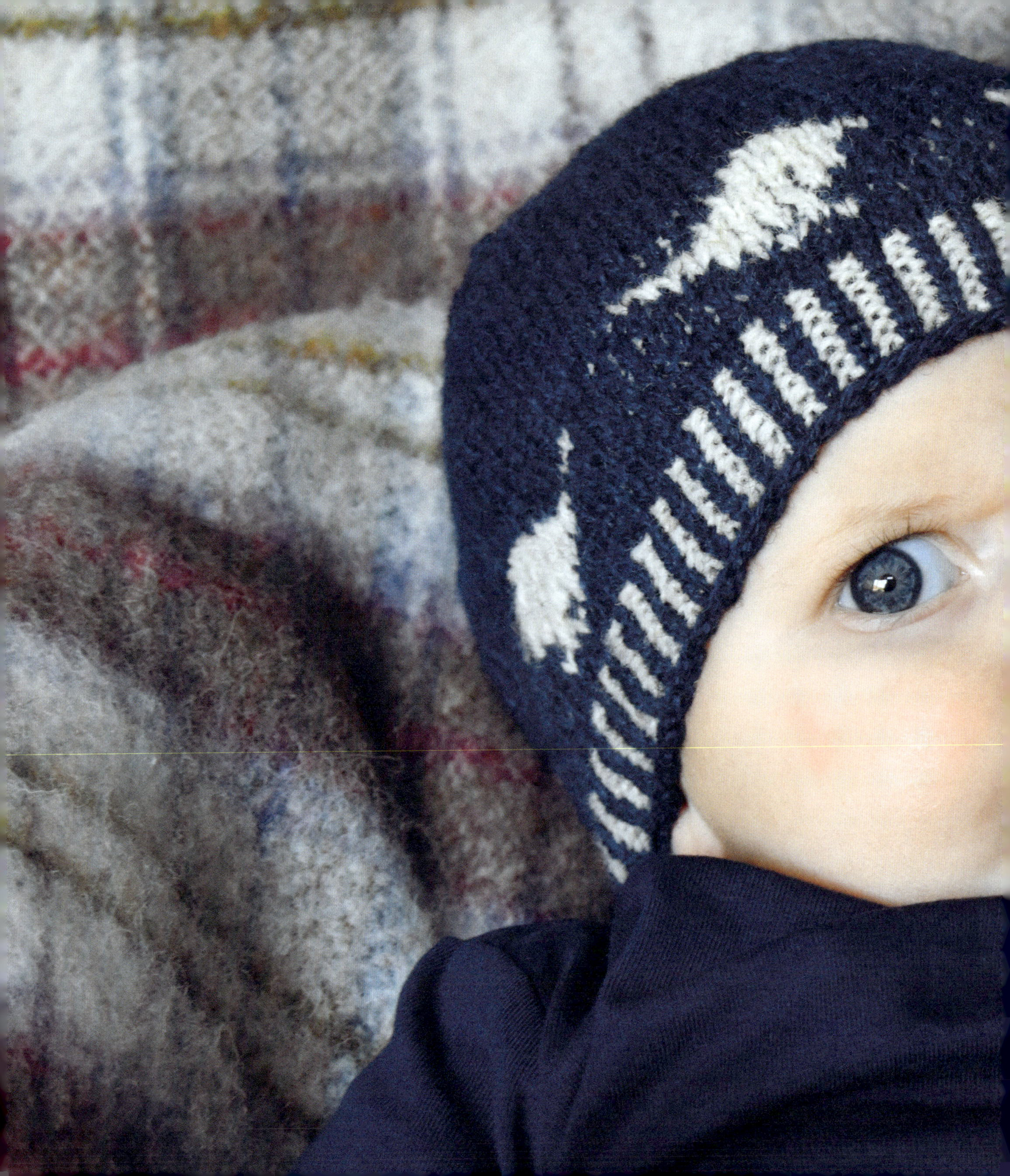

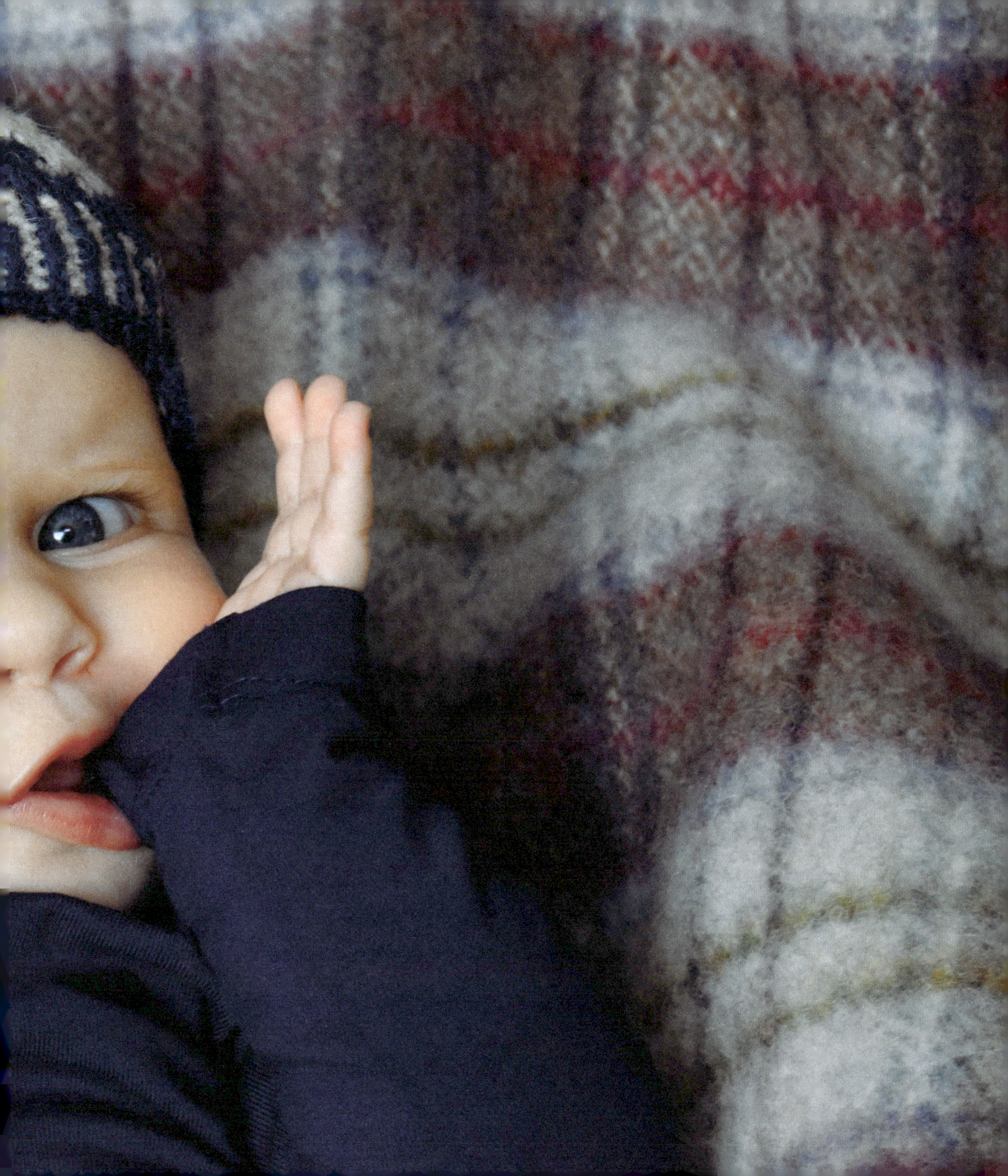

Muster Babymütze

Material
«Jamieson's of Shetland Spindrift»
25 Gramm Grundfarbe
25 Gramm Einstrickfarbe
oder
»Uradale Yarn Jumper Weight»
50 Gramm Grundfarbe
50 Gramm Einstrickfarbe

Stricknadeln
Nadelspiel in den Größen 2,5 und 3 mm, (eventuell Rundstricknadeln in den Größen 2,5 und 3 mm, in Länge 30 cm)
Maschenmarkierer

Maschenprobe
25 Maschen x 36 Reihen = 10 x 10 cm auf 3 mm Nadeln (vor dem Spannen!)

Größen
0-3 (3-6) 6-9 (9-12) Monate

Maße
39 (42) 44 (47) cm (nach dem Spannen!)

Vorgehensweise

Schlagen Sie 90 (96) 102 (108) Maschen mit der Grundfarbe auf ein Nadelspiel oder einer Rundstricknadel der Größe 2,5 mm an. Schließen Sie die Runde und achten darauf, dass sich die Anschlagreihe nicht verdreht. Setzen Sie am Anfang der Runde einen Maschenmarkierer. Stricken Sie Runde 1 bis einschließlich 6 (7) 8 (8) nach Mustervorlage Corrugated rib A. Wechseln Sie zum Nadelspiel oder zur Rundstricknadel Größe 3 mm (benutzen Sie bei der Maschenabnahme für die Mützenspitze das Nadelspiel) und stricken 3 (3) 4 (4) Runden rechts mit der Grundfarbe. Stricken Sie anschließend nach Mustervorlage Zaunkönig A wie folgt: Beginnen Sie die Runde mit 2 (2) 3 (3) Maschen mit der Grundfarbe. *Stricken Sie die Mustervorlage Zaunkönig A links, stricken Sie 3 (4) 5 (6) Maschen mit der Grundfarbe, stricken Sie die Mustervorlage Zaunkönig A rechts, stricken Sie 3 (4) 5 (6) Maschen mit der Grundfarbe*. Wiederholen Sie von *bis*, aber lassen Sie die letzte Wiederholung nicht auf 3 (4) 5 (6) Maschen mit der Grundfarbe, sondern auf 1 (2) 2 (3) Maschen, enden. Stricken Sie so die Vögel ein und stricken danach mit der Grundfarbe weiter bis zu einer Gesamthöhe von 9,5 (10) 10,5 (11) cm. Setzen Sie in der letzten Runde nach Masche 15 (16) 17 (18), nach Masche 30 (32) 34 (36), nach Masche 45 (48) 51 (54), nach Masche 60 (64) 68 (72) und nach Masche 75 (80) 85 (90) einen Markierer, um damit die Stellen zu kennzeichnen, bei denen in der folgenden Runde mit den Abnahmen für die Spitze begonnen wird. Machen Sie die Abnahmen gleich nach den Markierern (auch nach dem Markierer am Anfang der Runde), entweder durch Überziehen einer Masche oder SSK. Nehmen Sie in der nächsten Runde jeweils 1 Masche nach jedem Markierer ab und daraufhin 8 (8) 9 (9) Mal in jeder 2. Runde. Nehmen Sie dann noch 5 (6) 6 (7) Mal 1 Masche nach jedem Markierer in jeder Runde ab. Ziehen Sie nach der letzten Runde den Faden durch die 6 verbliebenen Maschen und vernähen diesen sauber auf der Innenseite.

Verarbeitung
Vernähen Sie alle Fadenenden mit Sorgfalt! Waschen Sie das Mützchen und lassen Sie es in der gewünschten Größe trocknen, eventuell auf einem Gegenstand, der der Mützengröße entspricht (zum Beispiel eine Schale).

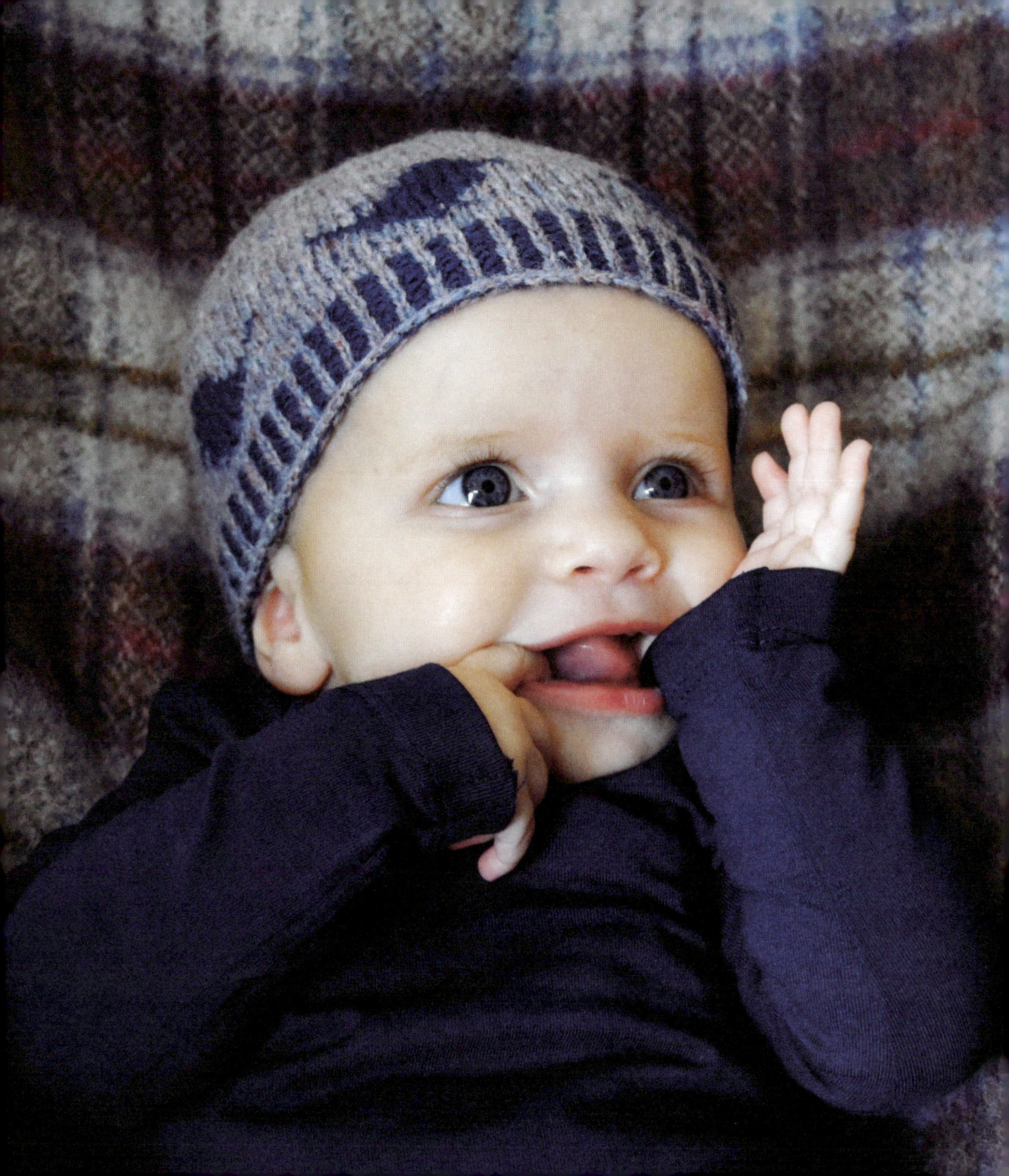

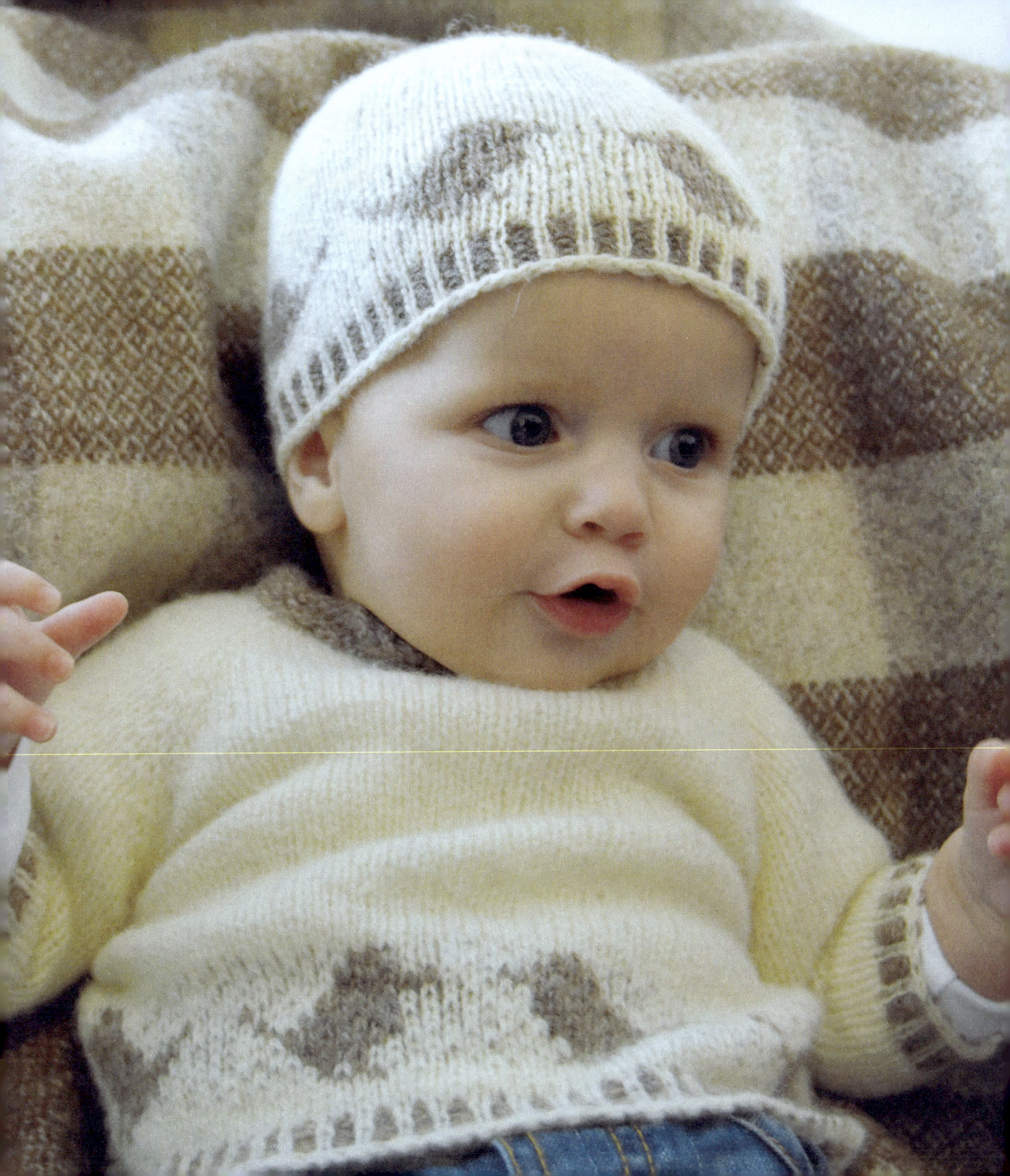

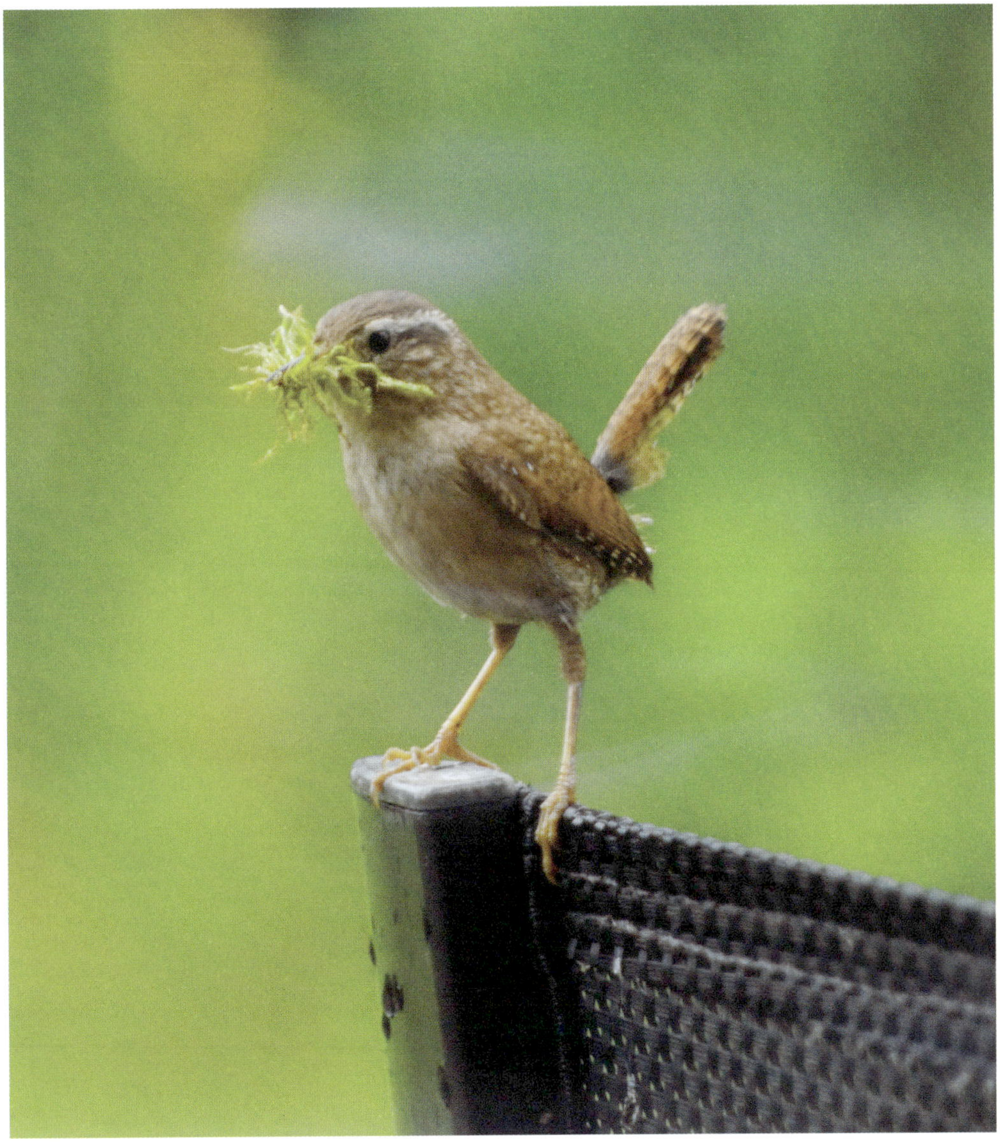

Zaunkönig

Muster Babypullover

Material
«Uradale Yarn Jumper Weight»
50 (50) 50 (100) Gramm Grundfarbe
50 Gramm Einstrickfarbe
oder
«Jamieson's of Shetland Spindrift»
50 (50) 50 (75) Gramm Grundfarbe
25 Gramm Einstrickfarbe

Stricknadeln
Rundstricknadel der Größe 3,25 mm, Länge 40 cm (eventuell auch 60 cm), Nadelspiel Größe 3,25 mm
Maschenmarkierer

Maschenprobe
24 Maschen x 28 Reihen = 10 x 10 cm

Größen
0-3 (3-6) 6-9 (9-12) Monate

Maße
Siehe Zeichnung auf Seite 117

Vorgehensweise

Oberkörper

Der Babypullover wird vom Hals aus nach unten gestrickt. Schlagen Sie 50 (54) 58 (62) Maschen auf der Rundstricknadel der Größe 3,25/40 cm und mit der Einstrickfarbe an. Stricken Sie 5 (5) 7 (7) Reihen rechts (hin und zurück) und setzen in der 5. Reihe 4 Maschenmarkierer an folgende Stellen: Stricken Sie 10 (10) 11 (12) Maschen und setzen den Markierer; stricken Sie 6 (7) 8 (8) Maschen und setzen den Markierer; stricken Sie 18 (20) 20 (22) Maschen und setzen Sie den Markierer; stricken Sie 6 (7) 8 (8) Maschen, setzen den Markierer und stricken dann die restlichen Maschen. Stricken Sie in der nächsten Reihe (Außenseite der Strickarbeit) die ersten und letzten 4 (4) 5 (5) Maschen kraus rechts mit der Einstrickfarbe und die übrigen Maschen in Trikotmaschen (rechts auf der Vorderseite, links auf der Rückseite) mit der Grundfarbe und nehmen gleichzeitig in dieser Reihe 1 Masche vor dem 1., nach dem 2., vor dem 3. und nach dem 4. Markierer zu = 54 (58) 62 (66) Maschen.

Nächste Reihe: Die ersten und letzten 4 (4) 5 (5) Maschen weiterhin kraus rechts stricken mit der Einstrickfarbe und die übrigen Maschen in Trikotmaschen mit der Grundfarbe (das ist auf dieser Nadel links). Nehmen Sie ab jetzt vor und nach allen Markierern eine Masche zu. Wiederholen Sie dies auf der Vorderseite Ihrer Arbeit (in der rechten Runde) 4 Mal bis 86 (90) 94 (98) Maschen auf der Nadel liegen.

Stricken Sie ab jetzt nur Runden mit der Grundfarbe. Dadurch schließt sich der kleine Schlitz. Nehmen Sie anschließend beidseits der Markierer 10 (11) 12 (13) Mal Maschen in jeder zweiten Reihe zu, bis Sie 166 (178) 190 (202) Maschen auf der Nadel liegen haben. Legen Sie während der nächsten Runde die 34 (37) 40 (44) Maschen für die Ärmel (dies sind die Maschen zwischen den Raglans) auf einem Hilfsfaden still und schlagen an deren Stelle 3 (4) 5 (5) zusätzliche Maschen an. Jetzt liegen 104 (112) 120 (124) Maschen auf der Nadel. Entfernen Sie alle Markierer und setzen Sie zwei neue mittig unter beiden Ärmel. Nehmen Sie nach 1 cm (von der Mitte unter dem Ärmel ausgezählt) 1 Masche beidseits der Markierer zu. Wiederholen Sie dies alle 2 cm, insgesamt 4 (4) 4 (5) Mal (16 (16) 16 (20) Maschen zugenommen). Jetzt liegen 120 (128) 136 (144) Maschen auf der Nadel. Stricken Sie weiter, bis die Arbeit (von der Mitte unter dem Ärmel ausgezählt) 6 (7) 8 (9) cm misst. (Nehmen Sie lediglich für die 3. Größe in der ersten darauffolgenden Runde 2 Maschen ab.)

Stricken Sie anschließend nach Mustervorlage Zaunkönig B wie folgt: beginnen Sie die Runde mit 2 (2) 3 (3) Maschen mit der Grundfarbe. *Stricken Sie nach Mustervorlage Zaunkönig B rechts, stricken Sie 3 (4)

5 (6) Maschen mit der Grundfarbe, stricken Sie nach Mustervorlage Zaunkönig B links, stricken Sie 3 (4) 5 (6) Maschen mit der Grundfarbe*. Wiederholen Sie von *bis*, aber schließen Sie die letzte Wiederholung nicht mit 3 (4) 5 (6) Maschen mit der Grundfarbe, sondern mit 1 (2) 2 (3) Maschen ab. Stricken Sie nach Mustervorlage noch 3 (3) 4 (4) Reihen mit der Grundfarbe und stricken danach 6 (7) 8 (8) Runden Bündchen nach Mustervorlage Corrugated rib A und ketten dann alle Maschen in der Grundfarbe ab.

Ärmel

Legen Sie die 34 (37) 40 (44) Maschen vom Hilfsfaden auf das Nadelspiel und nehmen Sie 6 (7) 8 (8) Maschen unter dem Ärmel auf. Jetzt liegen 40 (44) 48 (52) Maschen auf der Nadel. Setzen Sie in die Mitte der 6 (7) 8 (8) Maschen einen Markierer.

Nehmen Sie nach 2 (2) 2,5 (2,5) cm beidseits der Markierer 1 Masche ab und wiederholen Sie dies alle 2 cm, insgesamt 3 (4) 5 (6) Mal, bis 32 (36) 38 (40) Maschen auf der Nadel liegen. Beginnen Sie mit dem Bündchen nach 9 (11) 13 (15) cm von der unteren Seite des Ärmels aus gezählt. Stricken Sie 6 (7) 8 (8) Runden des Bündchens nach Mustervorlage Corrugated rib A und ketten Sie alle Maschen mit der Grundfarbe ab.

Verarbeitung

Schließen Sie die Naht unter den Ärmeln und vernähen Sie alle Fäden. Waschen und spannen Sie die Arbeit.

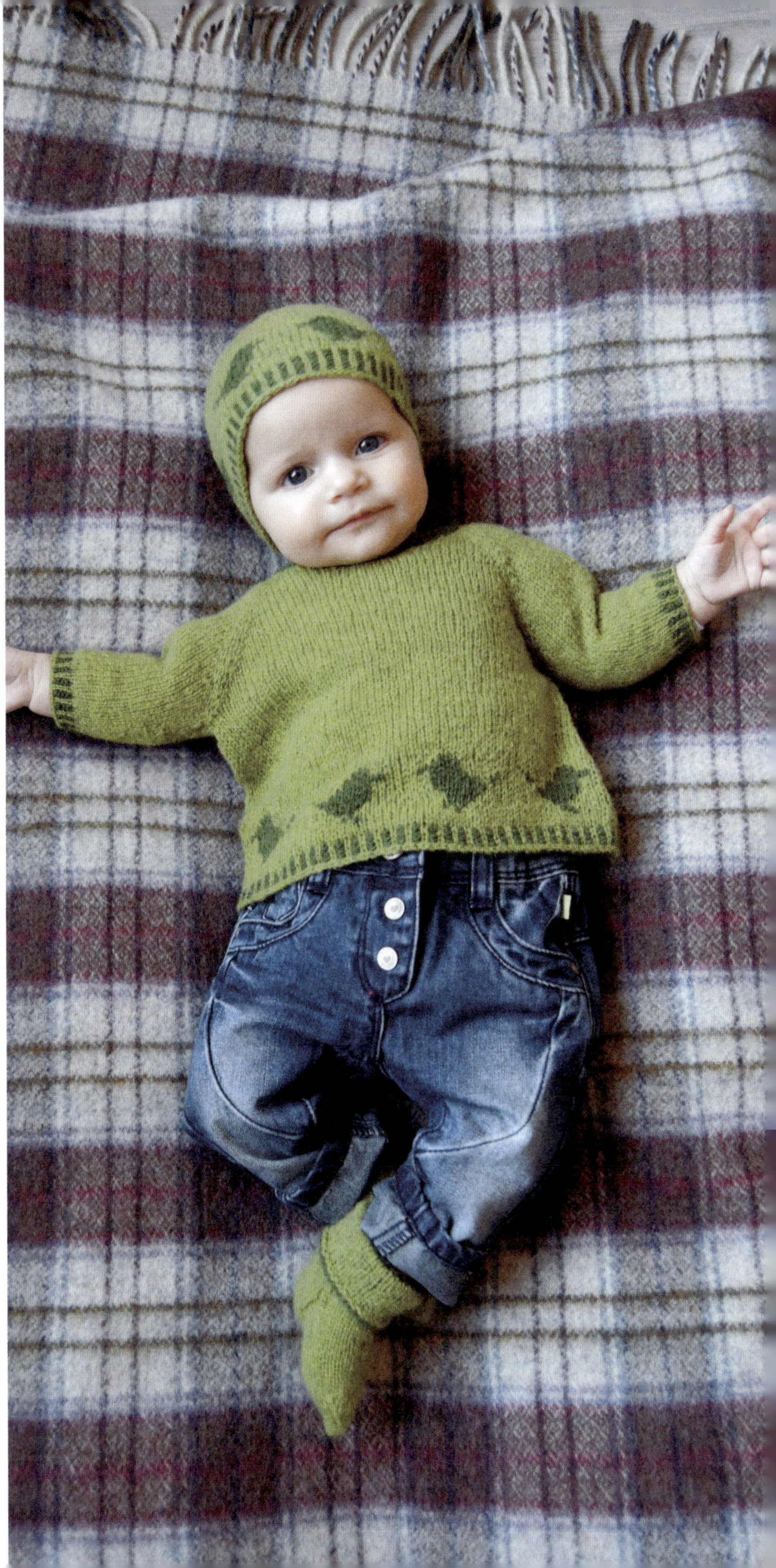

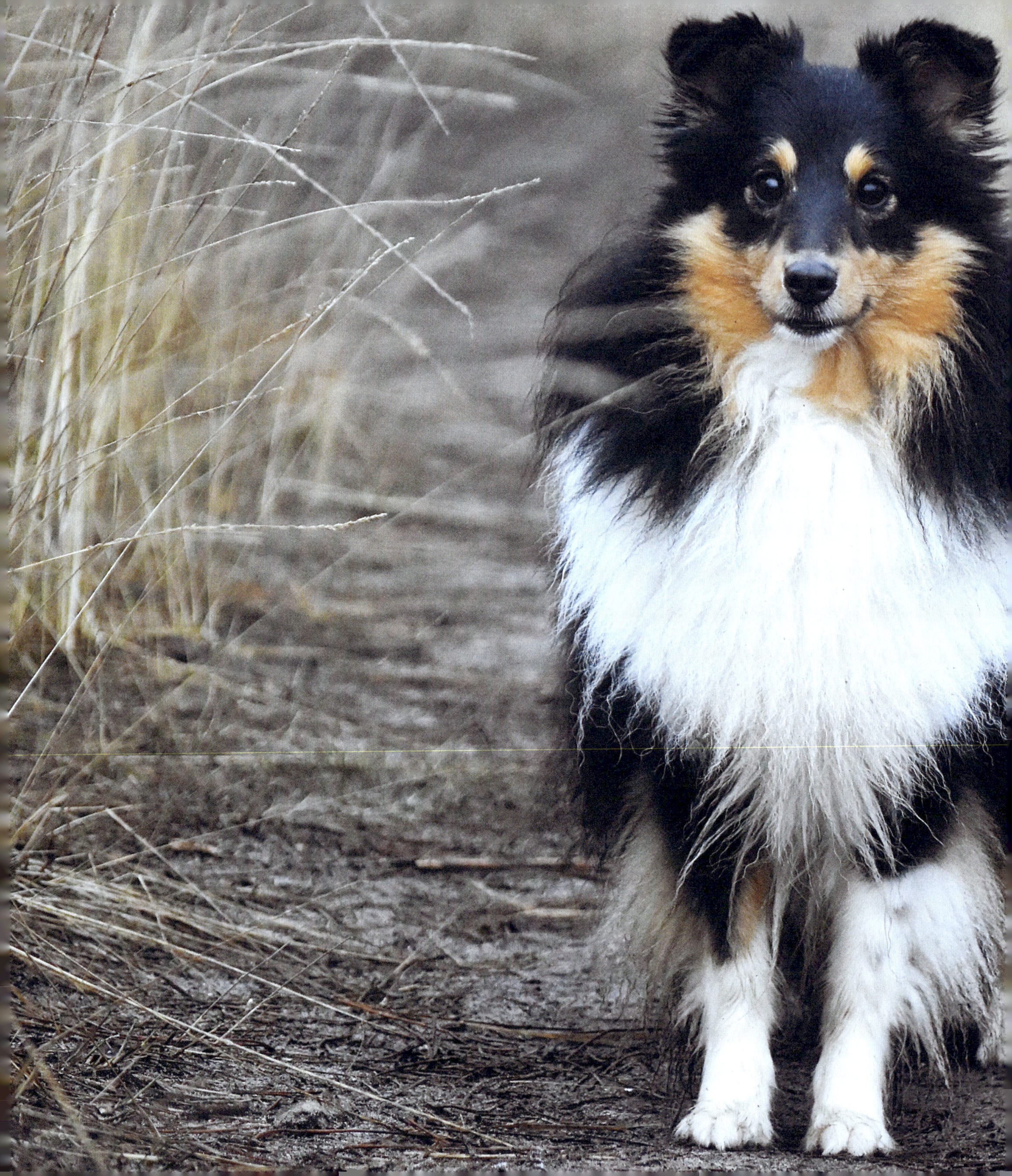

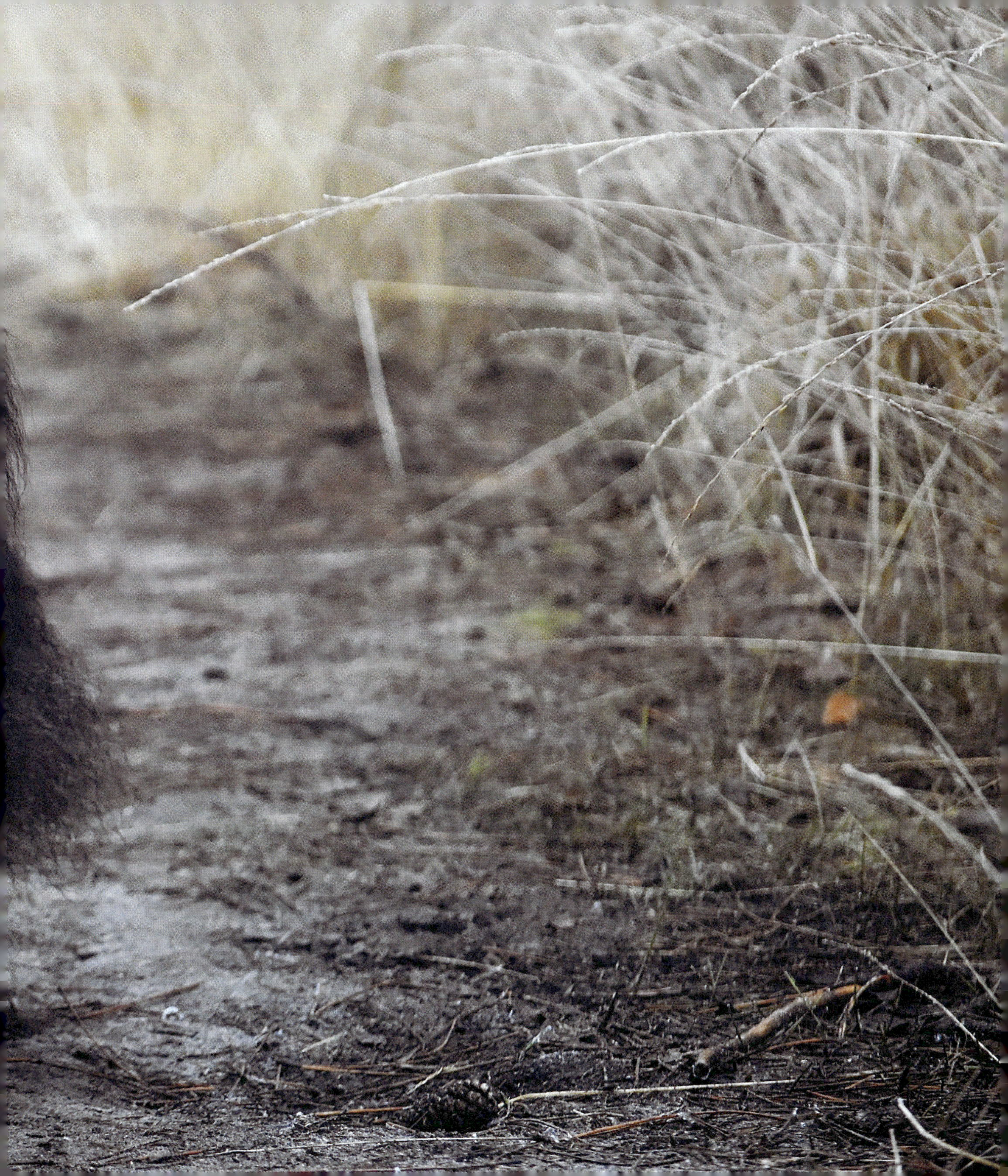

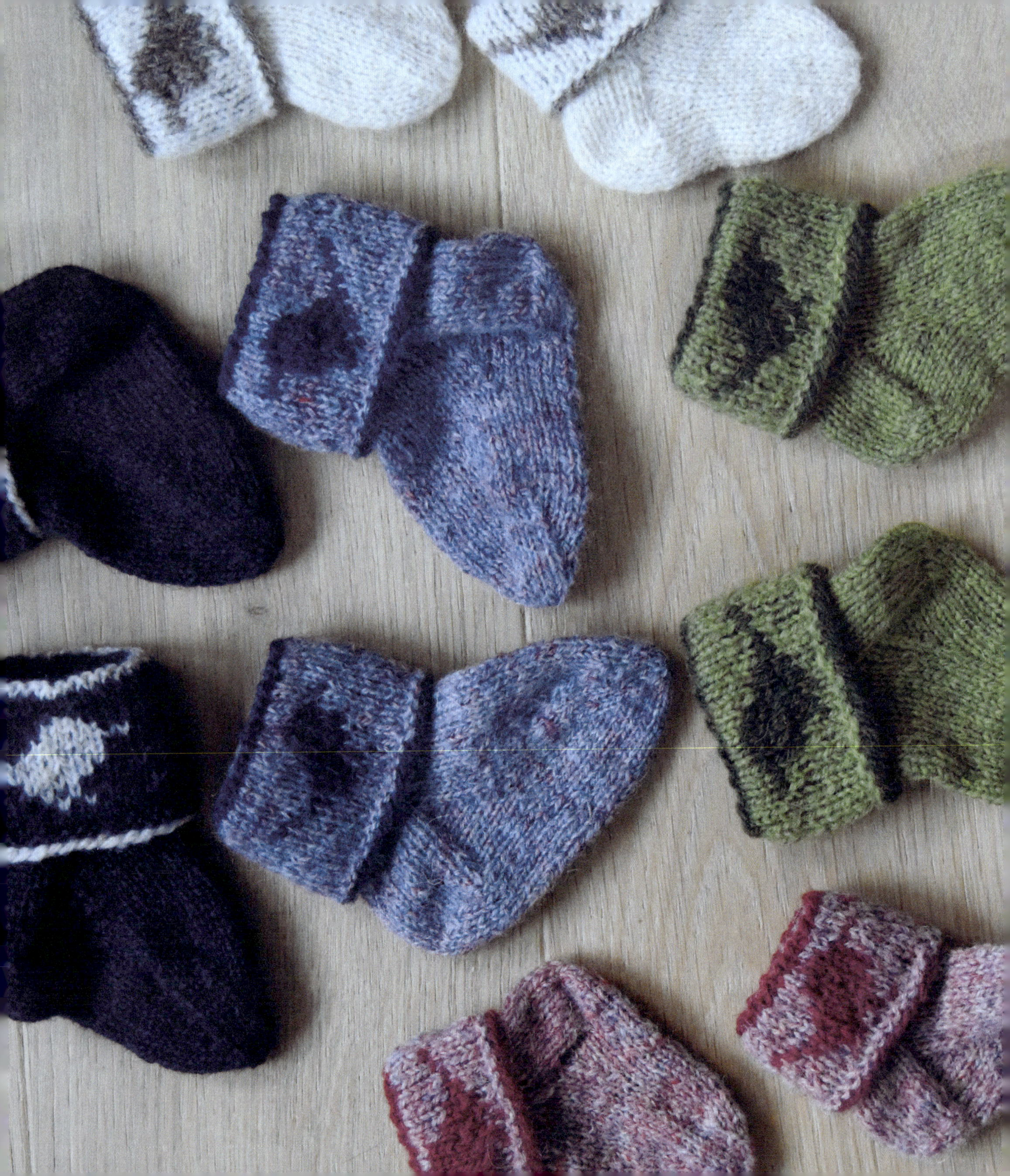

Muster Babysöckchen

Material
«Jamieson's of Shetland Spindrift»
25 Gramm Grundfarbe
25 Gramm Einstrickfarbe
oder
«Uradale Yarn Jumper Weight»
50 Gramm Grundfarbe
50 Gramm Einstrickfarbe

Stricknadeln
Nadelspiele in den Größen 2,5 und 3,25 mm

Maschenprobe
24 Maschen x 36 Reihen = 10 x 10 cm auf Nadeln 3,25 mm
30 Maschen x 36 Reihen = 10 x 10 cm auf Nadeln 2,5 mm

Größen
0-3 (3-6) 6-9 (9-12) Monate

Maße
Fußlänge 8,5 (9,5) 10,5 (11,5) cm

Vorgehensweise

Umschlag mit Zaunkönig

Legen Sie 2 Fäden der Einstrickfarbe (Kontrastfaden) mit 1 Faden der Grundfarbe (Arbeitsfaden) zu einer Schlaufe zusammen und schieben Sie diese Schlaufe auf eine Nadel. Schlagen Sie 34 (34) 38 (38) Maschen auf dem Nadelspiel der Größe 3,25 mm (ohne die Schlaufe mitzuzählen) an. Der Kontrastfaden bildet den Anschlagrand, und die Maschen werden mit der Grundfarbe gearbeitet. Entfernen Sie die erste Schlaufe und verteilen Sie die 34 (34) 38 (38) Maschen gleichmäßig auf das Nadelspiel. Schließen Sie die Runde und achten darauf, dass sich die Maschen nicht verdrehen. Stricken Sie die erste Runde links und 2 (2) 3 (3) Runden rechts mit der Grundfarbe. Beginnen Sie mit der Mustervorlage Zaunkönig A.

Für das linke Söckchen: Stricken Sie 2 (2) 3 (3) Maschen rechts und beginnen Sie dann mit der Mustervorlage Zaunkönig A links.

Für das rechte Söckchen: Stricken Sie 20 (20) 23 (23) Maschen rechts und beginnen Sie dann mit der Mustervorlage Zaunkönig A rechts.

Stricken Sie jetzt noch 2 (2) 3 (3) Runden rechts mit der Grundfarbe. Verwenden Sie die Einstrickfarbe und stricken 1 Runde rechts. Wenden Sie nun die Strickarbeit von innen nach außen und stricken 1 Runde rechts zurück über die vorherige Runde. Wenden Sie jetzt die Arbeit nicht mehr, sondern stricken Sie nun auf der «verkehrten» Seite weiter. Die verkehrte Seite ist ab jetzt die richtige Seite. Wenn das Söckchen fertig ist, wird die Borte mit dem eingestrickten Vögelchen über das Bündchen der Socke umgeschlagen.

Bündchen

Arbeiten Sie jetzt mit dem Nadelspiel der Größe 2,5 mm und der Grundfarbe weiter. Stricken Sie 16 (16) 18 (18) Runden Bündchenmuster (abwechselnd 1 rechts, 1 links) und nehmen gleichzeitig in der 1. Runde, über die Nadel verteilt, 2 Maschen = 32 (32) 36 (36) Maschen (8 (8) 9 (9) Maschen je Nadel) ab.

Ferse

Die Ferse und das Käppchen werden in Hin- und Rückreihen über die Maschen der Fußsohle (Nadel 1 und 4) gestrickt. Die 16 (16) 18 (18) Maschen des Oberfußes bleiben auf Nadel 2 und 3 liegen und werden nicht gestrickt. Stricken Sie 8 (8) 9 (9) Maschen von Nadel 1 im Bündchenmuster. Wenden Sie die Arbeit, heben Sie die 1. Masche ab und stricken 15 (15) 17 (17) Maschen links. Dies sind die Maschen von Nadel 1 und 4. Schieben Sie diese während des Strickens der Ferse und des Käppchens auf eine Nadel.
Wenden Sie die Arbeit, heben Sie die 1. Masche ab und

stricken Sie 15 (15) 17 (17) Maschen rechts. Wenden Sie die Arbeit, heben Sie die 1. Masche ab und stricken Sie 15 (15) 17 (17) Maschen links. Wiederholen Sie die letzten 2 Reihen noch 6 (6) 7 (7) Mal.

Käppchen

Heben Sie die 1. Masche ab und stricken Sie 8 (8) 9 (9) Maschen rechts, nehmen dann eine Masche durch Überziehen einer Masche oder SSK ab und stricken nun noch 1 Masche rechts. Lassen Sie die anderen Maschen auf einer Nadel liegen und wenden Sie die Arbeit. Heben Sie die 1. Masche ab, stricken 3 Maschen links, dann 2 Maschen links zusammenstricken und noch 1 Masche links stricken. Lassen Sie die übrigen Maschen auf der Nadel liegen und wenden Sie die Arbeit. Heben Sie die 1. Masche ab, stricken Sie rechts bis zur letzten Masche vor der Lücke auf der Nadel (das macht 4 Maschen), nehmen Sie eine Masche durch Überziehen einer Masche oder SSK ab und stricken Sie noch 1 Masche rechts. Wenden Sie die Arbeit.Heben Sie die 1. Masche ab, stricken Sie links bis zur letzten Masche vor der Lücke auf der Nadel (dies macht 5 Maschen), dann 2 Maschen links zusammenstricken und noch eine Masche links stricken. Wenden sie die Arbeit.

0-3 Monate und 3-6 Monate: Heben Sie die 1. Masche ab, stricken Sie rechts bis zur letzten Masche vor der Lücke auf der Nadel (dies macht 6 Maschen), nehmen Sie eine Masche durch Überziehen einer Masche oder SSK ab und stricken Sie noch 1 Masche rechts. Wenden Sie die Arbeit. Heben Sie die 1. Masche ab, stricken Sie links bis zur letzten Masche vor der Lücke auf der Nadel (dies macht 7 Maschen), stricken Sie dann 2 Maschen links zusammen und stricken noch eine Masche links. Jetzt bleiben 10 Maschen übrig. Wenden Sie die Arbeit. Heben Sie die 1. Masche ab, stricken Sie 9 Maschen rechts.

6-9 und 9-12 Monate: Heben Sie die 1. Masche ab, stricken Sie rechts bis zur letzten Masche vor der Lücke auf der Nadel (dies macht 6 Maschen), nehmen Sie eine Masche durch Überziehen einer Masche oder SSK ab und stricken Sie noch 1 Masche rechts. Wenden Sie die Arbeit. Heben Sie die 1. Masche ab, stricken Sie links bis zur letzten Masche vor der Lücke auf der Nadel (dies sind 7 Maschen), stricken Sie 2 Maschen links zusammen und stricken dann noch eine Masche links. Wenden Sie die Arbeit. Schließen Sie ab wie folgt: Heben Sie die 1. Masche ab, stricken Sie 8 Maschen rechts, nehmen Sie eine Masche durch Überziehen einer Masche oder SSK ab. Wenden Sie die Arbeit. Heben Sie die 1. Masche ab, stricken Sie 8 Maschen links, stricken Sie 2 Maschen links zusammen, wenden Sie die Arbeit. Jetzt bleiben 10 Maschen übrig. Heben Sie die 1. Masche ab, stricken Sie 9 Maschen rechts.

Fuß

Ab jetzt stricken Sie wieder Runden, alle Maschen rechts. Nehmen Sie mit Nadel 1 entlang der Seitenkante der Ferse 8 (8) 9 (9) Maschen auf, stricken Sie die Maschen vom Oberfuß (Nadel 2 und 3). Nehmen Sie anschließend mit Nadel 4 entlang der anderen Seitenkante der Ferse 8 (8) 9 (9) Maschen auf. Stricken Sie 5 Maschen von Nadel 1 auf Nadel 4, sodass auf beiden Nadeln 13 (13) 14 (14) Maschen liegen.

ACHTUNG: Nehmen Sie, falls nötig, eine Masche aus beiden Eckpunkten zwischen den zugenommenen Maschen und dem Oberfuß auf und stricken Sie diese zusammen mit jeweils der 1. und der letzten Masche des Oberfußes. Auf diese Weise entstehen keine seitlichen Löcher.

Fußspitze

Nehmen Sie die zusätzlichen Maschen auf Nadel 1 und 4 ab wie folgt:

Runde 1: Stricken Sie die Maschen auf Nadel 1 bis noch 3 Maschen auf der Nadel verbleiben. Stricken Sie 2 Maschen rechts zusammen und stricken Sie die letzte Masche auf Nadel 1. Stricken Sie die Maschen von Nadel 2 und 3. Stricken Sie die 1. Masche von Nadel 4, stricken Sie die nächsten 2 Maschen zusammen durch

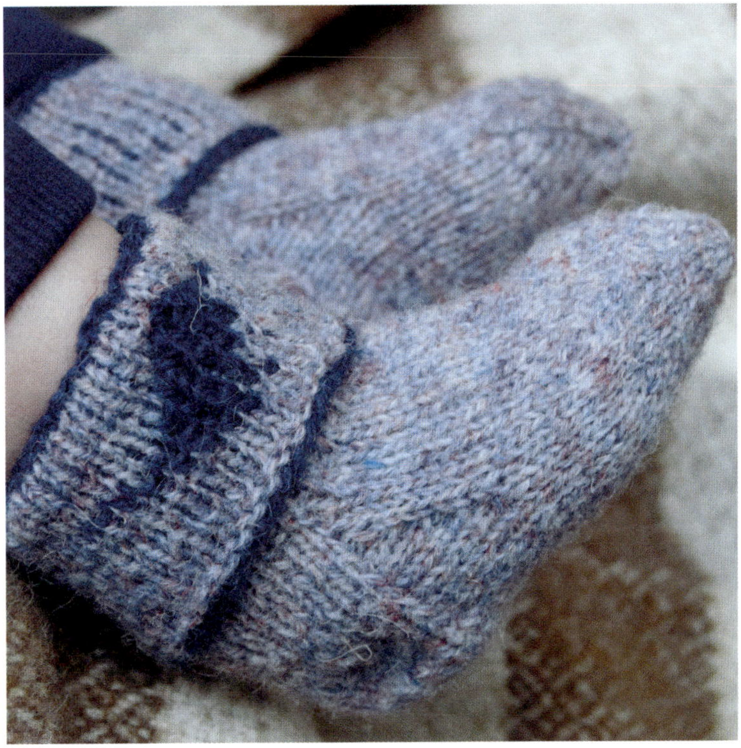

das Überziehen einer Masche oder SSK, stricken Sie die restlichen Maschen auf Nadel 4.
Runde 2: Stricken Sie alle Maschen rechts, ohne Abnahmen. Wiederholen Sie Runde 1 und 2 bis wieder 8 (8) 9 (9) Maschen auf jeder Nadel liegen = 32 (32) 36 (36) Maschen insgesamt.
Stricken Sie bis zu einer totalen Fußlänge von 6 (7) 7,5 (8,5) cm. Falls gewünscht, kann der Fuß auch länger oder kürzer gestrickt werden. Die Zehenlänge beträgt ungefähr 2,5 (2,5) 3 (3) cm.

Zehen

Runde 1: Stricken Sie die Maschen auf Nadel 1 bis noch 3 Maschen auf der Nadel liegen. Stricken Sie 2 Maschen rechts zusammen und stricken Sie die letzte Masche auf Nadel 1. Stricken Sie die 1. Masche auf Nadel 2, stricken Sie anschließend die nächsten 2 Maschen zusammen durch Überziehen einer Masche oder SSK, stricken Sie dann die restlichen Maschen auf Nadel 2. Stricken Sie die Maschen der 3. Nadel bis noch 3 Maschen auf der Nadel verbleiben. Stricken Sie 2 Maschen rechts zusammen und die letzte Masche auf Nadel 1. Stricken Sie die 1. Masche auf Nadel 4, stricken Sie die nächsten 2 Maschen zusammen durch das Überziehen einer Masche oder SSK und stricken die restlichen Maschen auf Nadel 4.
Runde 2: Stricken Sie alle Maschen rechts, ohne Abnahmen. Wiederholen Sie diese 2 Runden 4 (4) 5 (5) Mal und stricken nochmals 1 Runde. Ziehen Sie den Faden durch die 8 übriggebliebenen Maschen.

Verarbeitung

Vernähen Sie alle Fadenenden sorgfältig! Waschen Sie die Söckchen und lassen Sie sie in der gewünschten Größe trocknen.

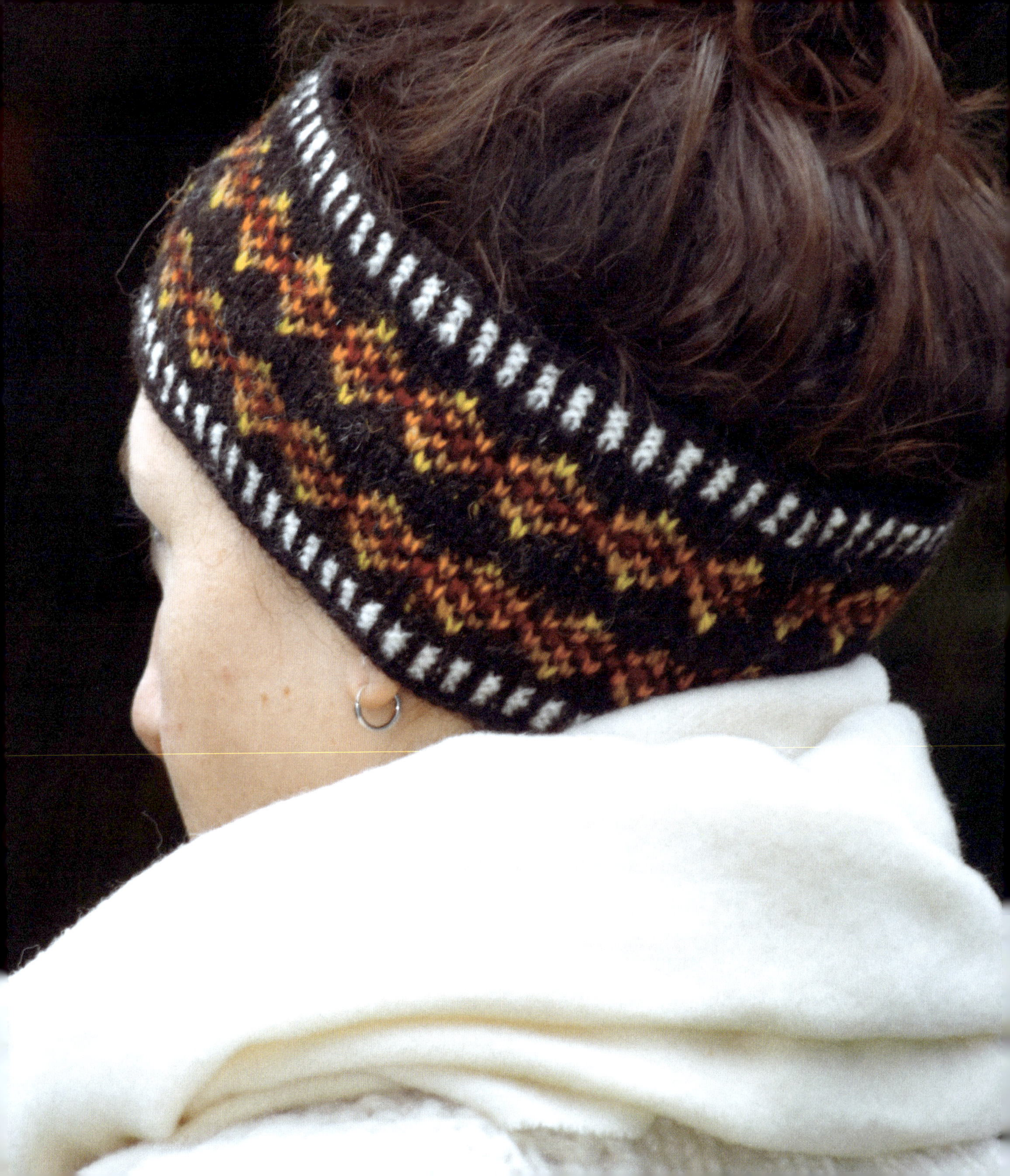

Muster Stirnband Papageientaucher

Material
Reste der folgenden Garne:
«Uradale Yarn Jumper Weight»:
Shetland black (Farbe 1; Grundfarbe)
Natural white (Farbe 2)
Deer grass (Farbe 3)
«Jamieson's of Shetland Spindrift»:
Pumpkin (Farbe 4)
Cornfield (Farbe 6)
«Trollenwol Organic Shetland Lambswool»:
Hawkweed (Farbe 5)

Stricknadeln
Rundstricknadel in Größe 3,5 mm, Länge 40 cm
Maschenmarkierer

Maschenprobe
26 Maschen x 30 Reihen = 10 x 10 cm (nach dem Spannen!)

Maße
Kopfumfang 54 cm

Vorgehensweise

Das Stirnband kann grösser oder kleiner gestrickt werden indem ein Fair-Isle-Muster mehr oder weniger gestrickt wird. Rechnen Sie dabei mit 6 Maschen mehr bzw. weniger. Schlagen Sie 126 Maschen locker mit der Grundfarbe an. Setzen Sie am Anfang der Runde einen Markierer und schließen die Runde. Stricken Sie eine Runde mit der Grundfarbe und anschließend nach Mustervorlage Corrugated rib A, insgesamt 4 Runden. Arbeiten Sie weiter mit der Grundfarbe und stricken Sie 2 Runden rechts. Stricken Sie nun nach Mustervorlage Fair Isle D und wiederholen Sie diese nochmals mit 3 Runden in der Grundfarbe zwischen den Musterrändern. Schließen Sie mit 2 Runden mit der Grundfarbe und stricken danach zuletzt nochmal die 4 Runden nach Mustervorlage Corrugated rib A. Stricken Sie abschließend eine Runde rechts mit der Grundfarbe und ketten dann locker ab.

Verarbeitung
Vernähen Sie alle Fäden, waschen und spannen Sie die Arbeit.

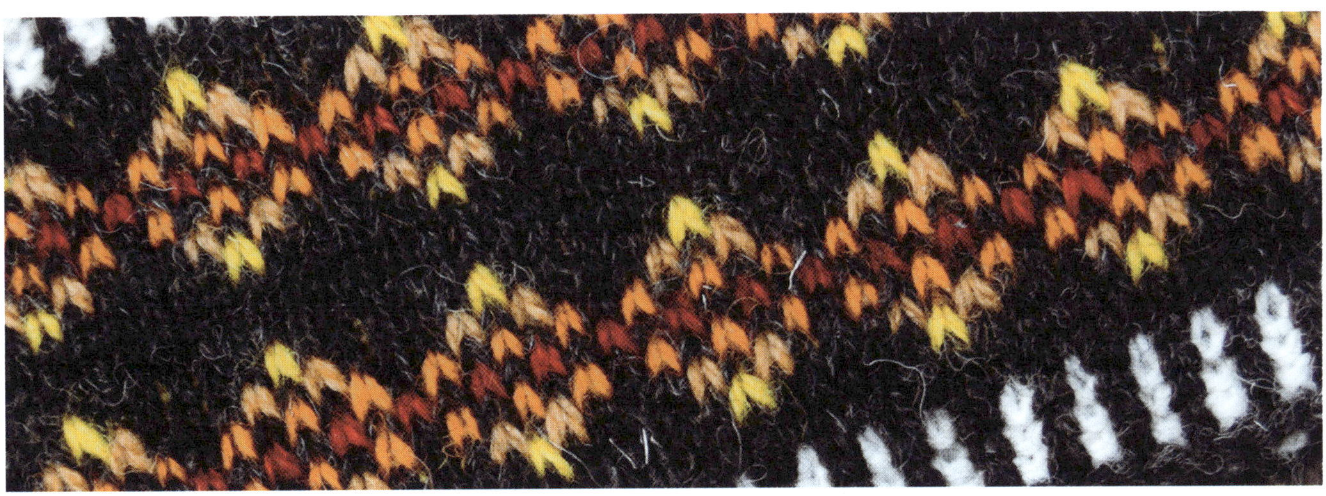

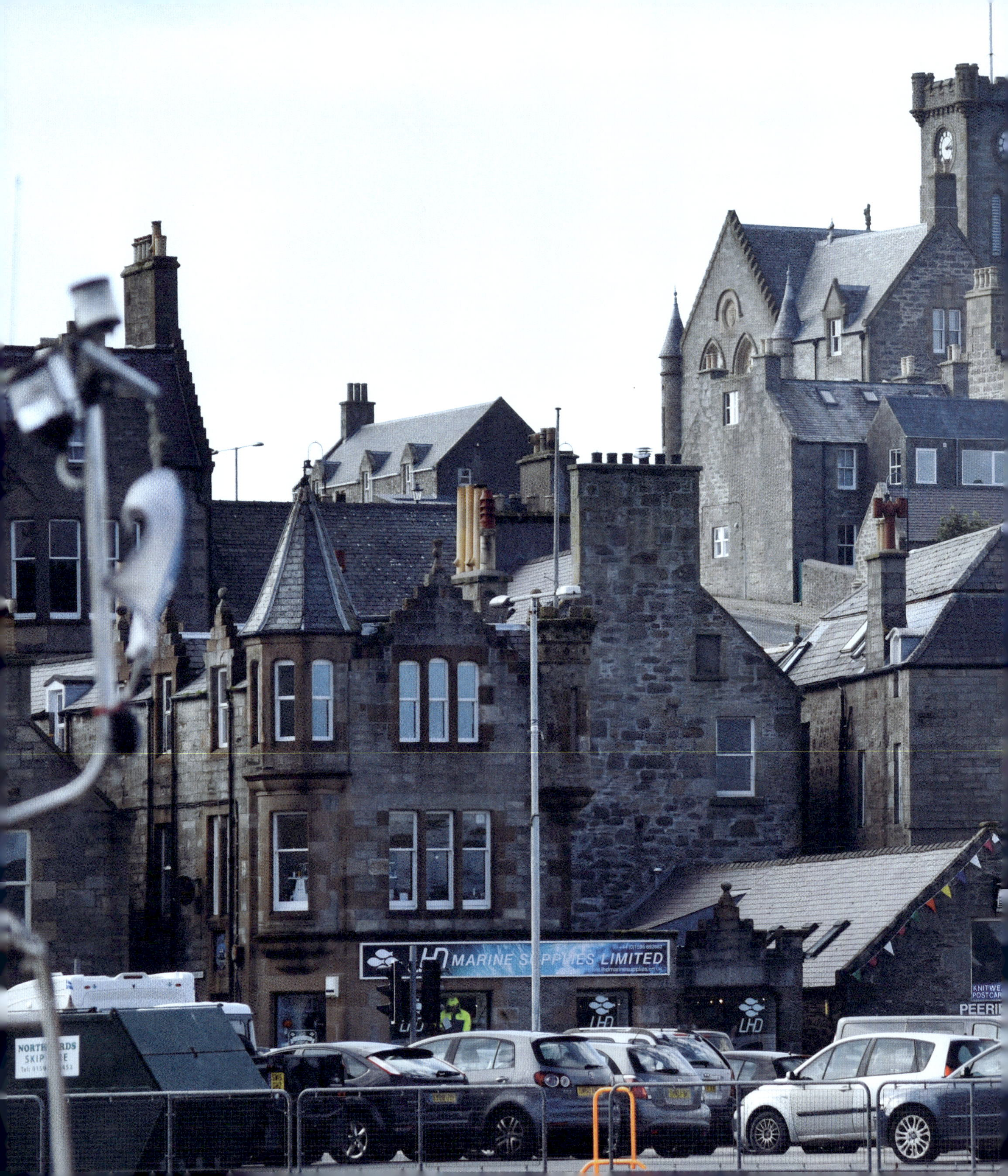
MARINE S PPLIES LIMITED

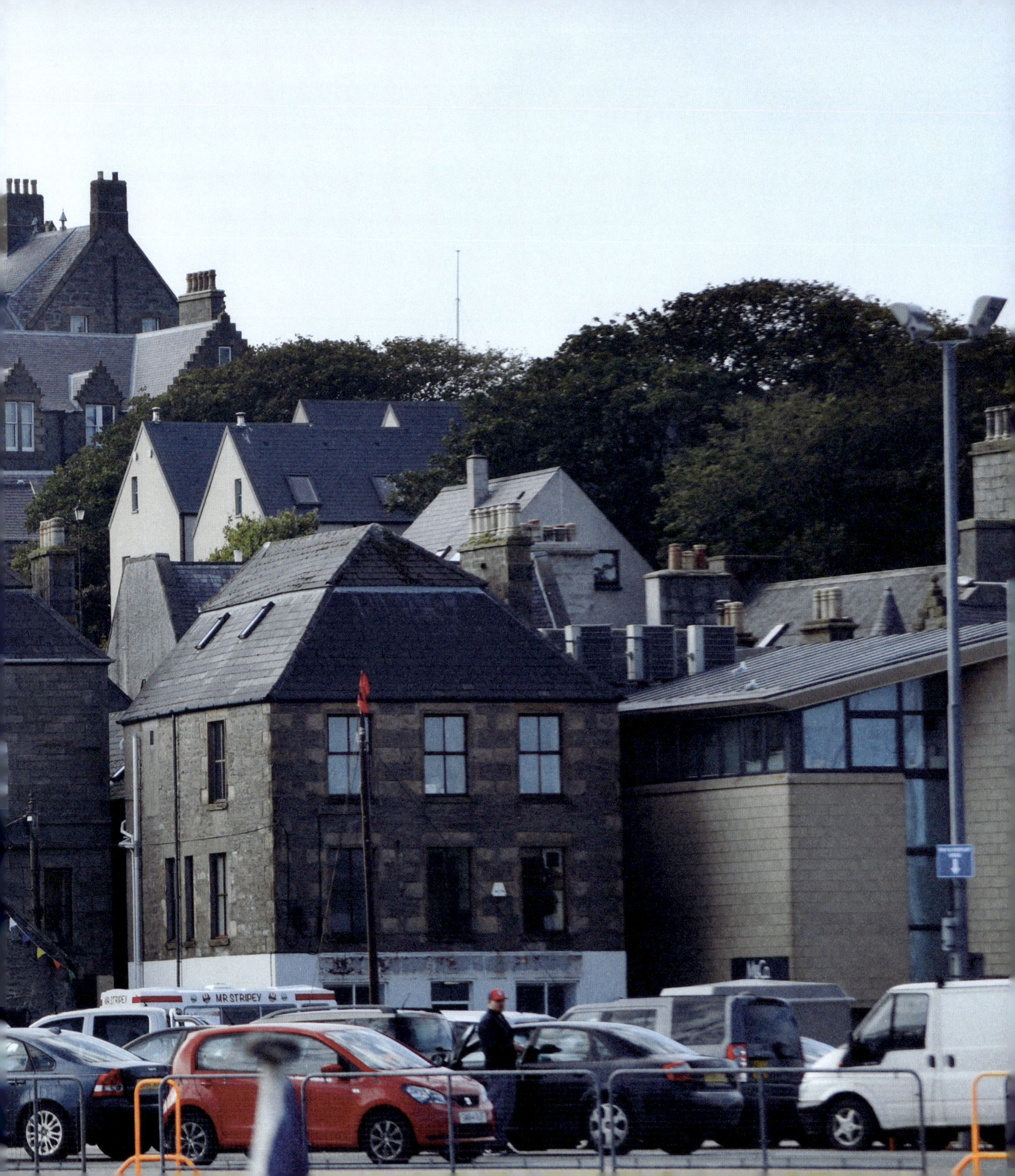
MR STRIPEY

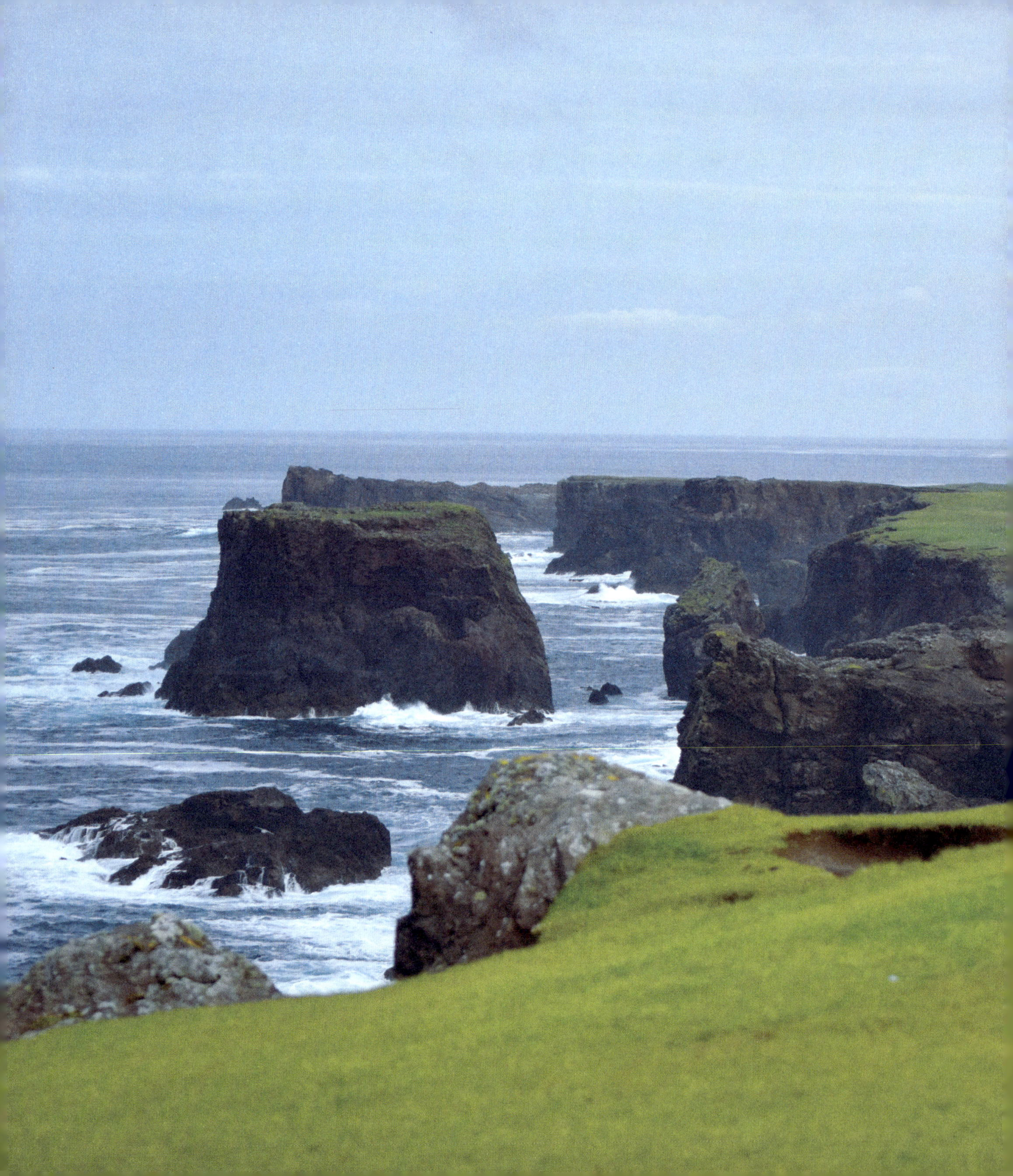

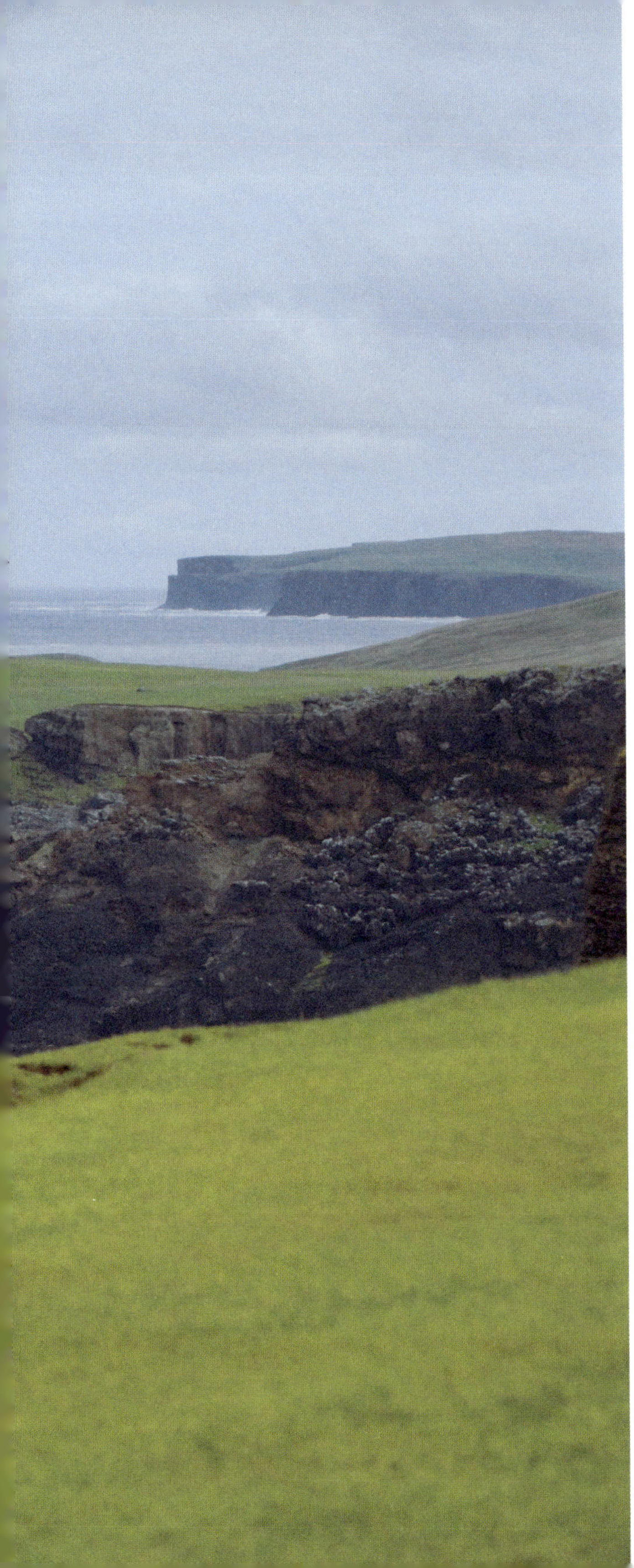

Shetland

Lace

Lace (Lochmuster, Strickspitze) wird auf Shetland schon seit ewigen Zeiten gestrickt. Die weiche Unterwolle des Shetlandschafes eignet sich hervorragend zum Spinnen des sehr dünnen Garns, das man zum Lace-Stricken braucht. Es wurden nicht nur Schals, sondern auch Mützen, Strümpfe und Pullover im Lochmuster gestrickt. Die Shetland-Schals erfreuten sich im Viktorianischen Zeitalter in England großer Beliebtheit. Die Schals, welche die Frauen auf Shetland trugen, waren jedoch viel schlichter und wurden «hap» genannt. Sie wurden mit dickerer Wolle gestrickt und hatten ein einfacheres Muster. Auf Shetland wurden die feinen Lace-Schals zum Verkauf angefertigt, um damit das Familieneinkommen aufzubessern. Oftmals war dieser Verkauf ein Gütertausch, wobei die Frauen ihre Strickwaren gegen Grundnahrungsmittel oder andere notwendige Artikel tauschten. Auf Unst, der nördlichsten Insel, beherrschten die Frauen die Kunst des Lace-Strickens wie nirgendwo sonst. Aus der weichen Nackenwolle wurden drei bis vier Fasern gleichzeitig miteinander versponnen und danach zu einem haarfeinen 2-ply-Faden verzwirnt. Berühmt ist das «wedding ring lace». Diese Schals sind so fein, dass man sie, wenn sie einmal fertiggestrickt sind, durch einen Trauring ziehen kann.

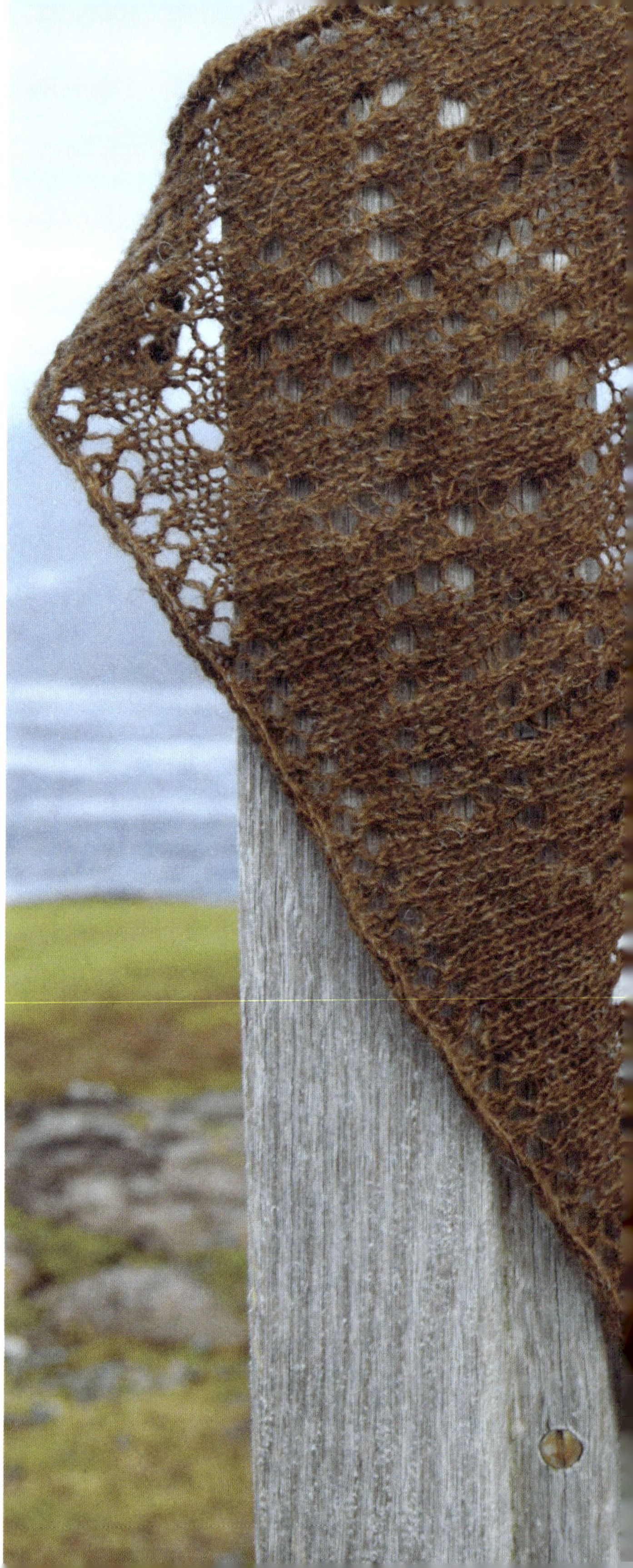

Fair Isle

Diese traditionelle Shetland-Strickarbeit, die mit mehreren Farben gleichzeitig gestrickt wird, wurde nach der entlegensten Shetlandinsel benannt. Als der Prince of Wales in den 1920er-Jahren begann, diese Strickarbeiten zu tragen, wurden sie rasch beliebt. Traditionelle Fair-Isle-Muster bestehen aus maximal fünf Farben, wobei in jeder Runde jeweils zwei benutzt werden. Die Arbeit wird in Runden gestrickt, wobei Schlingen des Garns, mit dem gerade nicht gestrickt wird, liegenbleiben, die dann alle drei bis vier Maschen mit der anderen Farbe, mit der gestrickt wird, gesichert werden. Das Rundstricken erfordert, dass man die Vorderseite und die Armausschnitte in der Strickarbeit aufschneidet. Dazu wird oft eine Anzahl zusätzlicher Maschen («Steek» genannt) gestrickt. Durch diese Technik wird das Links-Stricken überflüssig und das Einstricken mit Farben umso einfacher. Seit den 1990er-Jahren wird der Ausdruck Fair Isle oftmals für die verschiedensten Strickarbeiten mit Farben benutzt, die man jedoch richtigerweise als «stranded knitting» oder Farbmusterstricken bezeichnen sollte.

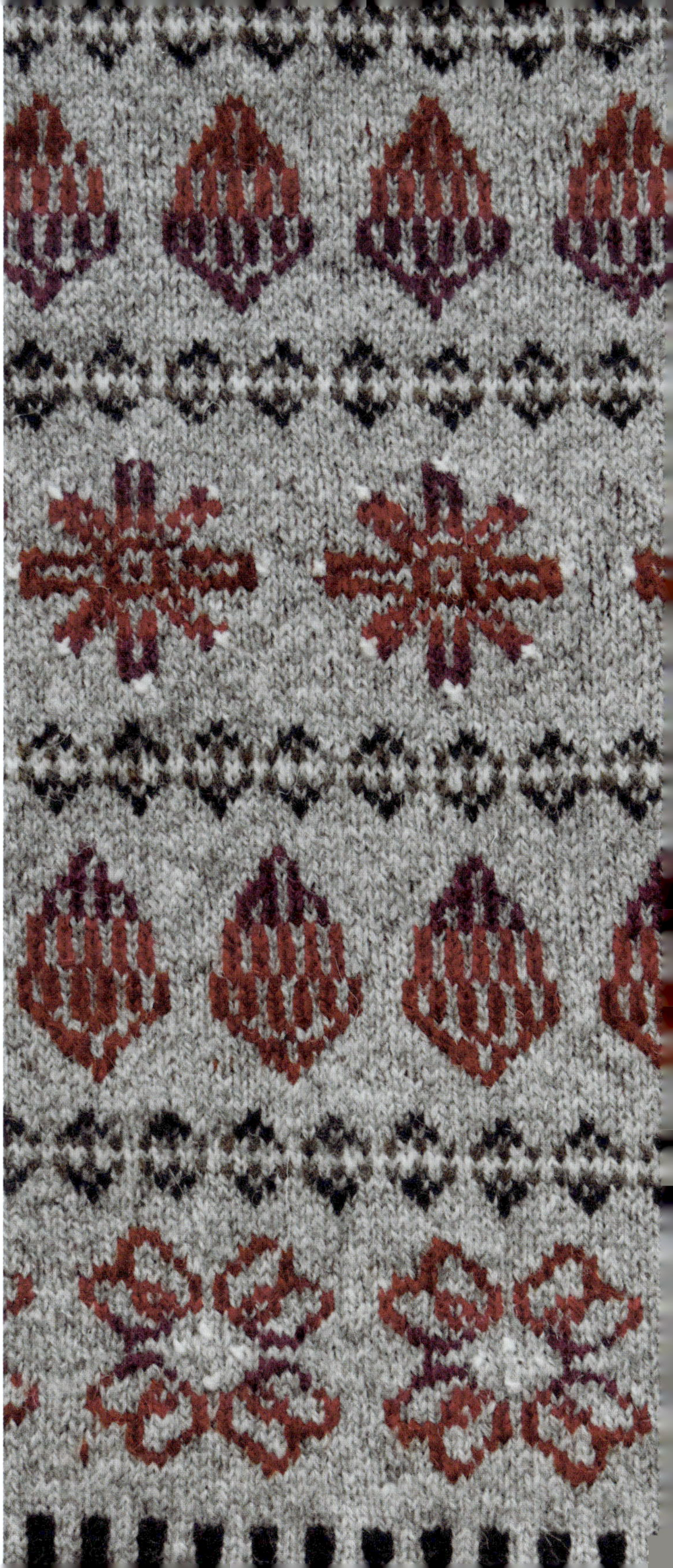

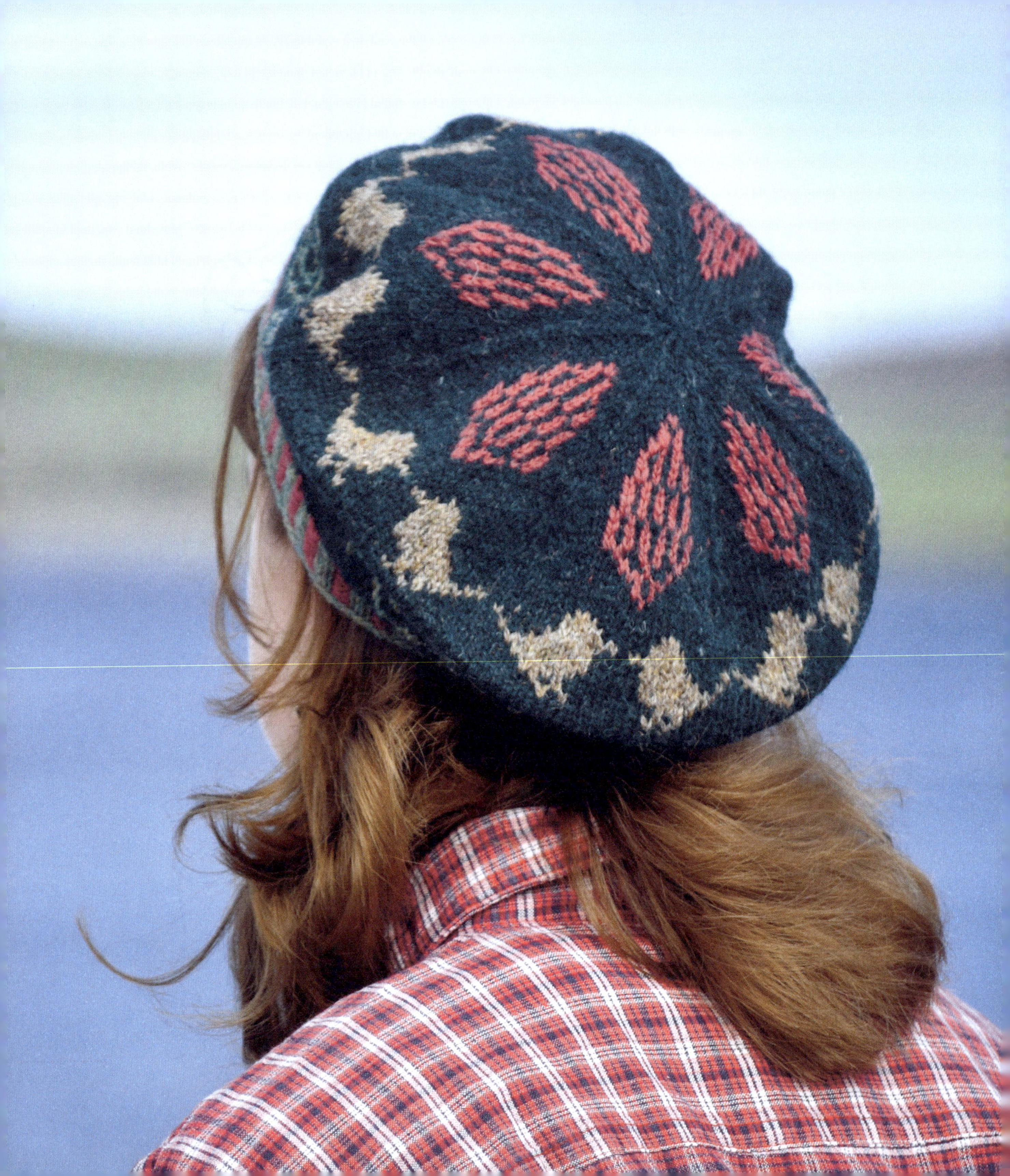

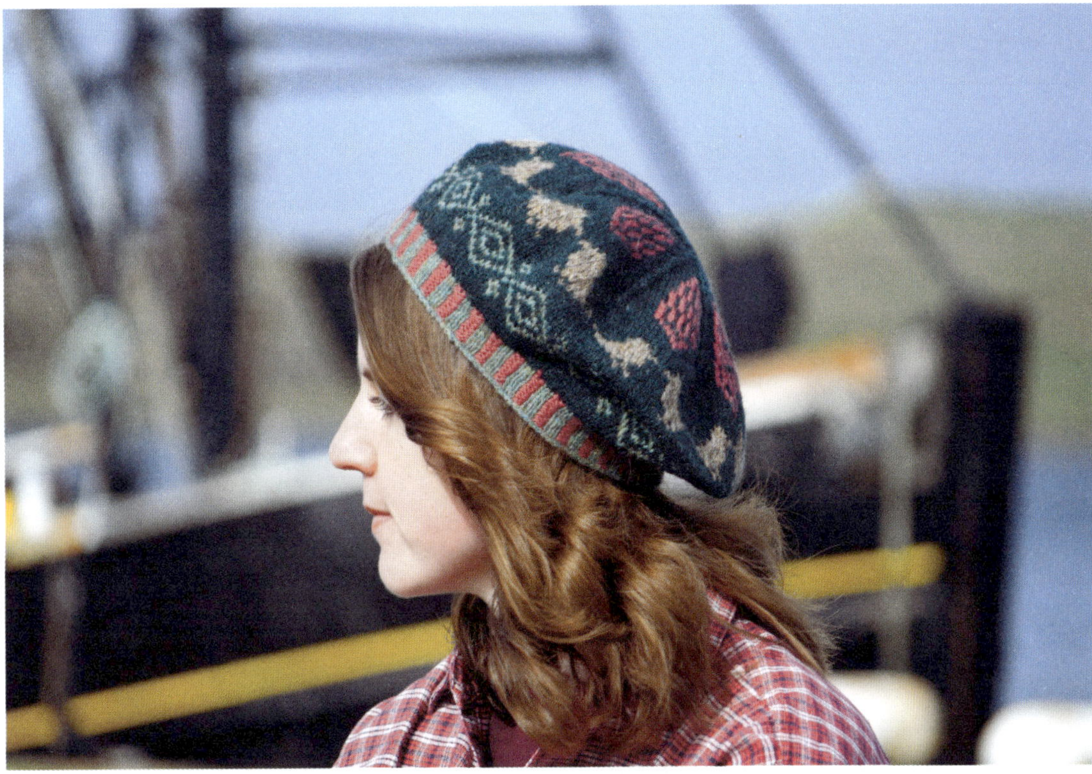

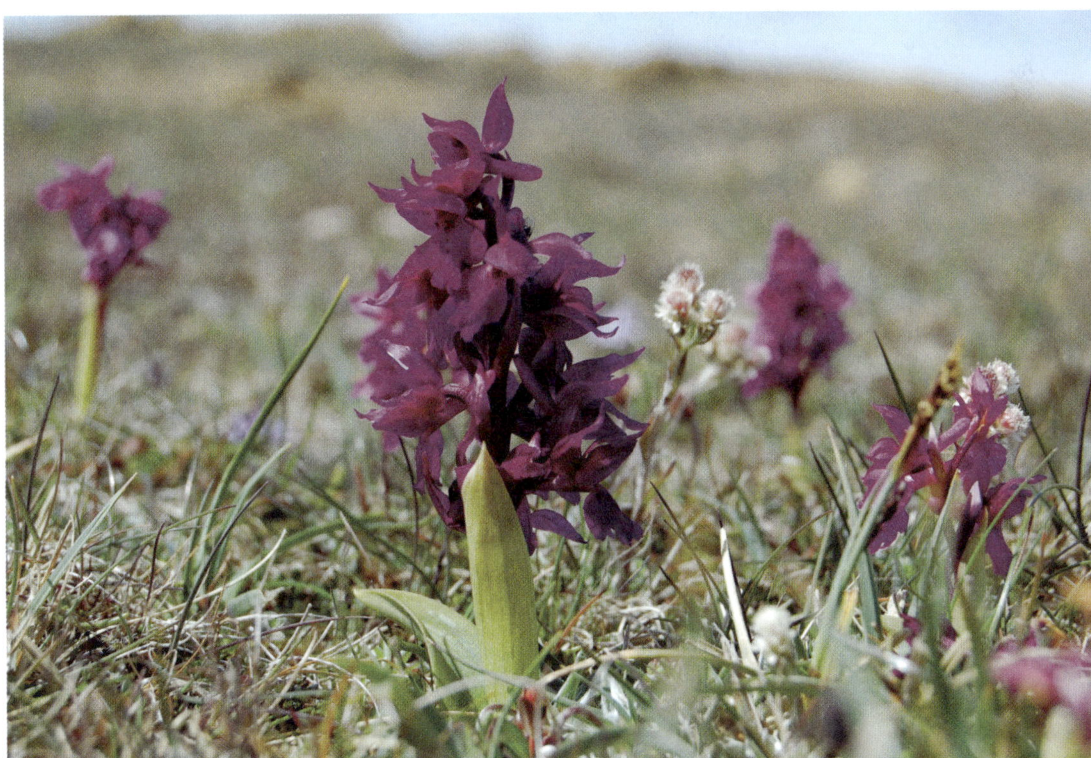

Muster Barett

Material
«Jamieson's of Shetland Spindrift»
25 Gramm Grundfarbe
25 Gramm Einstrickfarbe 1
25 Gramm Einstrickfarbe 2
25 Gramm Einstrickfarbe 3
oder
«Uradale Yarn Jumper Weight»
50 Gramm Grundfarbe
50 Gramm Einstrickfarbe 1
50 Gramm Einstrickfarbe 2
50 Gramm Einstrickfarbe 3

Stricknadeln
Rundstricknadeln in den Größen 2,25 bis 2,5 mm, Länge 40 cm, Rundstricknadel Größe 3 mm, Länge 40 cm, Nadelspiel Größe 3 mm
Maschenmarkierer

Maschenprobe
26 Maschen x 34 Reihen = 10 x 10 cm auf Nadeln 3 mm (vor dem Spannen!)

Größe
Durchmesser 27 cm

Vorgehensweise

Bündchen

Schlagen Sie 140 Maschen auf der Rundstricknadel Größe 2,25 oder 2,5 mm mit der Einstrickfarbe 1 an. Schließen Sie die Runde und achten Sie darauf, dass sich die Anschlagreihe nicht verdreht. Markieren Sie den Rundenanfang mit einem Markierer. Stricken Sie nun Runde 1 bis einschließlich 11 nach Mustervorlage Corrugated rib B. Stricken Sie die weißen Felder der Mustervorlage mit der Einstrickfarbe 1 und die dunklen Felder mit der Einstrickfarbe 2.

Barett

Wechseln Sie nun zur Rundstricknadel Größe 3 mm und zur Grundfarbe und nehmen Sie in der ersten Runde, gleichmäßig verteilt, 42 Maschen zu. Das heißt, dass Sie 28 Mal 1 Masche nach jeweils 3 Maschen zunehmen und 14 Mal jeweils nach 4 Maschen (verteilen Sie die Maschenanzahl gleichmäßig). Dies ergibt insgesamt 182 Maschen. Setzen Sie Markierer nach den Maschen 26, 52, 78, 104, 130 und 156 und stricken Sie weiter ab Runde 2 der Mustervorlage Barett. Stricken Sie das 1. Einstrickmuster in der Mustervorlage mit der Einstrickfarbe 1, das 2. Einstrickmuster (Zaunkönig) mit der Einstrickfarbe 3, und das 3. Einstrickmuster (Orchidee) mit der Einstrickfarbe 2. Nehmen Sie für die Spitze des Baretts ab der 38. Runde in jeder 2. Runde Maschen durch doppelt überzogene Abnahmen, 14 Maschen pro Runde, ab, wie in der Mustervorlage beschrieben. Nach Runde 60 bleiben noch 14 Maschen übrig. Nehmen Sie in der nächsten Runde 7 Maschen ab, indem Sie jeweils 2 Maschen zusammenstricken. Schneiden Sie den Faden ab und führen ihn durch die 7 übrig gebliebenen Maschen. Anschließend gut zusammenziehen.

Verarbeitung

Vernähen Sie alle Fadenenden und waschen das Barett. Ziehen Sie das Barett über einen Teller mit einem Durchmesser von etwa 27 cm und lassen es trocknen. Ziehen Sie eventuell ein Gummiband durch die Innenseite der Borte, falls diese nach dem Spannen zu weit geworden ist.

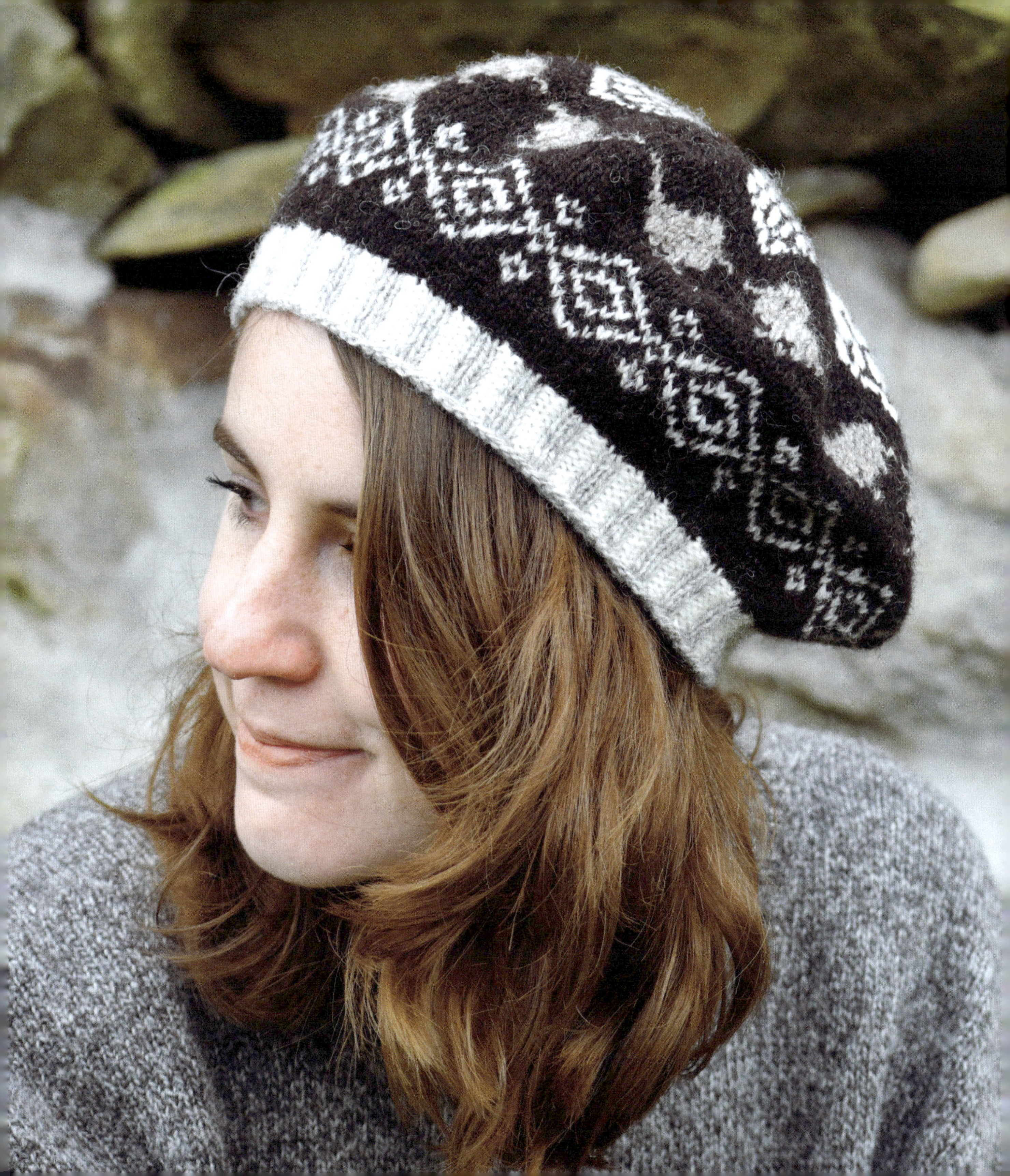

Croft house

Auf Shetland heißt ein Bauernbetrieb «croft», das dazugehörige Wohnhaus nennt man «croft house». Es ist aus Steinen gebaut und hat an beiden Seiten diese typischen Schornsteine. Oft versteckt sich die Eingangstür hinter einem kleinem Häuschen, das sich fest an die Fassade des großen Hauses anschmiegt. Doch spielt dieses kleine Häuschen eine wichtige Rolle, da es den Wind beim Öffnen der Türe daran hindert, gleich den ganzen Hausrat herumzuwirbeln. Denn auf Shetland weht viel, sehr viel Wind. Den Bauer nennt man «crofter». Aber der damalige «crofter» war sehr wahrscheinlich auch ein Fischer, da Fische auf der täglichen Speisekarte der Inselbewohner von je her eine wichtige Rolle spielen. Wenn man die kargen Böden betrachtet, die die Bauern bewirtschaften mussten, kann man sich leicht vorstellen, dass sie das Meer als reiche Nahrungsquelle nutzen mussten. Die «crofts» waren früher nicht durch Straßen oder Wege miteinander verbunden. Deshalb wurde alles per Boot verfrachtet. Das änderte sich erst, als vor den Shetlandinseln große Ölfelder entdeckt wurden. Dadurch entstanden viele neue Arbeitsplätze und die Inseln wurden reich, was das Anlegen eines Straßennetzes ermöglichte, das die «crofts» miteinander verband. Die Kehrseite des neu erlangten Wohlstandes jedoch war, dass viele ehemalige «crofters» ihre alten «croft houses» gegen bequemere neue Häuser eintauschten. Diese verlassenen, oftmals zu Ruinen verkommenen Häuschen, liegen überall in der Landschaft zerstreut. Wenn man sie so ansieht, wird es einem weh ums Herz und man denkt an vergangene Zeiten, in denen die Menschen hier so schwer für ihr tägliches Brot haben arbeiten müssen. Umso mehr wundert man sich darüber, dass in diesen Häuschen die edelsten Strickspitz-Arbeiten und das schönste Fair Isle entstanden. Zum Glück gibt es doch noch crofts, die wunderschön restauriert und perfekt unterhalten sind. Sie ragen, oft ganz in leuchtendem Weiß, als Zeugen der Willenskraft und Kreativität der Menschen, die hier schon seit Generationen leben, aus der Landschaft heraus.

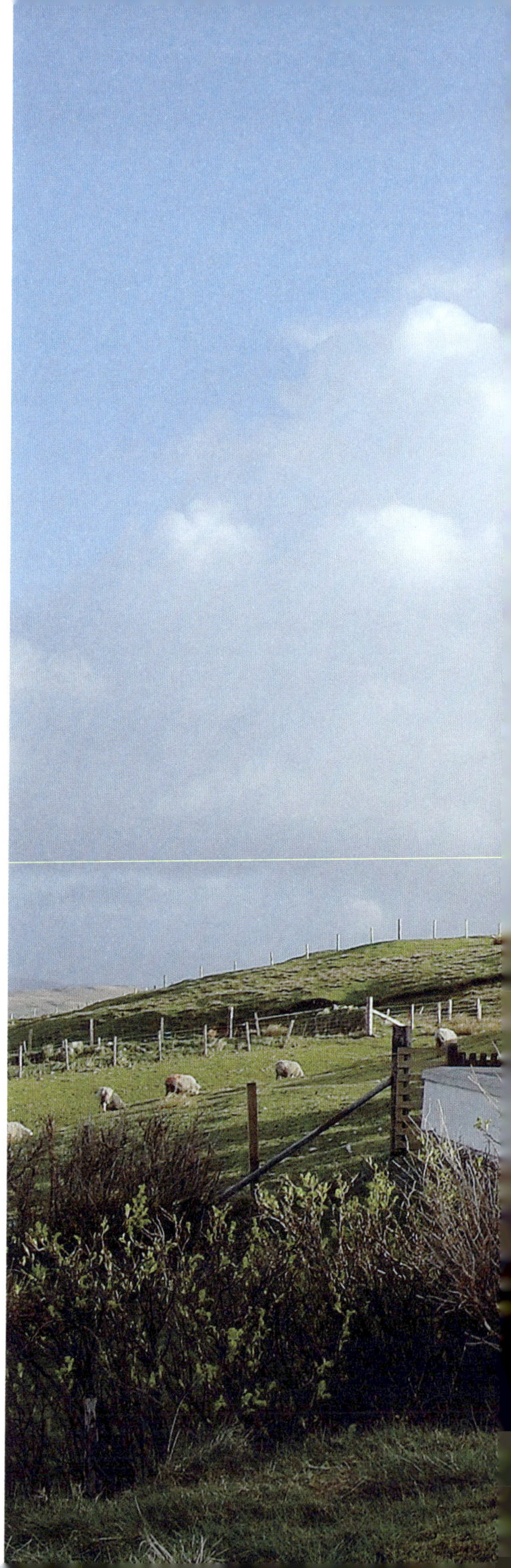

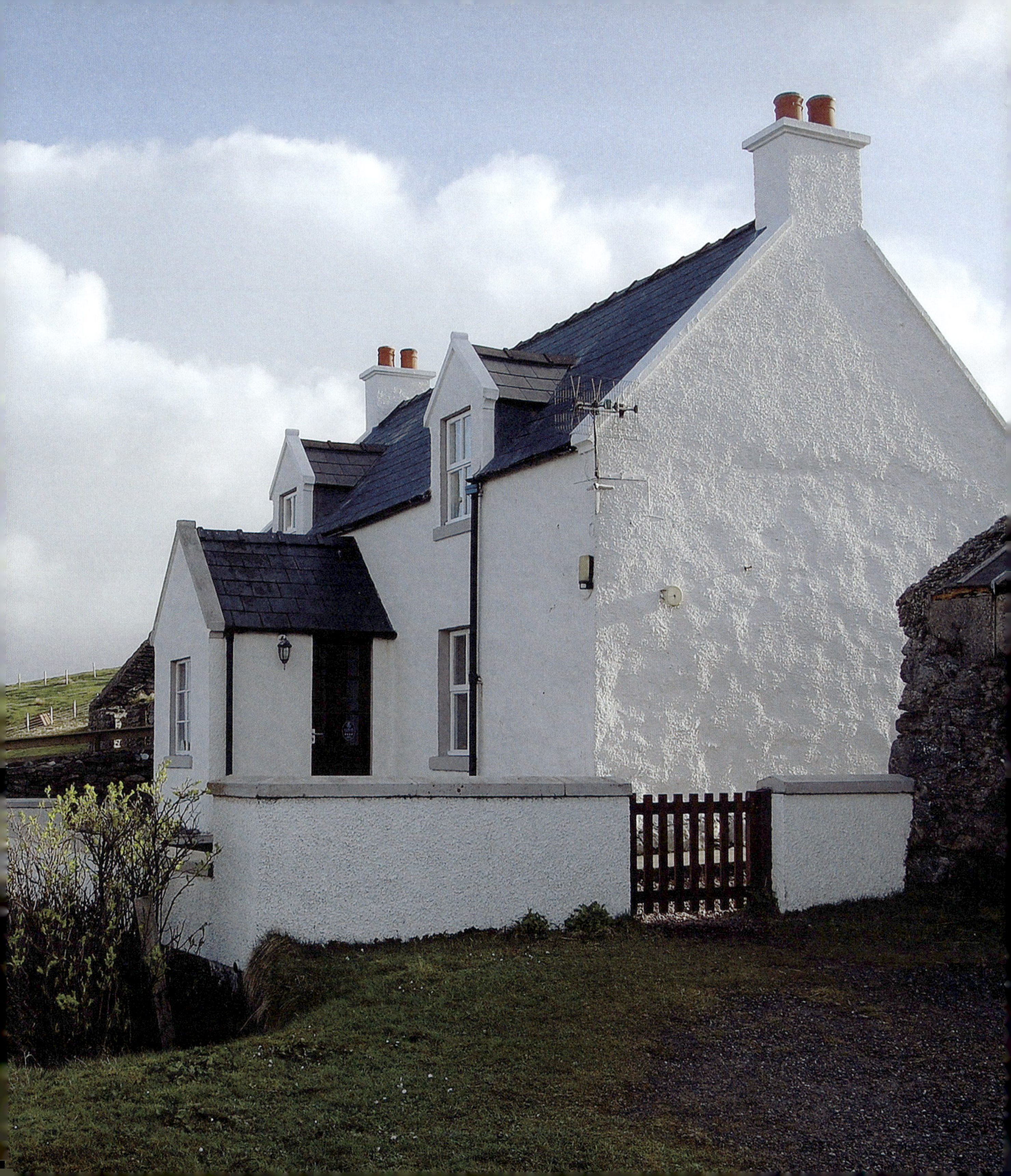

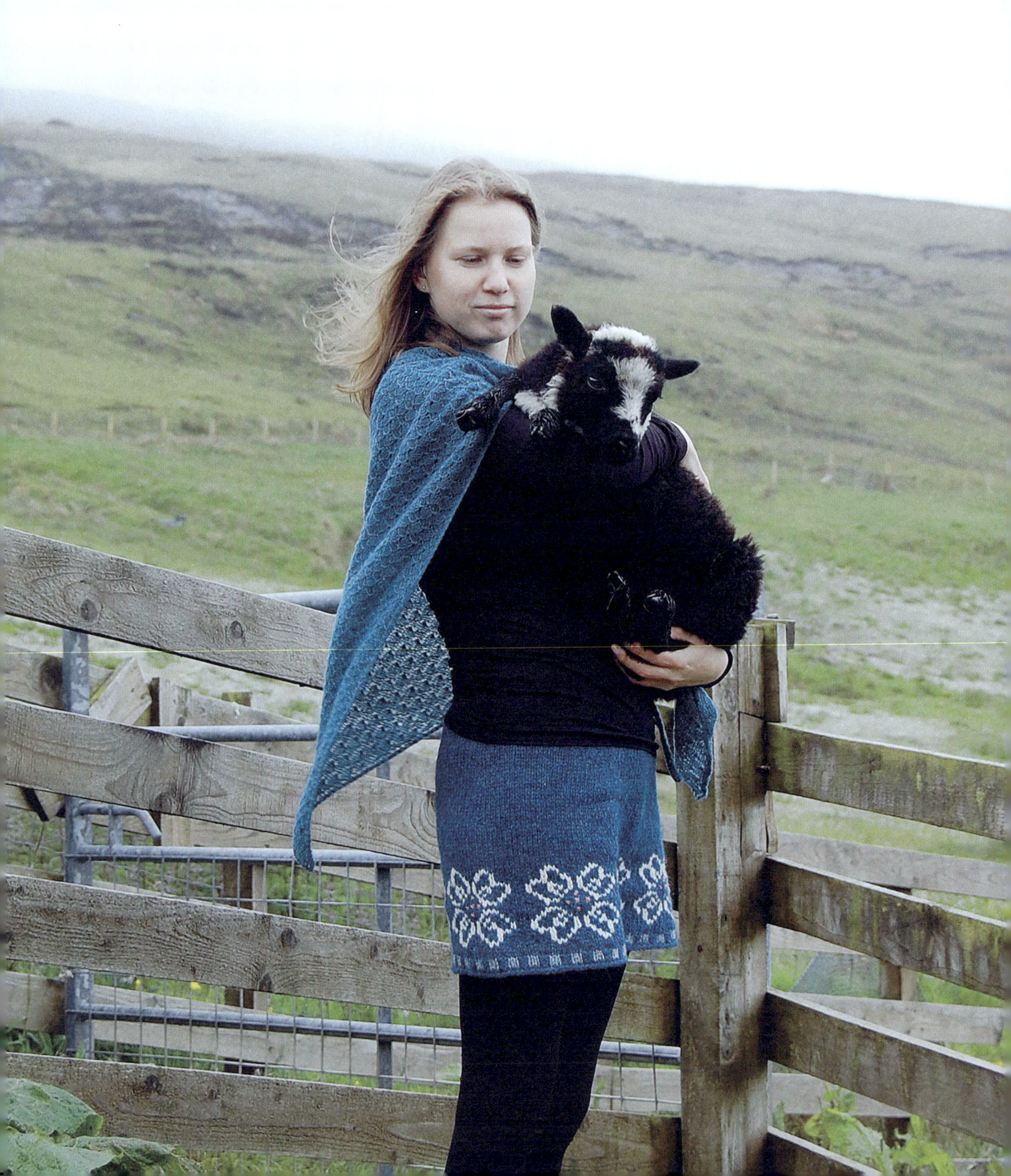

Muster Croft-Tuch

Material
125 Gramm «Jamieson's of Shetland Ultra»
Stricknadeln Größe 3,25 mm
oder
200 Gramm «Uradale Yarn Jumper Weight»
Stricknadeln Größe 3,5 mm

Maschenprobe
19 Maschen x 38 Reihen = 10 x 10 cm
Maße
180 cm breit, 90 cm lang (nach dem Spannen!)

Vorgehensweise

Auf der Mustervorlage Croft sehen Sie den Anfang des Tuchs (Runde 1 bis 14) und anschließend, zwischen den zwei dicken horizontalen Linien, die Runden der Musterwiederholung für die Randborten (Runde 15 bis 38). In der grau umrandeten Fläche wird die Musterwiederholung von 6 Maschen und 8 Runden wiedergegeben. Schlagen Sie 5 Maschen an und stricken Sie nach Mustervorlage Croft. Stricken Sie 1 Mal Runde 1 bis 14, und stricken Sie die Musterwiederholung (Runde 15 bis 38) 12 Mal oder bis zur gewünschten Länge. Stricken Sie nun 6 Reihen rechts und ketten Sie anschließend alle Maschen locker ab.

Verarbeitung
Waschen und spannen Sie das Tuch anschließend mithilfe von Spanndrähten, indem Sie die Drähte durch die Randmaschen fädeln und diese mit Stecknadeln feststecken. Lassen Sie das Tuch gut trocknen und entfernen Sie die Drähte und Stecknadeln.

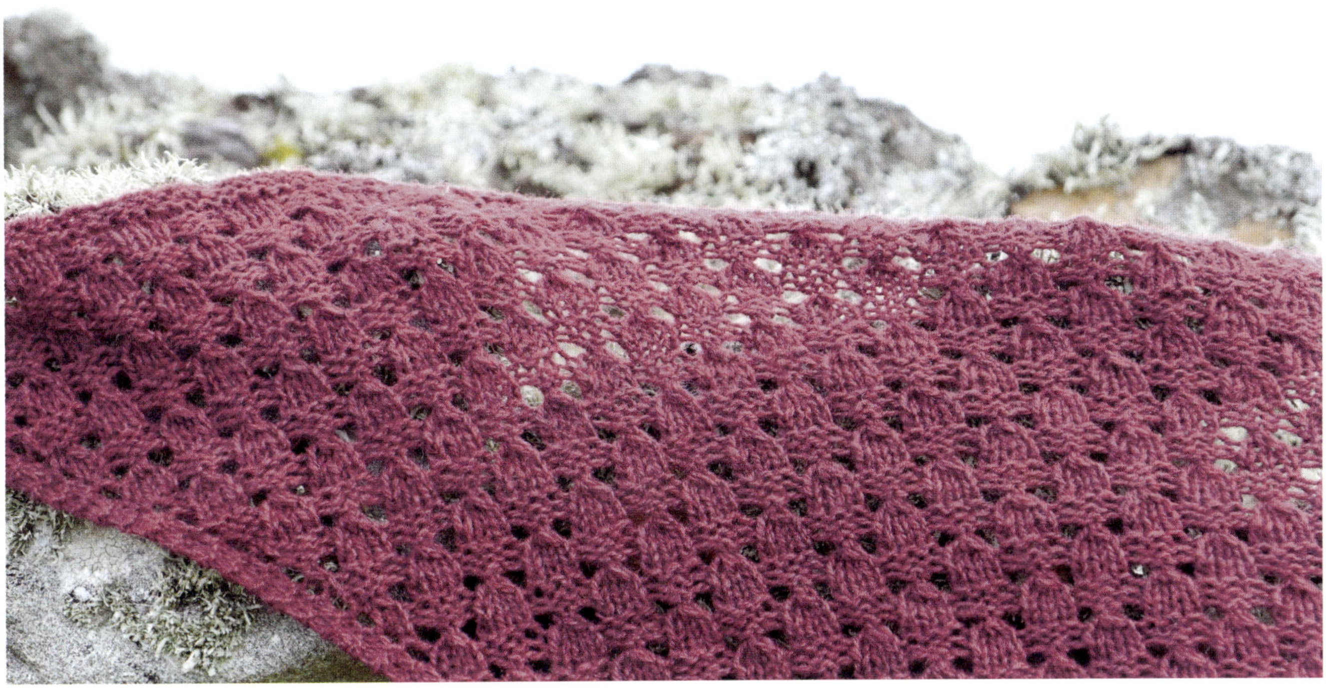

Yoal

Ein «yoal» (eine Jolle) ist ein offenes Boot, das von den Bewohnern der Shetlands zum Fischen und zum Gütertransport benutzt wurde. Es blieb vor der Küste auf See immer in Sichtweite, in «haaf», was dem niederländischen Wort «haven» ähnlich ist und etwas über den damaligen Kontakt zwischen den niederländischen und shetländischen Fischern verrät. In den yoals mussten drei Mann rudern. Die sich verändernden Klimaverhältnisse im 17. Jahrhundert hatten zur Folge, dass die Fischer dazu gezwungen wurden, noch weiter aufs Meer hinauszufahren, wollten sie einen guten Fang machen. Aus diesem Grund baute man Mitte des 18. Jahrhunderts schwerere yoals, auf denen 6 Mann ruderten, die sogenannten «sixareens». Bis 1860 wurden die yoals als Bausätze aus den norwegischen Bergen importiert. Die Norweger schickten anstelle einer handgeschriebenen Bauanleitung ihre eigenen, erfahrenen Schiffsbauer mit, die die yoals in Shetland zusammenbauten. Da dies immer teurer wurde, entschlossen sich die Shetländer in der zweiten Hälfte des 19. Jahrhunderts dazu, die yoals selbst zu bauen. Dabei blieben sie dem ursprünglichen norwegischen Modell treu. Alle Bootsbauteile hatten Namen, die sowohl für die Norweger als auch die Shetländer verständlich waren. Das vereinfachte die Kommunikation und den Bau beträchtlich. Dass Shetland lange zu Norwegen gehört hatte, spiegelt sich auch im allgemeinen Sprachgebrauch der Shetländer wider. Und weil das Rudern auf See heutzutage zu einer beliebten Freizeitbeschäftigung auf Shetland geworden ist, werden immer noch neue yoals gebaut. Wer mehr über die yoals und ihre Geschichte erfahren möchte, kann während eines Besuches des Museums *Unst Boat Haven* alles über sie erfahren.

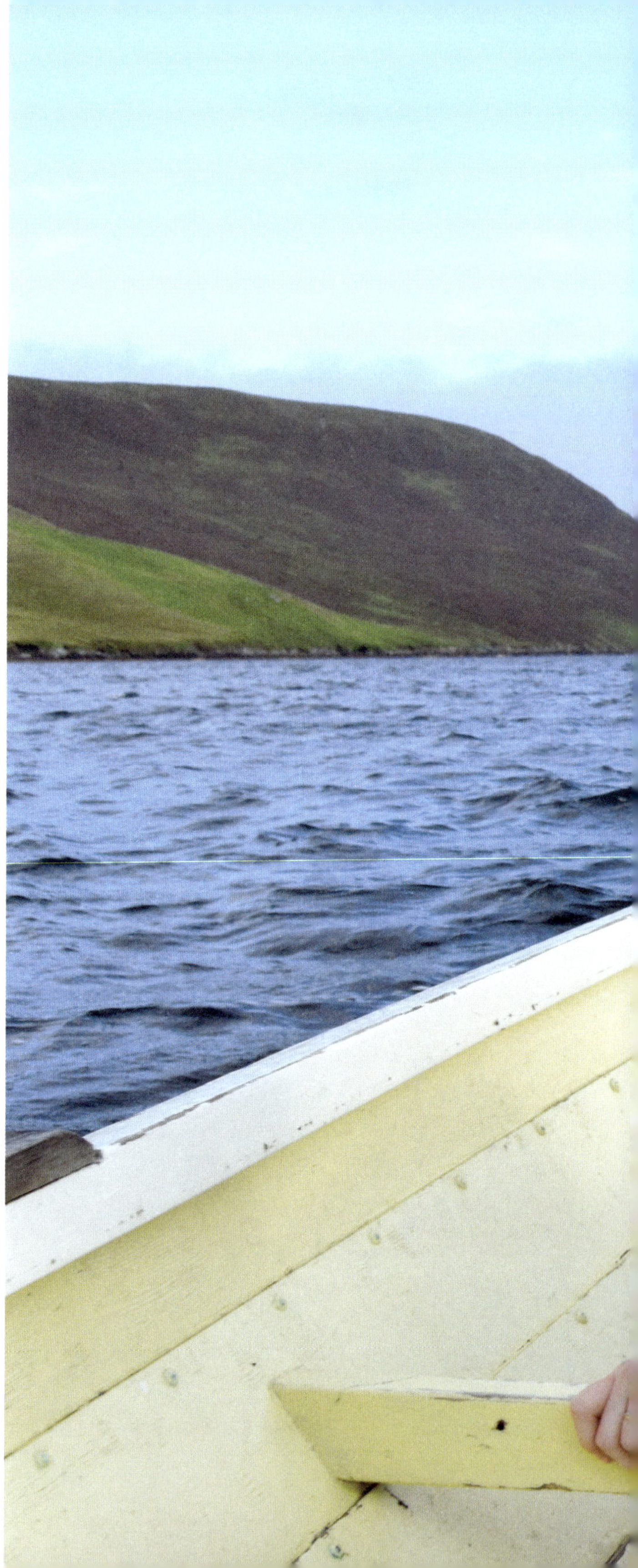

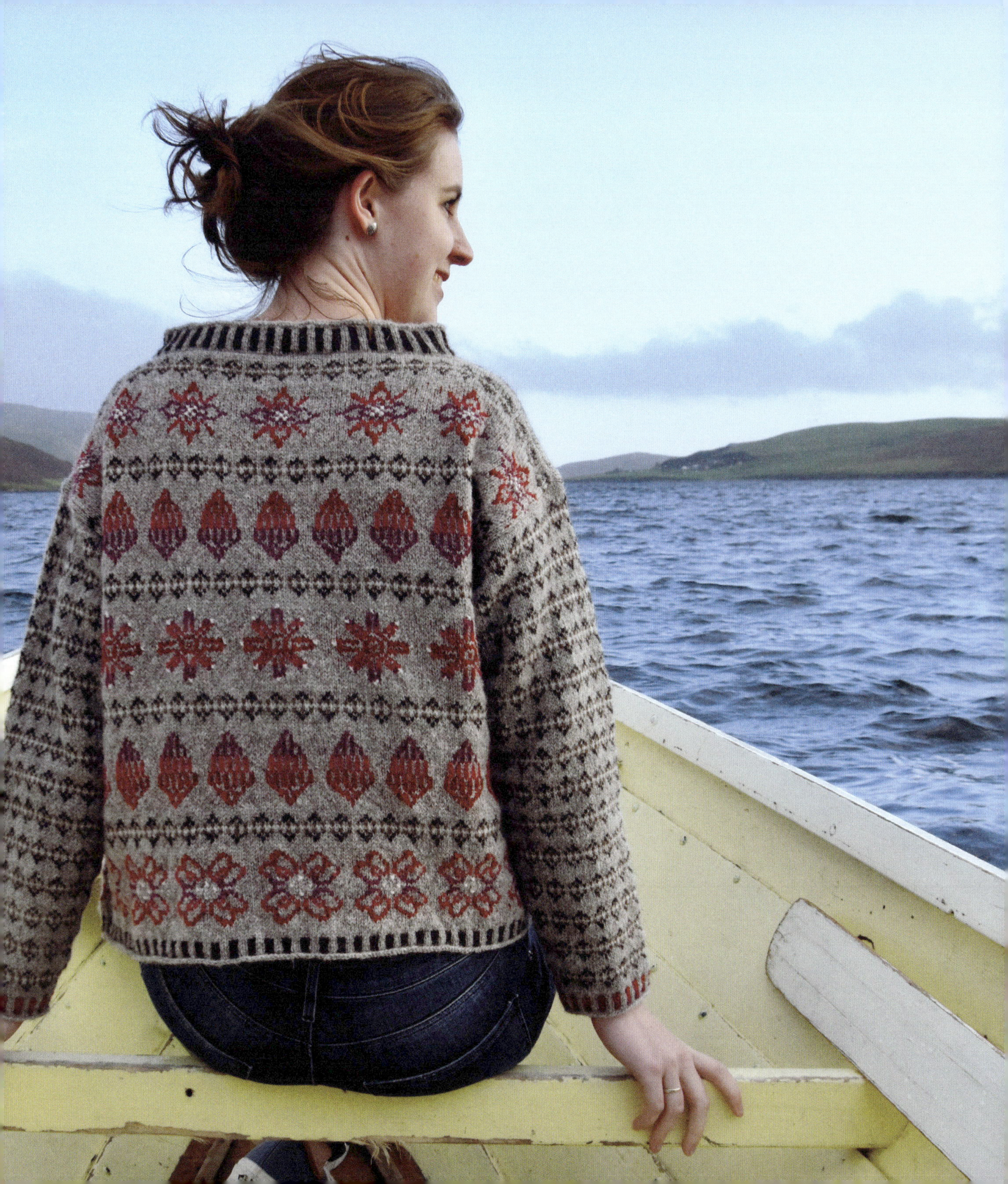

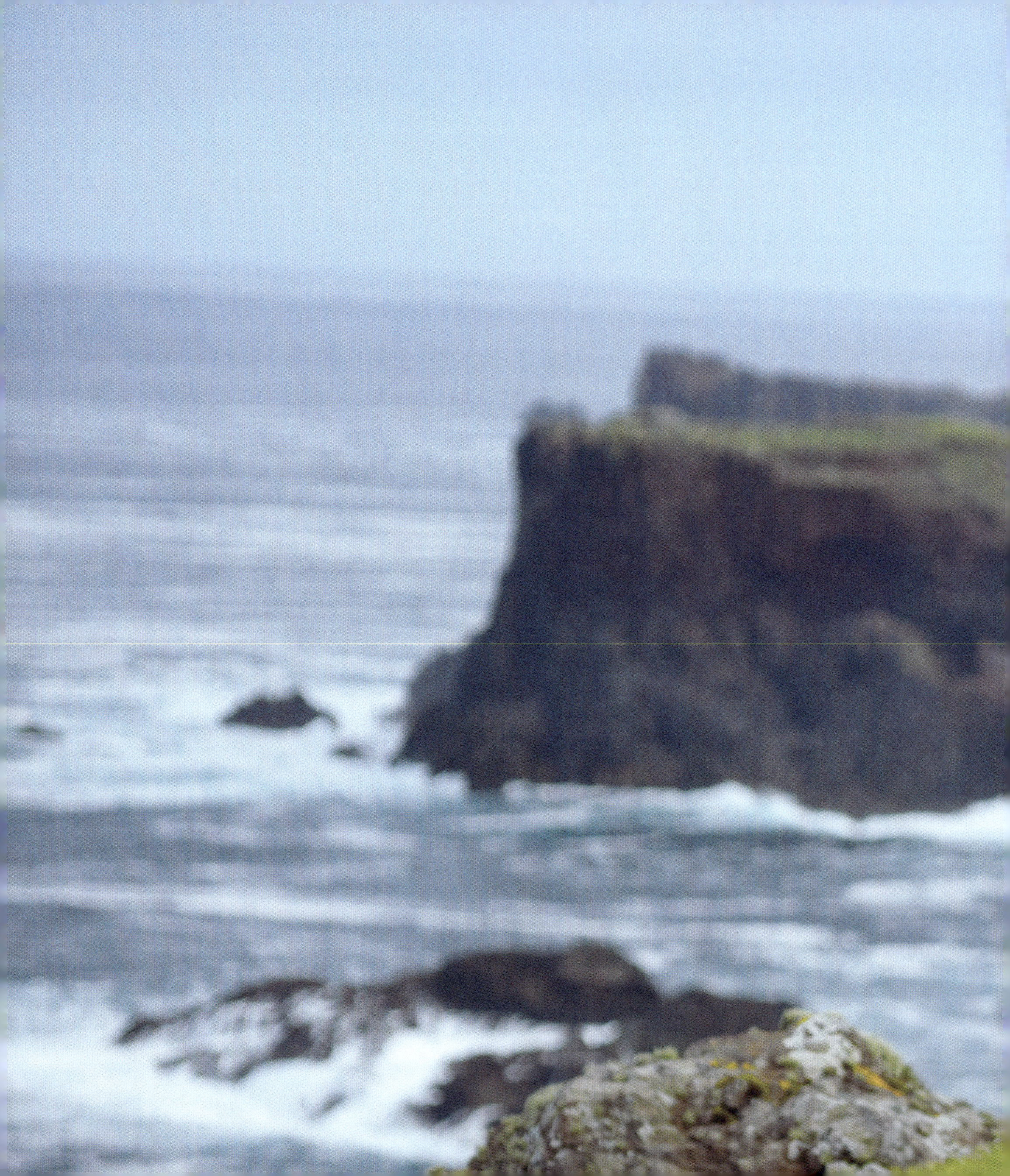

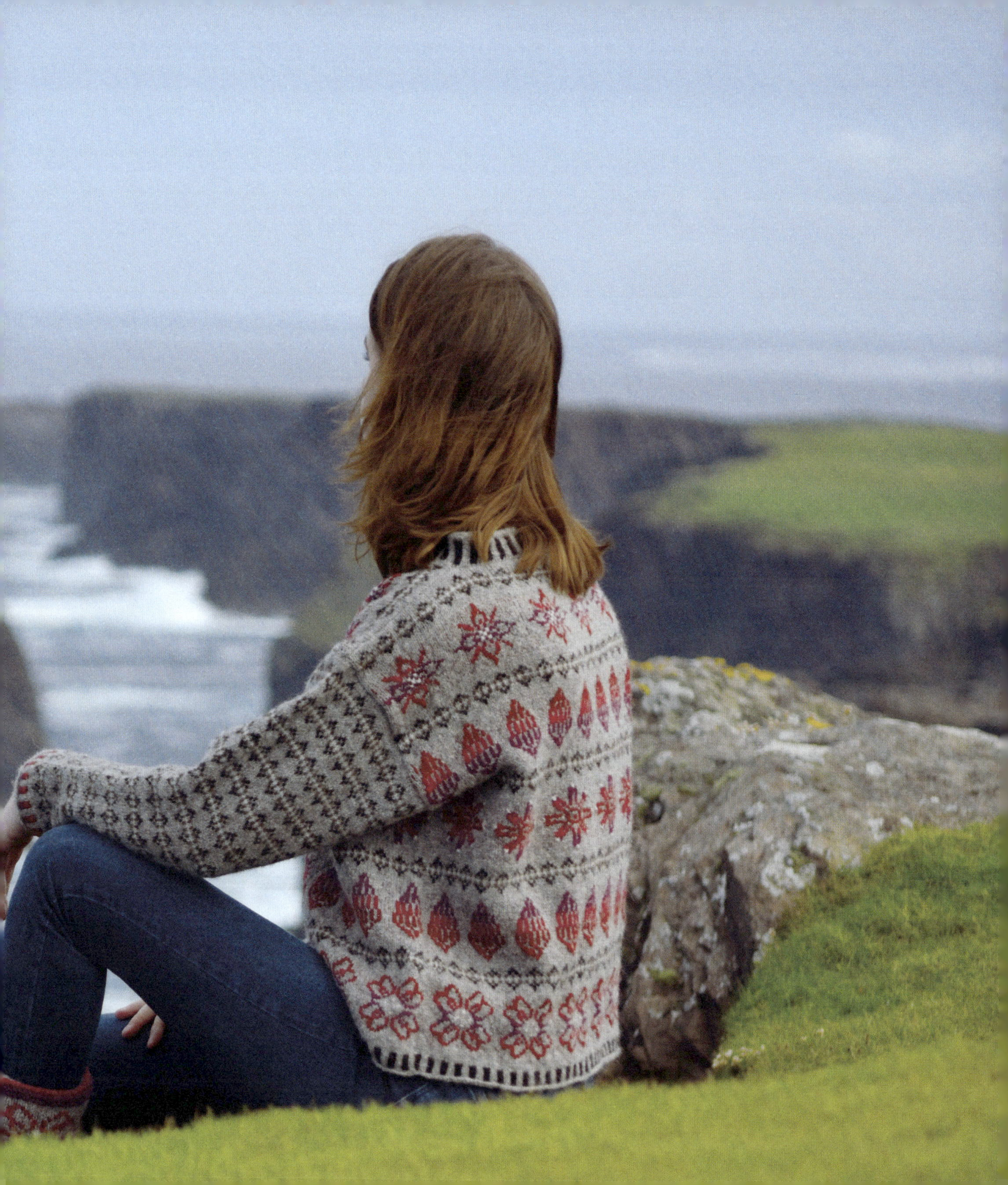

Muster Pullover

Material
«Uradale Yarn Jumper Weight»
400 (500) 600 Gramm Grundfarbe
100 Gramm Einstrickfarbe 1
50 Gramm Einstrickfarbe 2
50 Gramm Einstrickfarbe 3
50 Gramm Einstrickfarbe 4
50 Gramm Einstrickfarbe 5
50 Gramm Einstrickfarbe 6

Stricknadeln
Rundstricknadeln der Größe 3,25 mm, Längen 40 und 80 cm, Nadelspiel Größe 3,25 mm (oder Rundstricknadel Länge 30 cm)
Maschenmarkierer

Maschenprobe
28 Maschen x 34 Reihen = 10 x 10 cm

Größen S (M) L

Maße
Siehe Zeichnung auf Seite 117

Vorgehensweise

Sie können den Pullover ganz einfach Ihren individuellen Wünschen anpassen. Für ein kürzeres Modell in den Größen M und L kann eine Musterborte weniger gestrickt werden, und wenn man gerne ein längeres Modell hätte, kann dazu eine weitere Musterborte gestrickt werden. So lässt sich die Ärmellänge einfach anpassen. Probieren Sie dabei während des Strickens den Ärmel an, falls notwendig, zusammen mit der Vorder- und Rückseite. Beachten Sie jedoch, dass sich durch das Stricken von zusätzlichen Musterborten das Verhältnis der Garne zueinander verändern könnte.
Damit die Muster im Pullover schön aneinander anschließen, ist es manchmal nötig, die Maschenzahl zeitweise anzupassen. Achten Sie darauf, dass nach dem Stricken der Mustervorlage wieder die ursprüngliche Maschenzahl auf der Nadel liegt.
Größe S für Fair Isle 308 wird 306 (-2),
Größe M für Fair Isle 352 wird 354 (+2); für Orchidee 352 wird 350 (-2),
Größe L Orchidee 396 wird 392 (-4).
Nehmen Sie diese Maschen zu oder ab in der 2. Runde der einfarbigen Runden zwischen den Mustervorlagen. Beginnen Sie die Runde, wegen der Symmetrie des Pullovers, bei den Mustervorlagen - Chickweed, Sundew, Sedum und Orchidee - mit 2 Maschen mit der Grundfarbe und stricken Sie danach weiter im Rapport, jeweils mit 3 Maschen mit der Grundfarbe zwischen der Musterwiederholung.
ACHTUNG BEIM MUSTER ORCHIDEE IN GRÖSSE M: Beginnen Sie die Runde bei Masche 10 der Mustervorlage. Stricken Sie auch hier jeweils 3 Maschen mit der Grundfarbe zwischen die Musterwiederholungen.
Beginnen Sie die Runde beim Muster Fair Isle immer bei der 1. Masche der Mustervorlage. Beginnen Sie die Ärmel immer bei der 1. Masche der Mustervorlage und nehmen Sie, je nachdem wie sich das Muster ergibt, Maschen zu.

Vorder- und Rückseite

Die Vorder- und Rückseite werden als ein Teil gestrickt. Schlagen Sie 308 (352) 396 Maschen mit der Grundfarbe an, setzen Sie vor der Runde einen Markierer und einen nach 154 (176) 198 Maschen. Dies sind die imaginären Seitennähte. Schließen Sie die Runde und stricken eine Runde rechts. Stricken Sie dann mit der Grundfarbe und Einstrickfarbe 1 nach Mustervorlage Corrugated rib B bis einschließlich Runde 6. Stricken Sie anschließend 5 Runden Trikotmaschen (glatt rechts) mit der Grundfarbe. Arbeiten Sie jetzt weiter nach Rapport Chickweed B, stricken Sie stets 3 Maschen zwischen die Musterwiederholung. Stricken Sie 3 Runden mit der Grundfarbe. Stricken Sie nun nach Mustervorlage Fair Isle B. Stricken Sie 3 Runden mit der Grundfarbe. Arbeiten Sie jetzt weiter nach Rapport Orchidee B, stricken Sie stets 3 Maschen zwischen die Musterwiederholung. Stricken Sie 3 Runden mit der Grundfarbe. Stricken Sie nun nach Mustervorlage Fair Isle B. Stricken Sie 3 Runden mit der Grundfarbe. Arbeiten Sie jetzt weiter nach Mustervorlage Sundew B, stricken Sie stets 3 Maschen zwischen die Mustervorlage. Stricken Sie 3 Runden mit der Grundfarbe. Stricken Sie nun nach Mustervorlage Fair Isle B. Stricken Sie 3 Runden mit der Grundfarbe. Arbeiten Sie jetzt weiter nach Mustervorlage Orchidee B, stricken Sie stets 3 Maschen zwischen die Musterwiederholung. Stricken Sie 3 Runden mit der Grundfarbe. Stricken Sie nun nach Mustervorlage Sedum B, stricken Sie stets 3 Maschen zwischen die Musterwiederholung. Stricken Sie 3 Runden mit der Grundfarbe.

Größe S: Ketten Sie nach 50 Maschen 54 Maschen ab für den Hals (ausgehend von der anfänglich angeschlagenen Maschenzahl) und stricken Sie ab jetzt hin und her. Ketten Sie in den nächsten Runden beidseits noch 4 x 2 Maschen ab und stricken Sie gleichzeitig nochmals nach Mustersatz Fair Isle B.

Größe (M) L: Stricken Sie nochmals nach Mustervorlage Fair Isle B und Orchidee B. Ketten Sie nun nach (61) 72 Maschen 54 Maschen ab und stricken Sie jetzt hin und her. Ketten Sie in den nächsten Runden beidseits noch 4 x 2 Maschen ab und stricken Sie gleichzeitig nochmals nach Mustervorlage Fair Isle B.

Alle Größen: Stricken Sie nochmals 3 Runden mit der Grundfarbe und ketten Sie alle Maschen ab.

Ärmel

Schlagen Sie 68 (72) 76 Maschen auf der Rundstricknadel Länge 30 cm oder einem Nadelspiel mit der Grundfarbe an, und setzen Sie zu Beginn der Runde

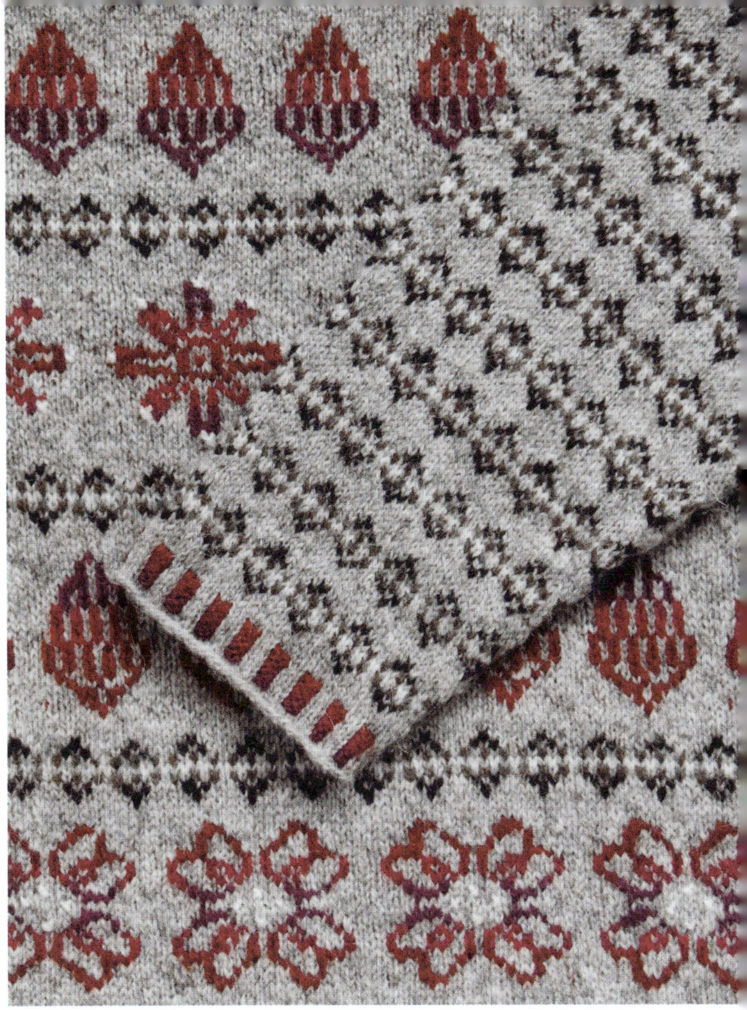

einen Markierer. Schließen Sie die Runde und stricken Sie eine Runde Trikotmaschen. Stricken Sie dann mit der Grundfarbe und Einstrickfarbe 1 nach Mustervorlage Corrugated rib C bis einschließlich Runde 6. Arbeiten Sie weiter mit der Grundfarbe und stricken Sie nach 3 Runden nach Mustervorlage Fair Isle B. Der Ärmel wird ganz nach dieser Mustervorlage gestrickt, immer abwechselnd in Runden mit der Grundfarbe. Nehmen Sie in jeder 4. Runde beidseits des Markierers 1 Masche zu. Stricken Sie 14 Musterborten (oder bis zur gewünschten Länge), schließen Sie ab mit 3 Runden in der Grundfarbe. Stricken Sie noch 3 Runden links und ketten dann ab (134 Maschen für Größe S).

Größe M : Nehmen Sie verteilt über die 3 letzten Musterränder 4 Mal zusätzlich (neben den gewöhnlichen Zunahmen) 1 Masche beidseits der Markierer zu (146 Maschen).

Größe L: Nehmen Sie verteilt über die letzten 4 Musterränder 6 Mal zusätzlich (neben den gewöhnlichen Zunahmen) 1 Masche beidseits der Maschenmarkierer zu (150 Maschen). Wechseln Sie während des Ärmelstrickens, falls nötig, zur Rundstricknadel Länge 40 cm.

Verarbeitung

Legen Sie die Ärmel auf die Schulternaht und bestimmen die genaue Größe des Armlochs. Ziehen Sie an dieser Stelle einen Faden ein. Setzen Sie mit der Nähmaschine lockere Zickzackstiche in einer langen U-Form gleich neben den Faden. Schneiden Sie anschließend das Armloch zwischen den Zickzack-Linien auf. Fügen Sie die Schulternähte zusammen. Fügen Sie die Ärmel in die Armlöcher und nähen Sie das links gestrickte Randbörtchen an der Innenseite über die Zickzack-Ränder. Die Armlöcher sind nun auch auf der Innenseite vernäht. Achten Sie während des Arbeitens darauf, dass die Strickarbeit dehnbar bleibt, auch an den Stellen, an denen diese zusammengesetzt wurde. Nehmen Sie 152 Maschen entlang des Halses mit der Rundstricknadel 40 cm und der Grundfarbe auf. Stricken Sie 9 Runden nach Mustervorlage Corrugated rib B mit der Grundfarbe und Einstrickfarbe 1. Stricken Sie 1 Runde rechts mit der Grundfarbe und danach 3 Runden links und 1 Runde rechts. Stricken Sie 8 Runden nach Mustervorlage Rechteck und ketten Sie ab mit der Grundfarbe. Nähen Sie den Kragen auf der Innenseite Masche für Masche fest. Sticken Sie die Kreuzstiche mit der Einstrickfarbe 5 auf die Blumen, so wie in der Mustervorlage angegeben. Es ist wichtig, den Pullover nach der Fertigstellung zu waschen und zu spannen. Dadurch werden die Nähte flacher und die Bündchen klappen nicht mehr um.

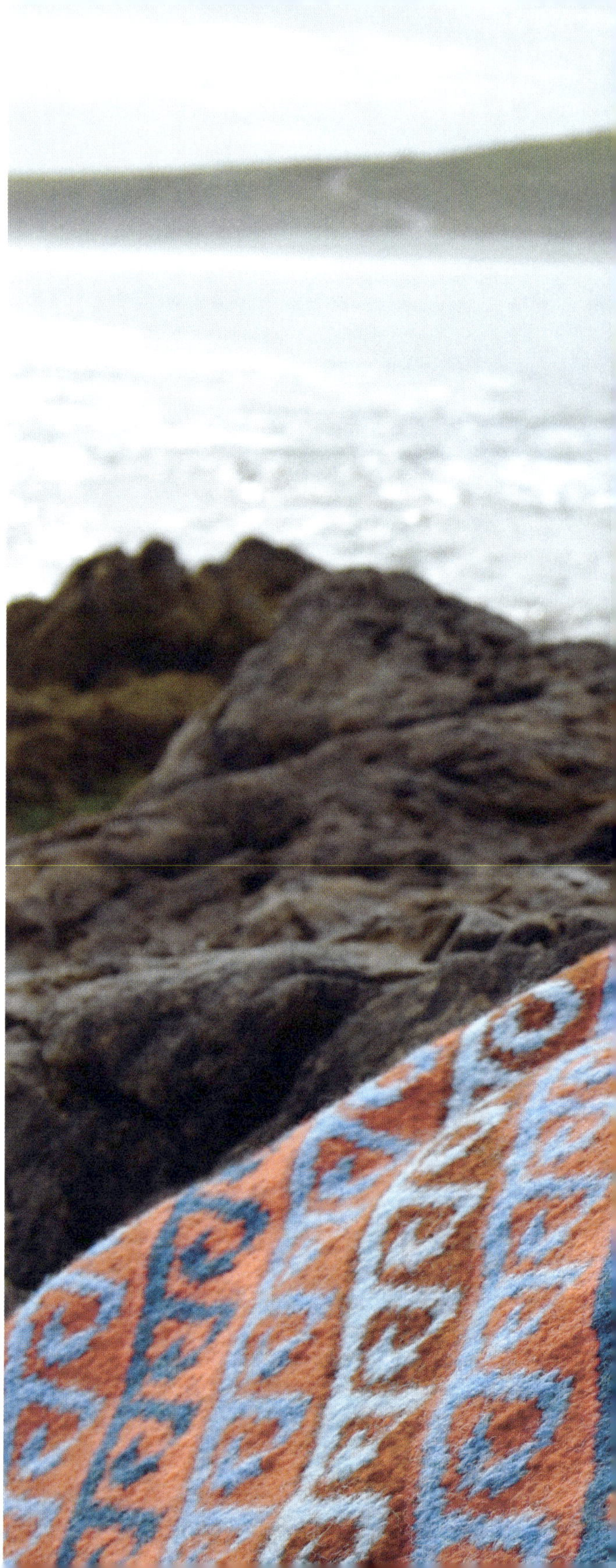

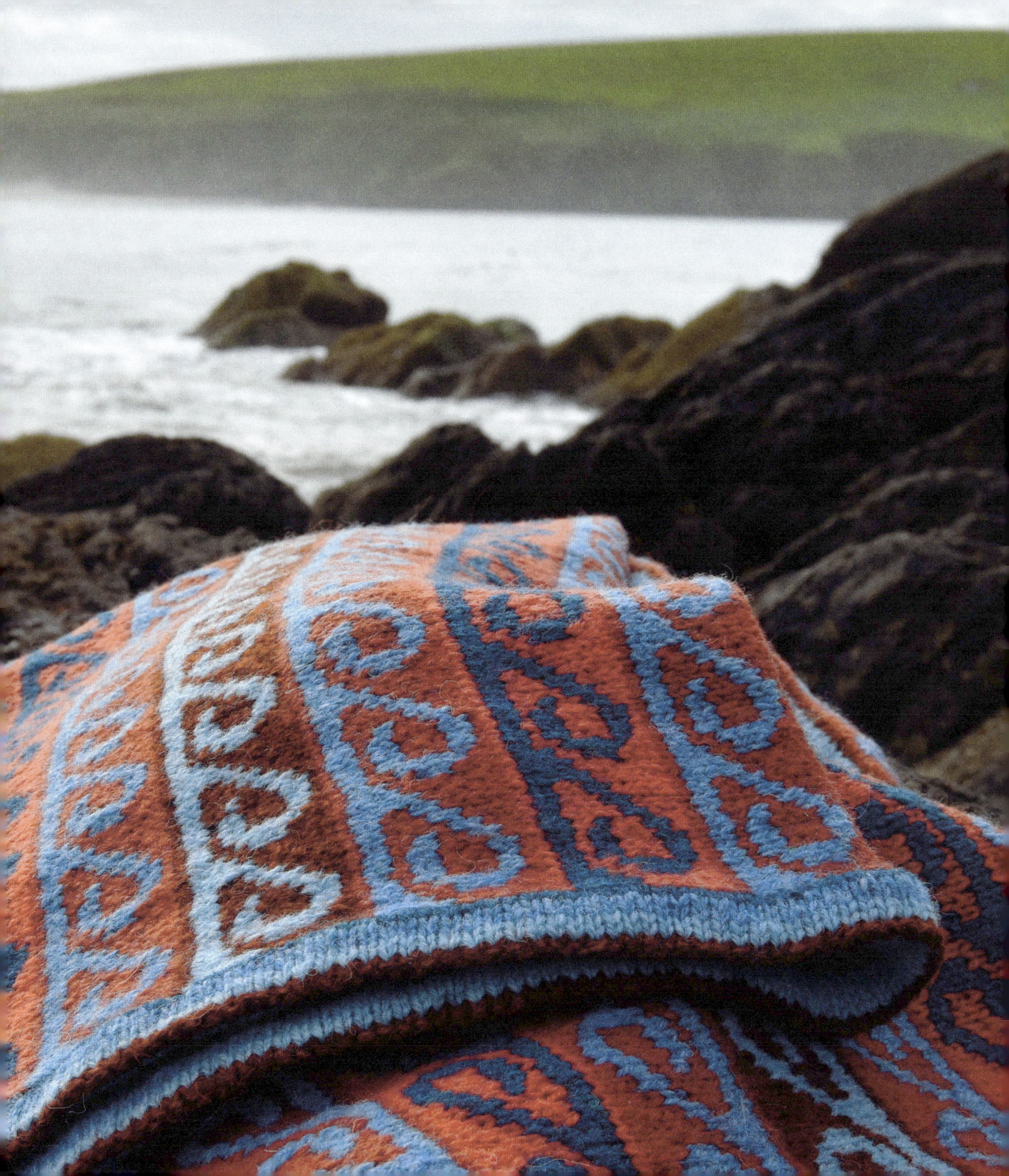

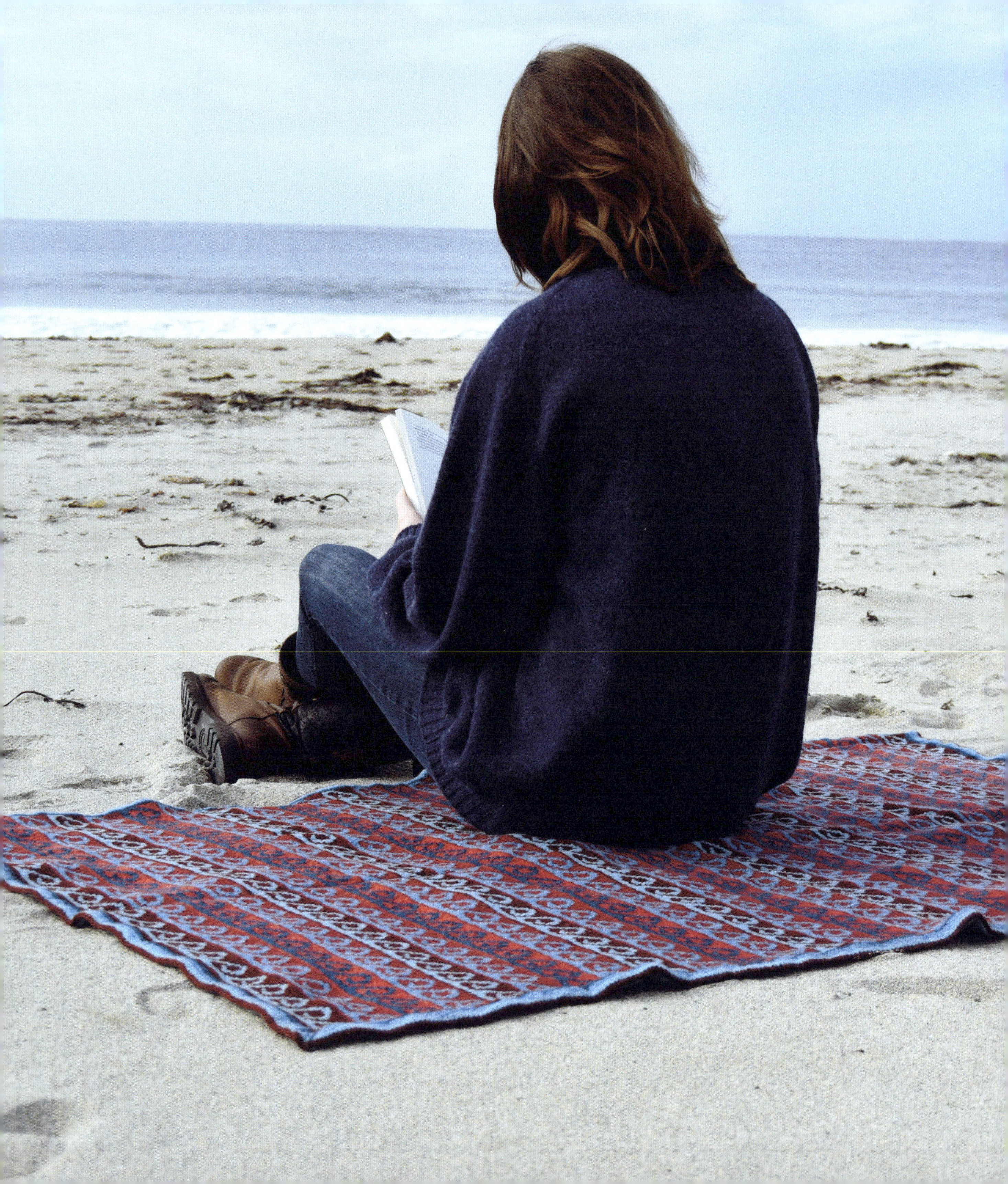

Muster Decke

Material
«Jamieson's of Shetland DK»
175 Gramm Farbe 1
175 Gramm Farbe 2
150 Gramm Farbe 3
125 Gramm Farbe 4
125 Gramm Farbe 5
125 Gramm Farbe 6

Stricknadeln
Rundstricknadel Größe 4 mm, Länge 100 cm
2 Rundstricknadeln Größe 3,75 mm, Länge 150 cm
Maschenmarkierer

Maschenprobe
24 Maschen x 28 Reihen = 10 x 10 cm

Maße
100 cm x 150 cm

Vorgehensweise

Schlagen Sie 231 + 6 Maschen auf der Rundstricknadel Größe 4 mm und der Farbe 4 an und setzen Sie einen Markierer beidseits der 6 Maschen der zukünftigen Schnittkante. Stricken Sie rund nach Mustervorlage Yoal und tauschen Sie in der Schnittkante nach jeder Masche die Farben. Stricken Sie 33 Musterborten und tauschen Sie die Grundfarben nach jeder Musterborte miteinander wie folgt: *Farbe 4 - Farbe 1 - Farbe 5 - Farbe 1* und wiederholen Sie von *bis*, bis die Arbeit fertig ist. Tauschen Sie gleichzeitig die Farben der Wellen miteinander wie folgt: *Farbe 2 - Farbe 6 - Farbe 3 - Farbe 6* und wiederholen Sie *bis*, bis die Arbeit fertig ist. Ketten Sie alle Maschen ab.
Setzen Sie mit der Nähmaschine zwei Reihen Zickzackstiche in die Schnittkante. Schneiden Sie die Arbeit zwischen den Zickzackreihen auf. Nehmen Sie mit 2 langen Rundstricknadeln Größe 3,75 mm und der Farbe 3 die Maschen entlang den Rändern auf. Nehmen Sie an den kürzeren Seiten jede einzelne Masche auf und überspringen Sie an den längeren Seiten nach jeder 6. Masche eine Masche. Setzen Sie in jeder Ecke einen Markierer und nehmen Sie jeweils beidseits der Markierer 1 Masche bis zur linken Runde zu. Stricken Sie noch 1 Runde mit Farbe 3, danach 2 Runden mit Farbe 6, 2 Runden mit Farbe 2 und 1 Runde mit Farbe 4. Stricken Sie anschließend 1 Runde links mit Farbe 4, ohne Zunahmen. Arbeiten Sie weiter rechts und nehmen 1 Masche vor und nach den Maschenmarkierern ab, 2 Runden Farbe 2, 2 Runden Farbe 6, 1 Runde Farbe 3 und anschließend abketten.

Verarbeitung

Nähen Sie die Borte auf der Rückseite Masche für Masche fest und achten Sie darauf, dass sich die Borte nicht verzieht. Danach können Sie die Strickarbeit waschen und spannen.

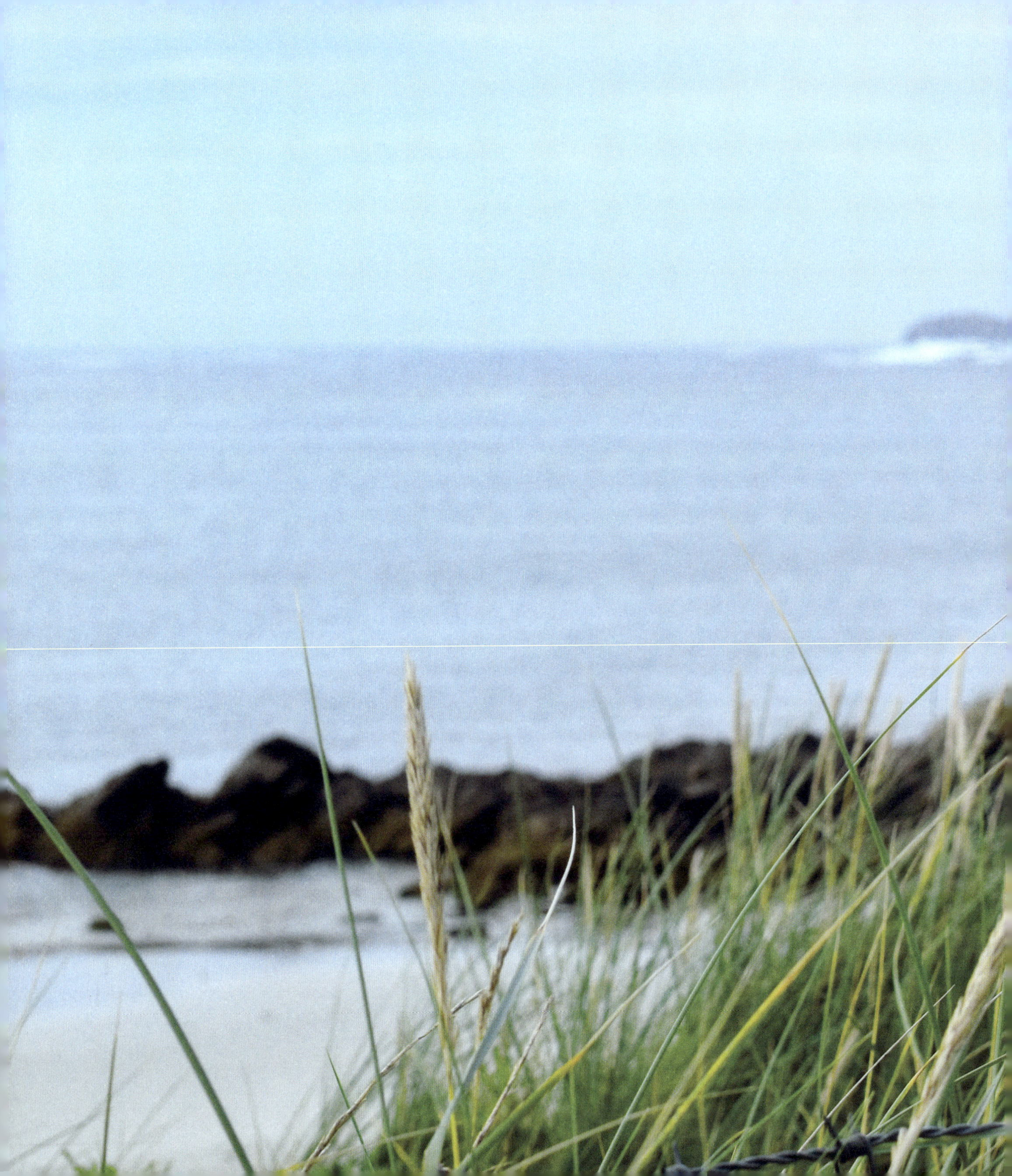

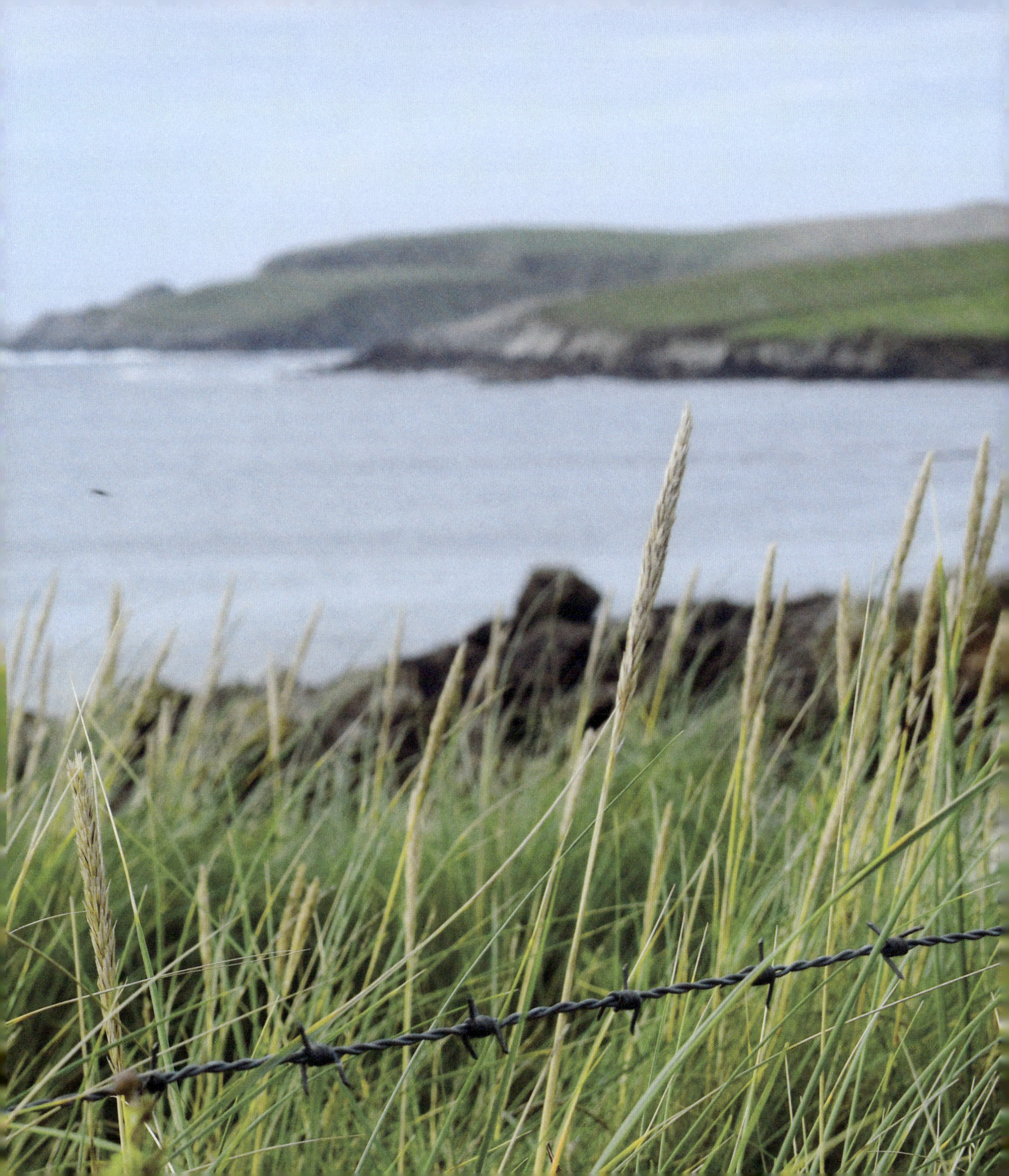

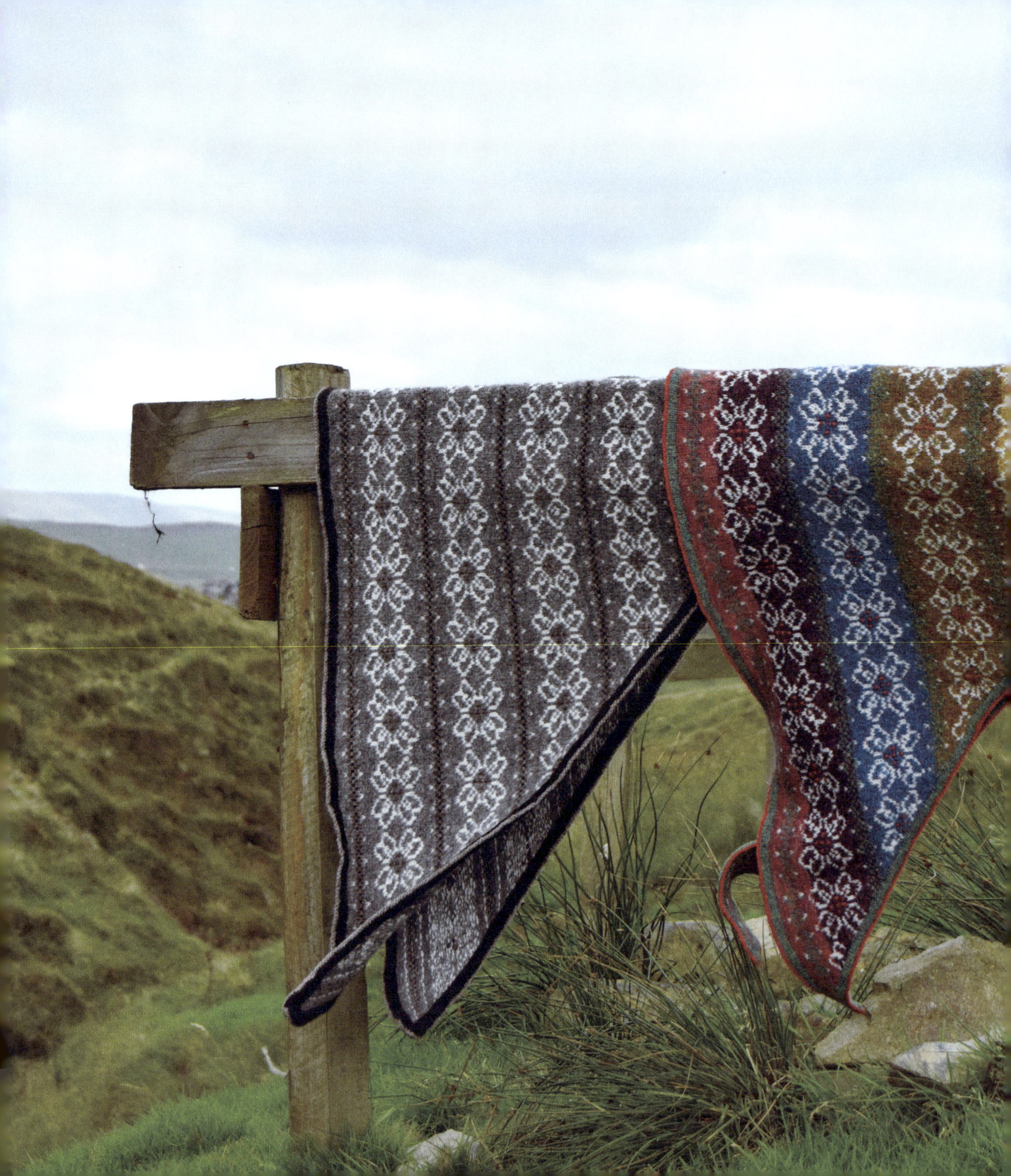

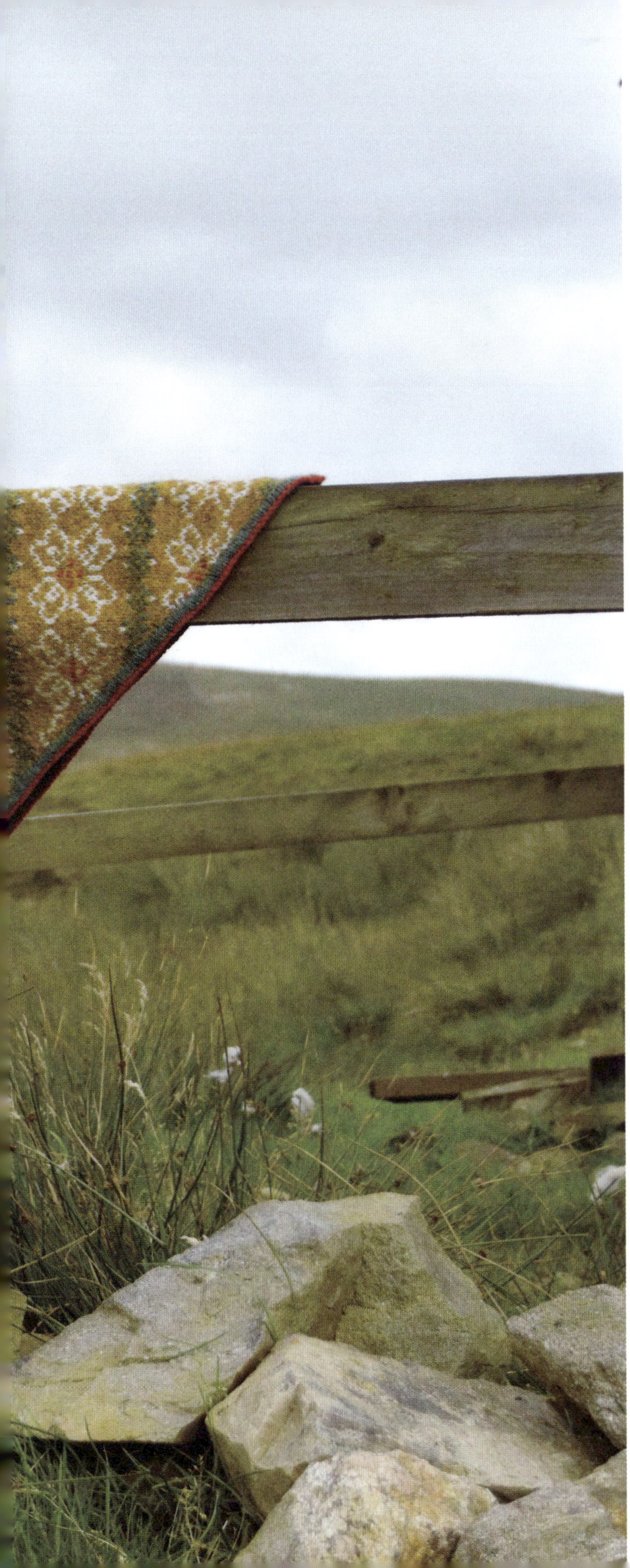

Zählmuster

Chickweed A

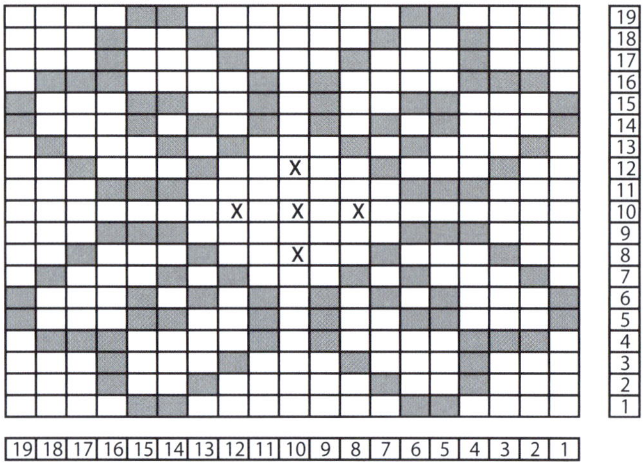

Chickweed B

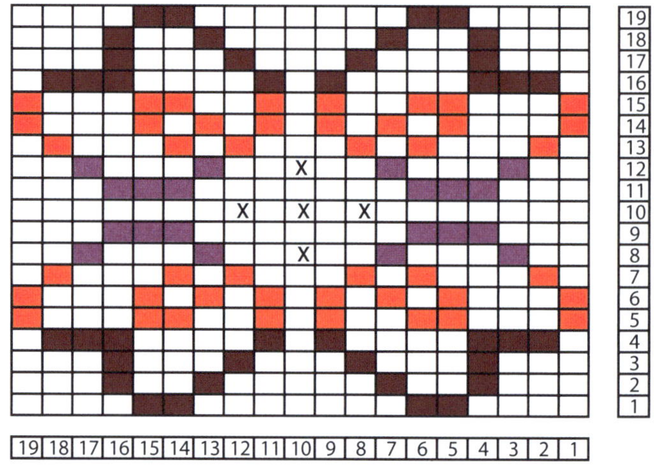

Sundew A

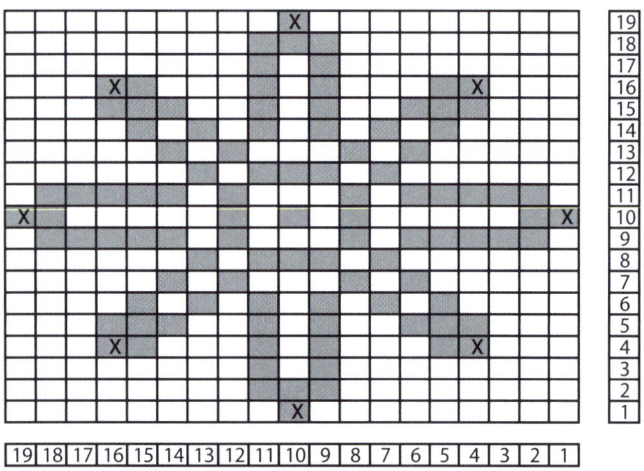

Sundew B

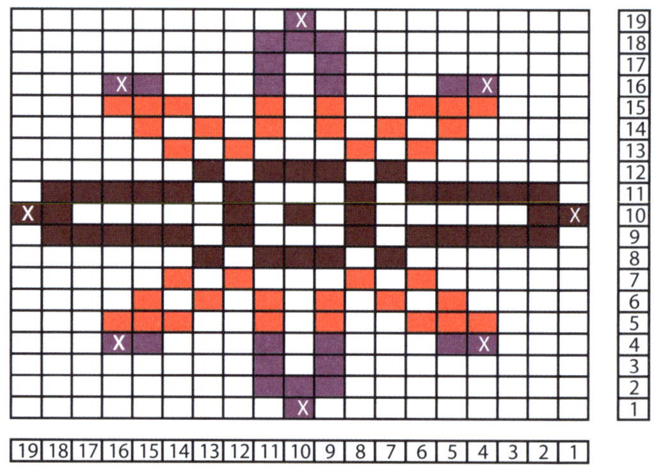

Sedum A

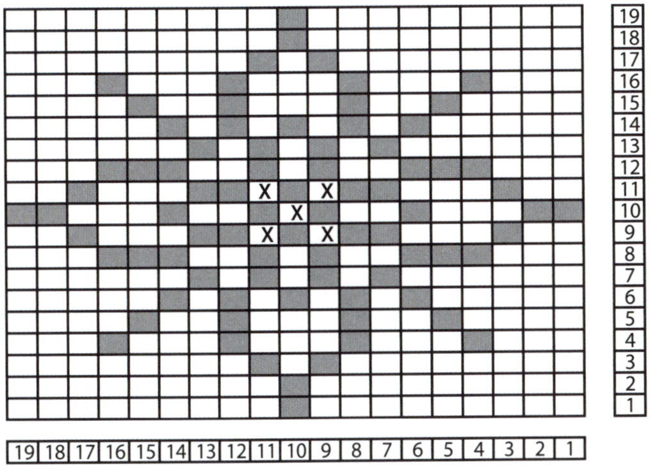

Sedum B

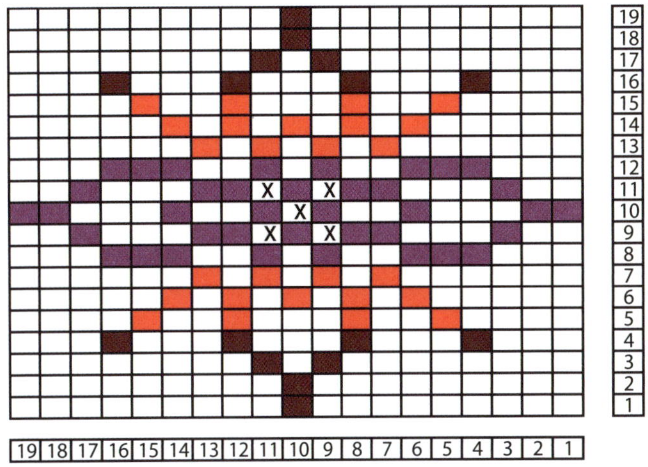

Orchidee A

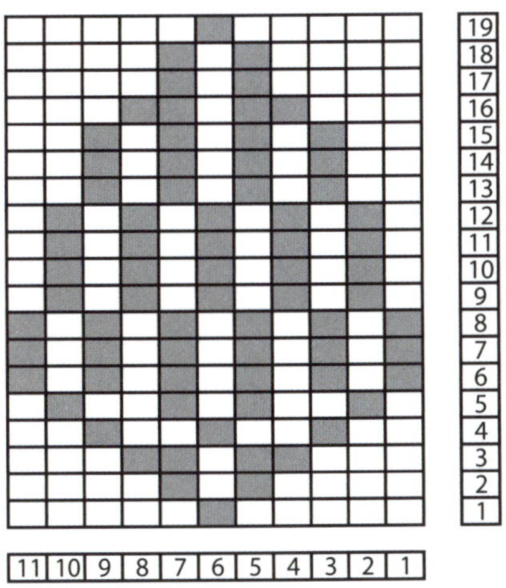

Orchidee B

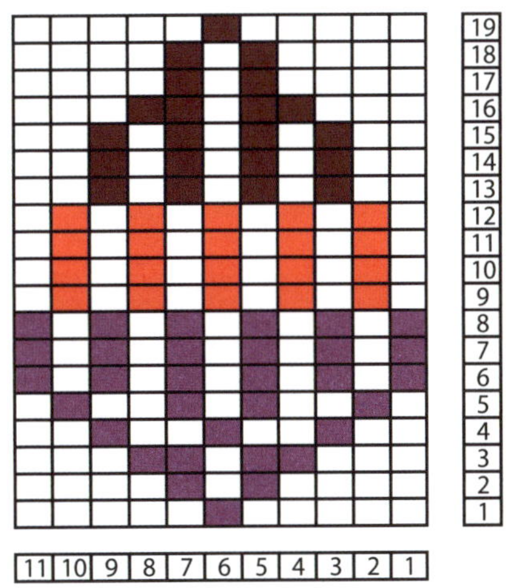

- Grundfarbe
- Einstrickfarbe
- X Kreuzstich
- Einstrickfarbe 2
- Einstrickfarbe 3
- Einstrickfarbe 4

Fair Isle A

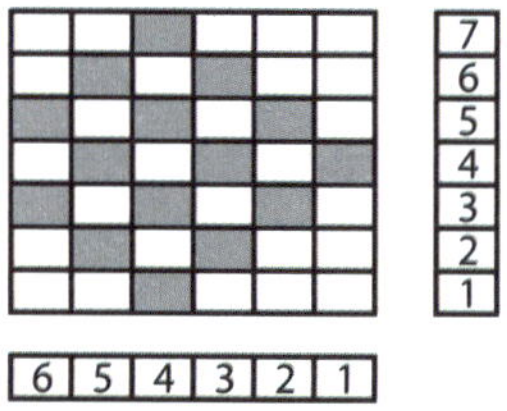

Grundfarbe
Einstrickfarbe

Fair Isle B

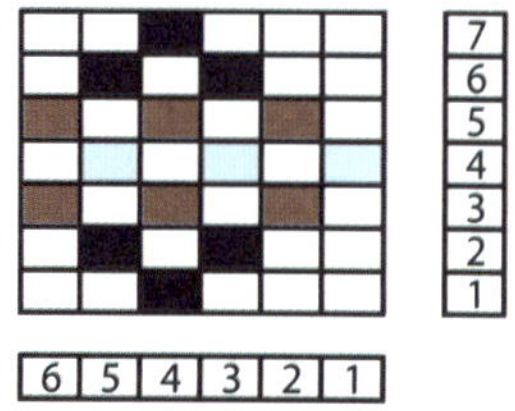

Einstrickfarbe 5
Einstrickfarbe 6
Einstrickfarbe 1

Fair Isle C

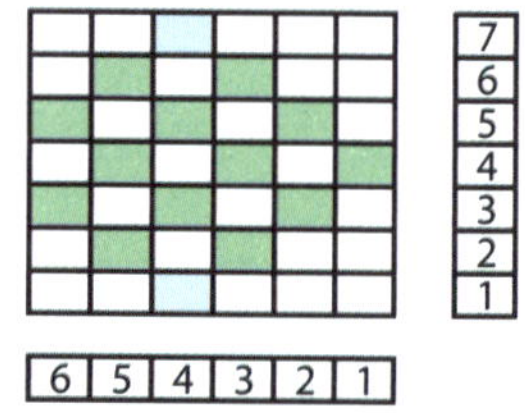

Farbe 1
Farbe 2

Fair Isle D

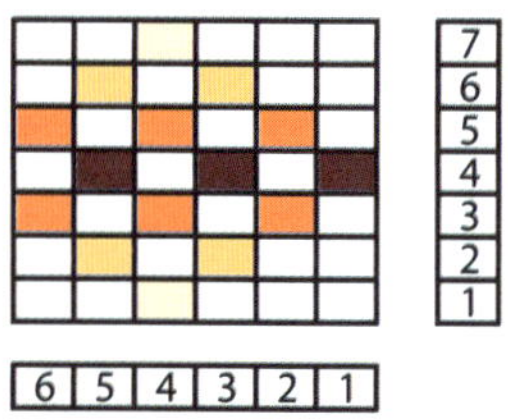

Farbe 3
Farbe 4
Farbe 5
Farbe 6

Fair Isle E

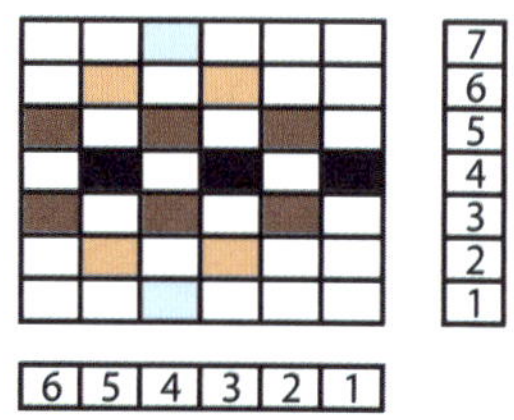

Farbe 1
Farbe 4
Farbe 9
Farbe 2

Corrugated rib A

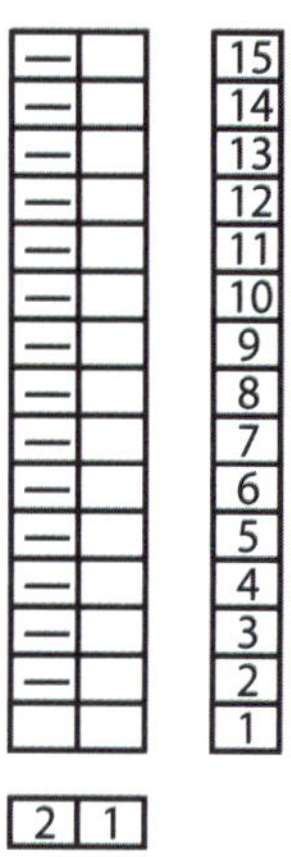

Corrugated rib B

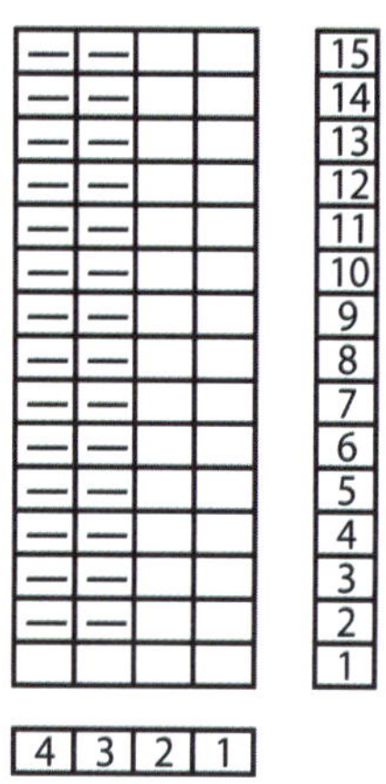

Corrugated rib C

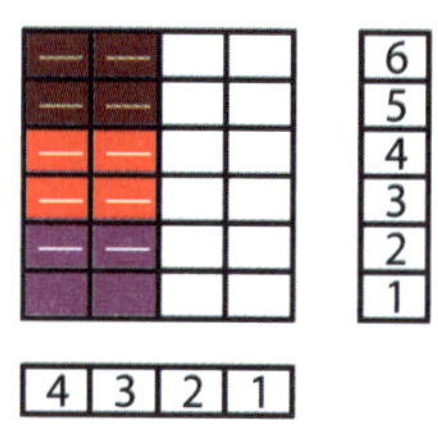

Einstrickfarbe 2
Einstrickfarbe 3
Einstrickfarbe 4

Rechteck

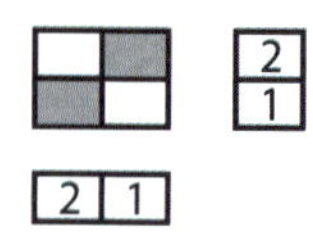

Grundfarbe
Einstrickfarbe
links

Chickweed lace

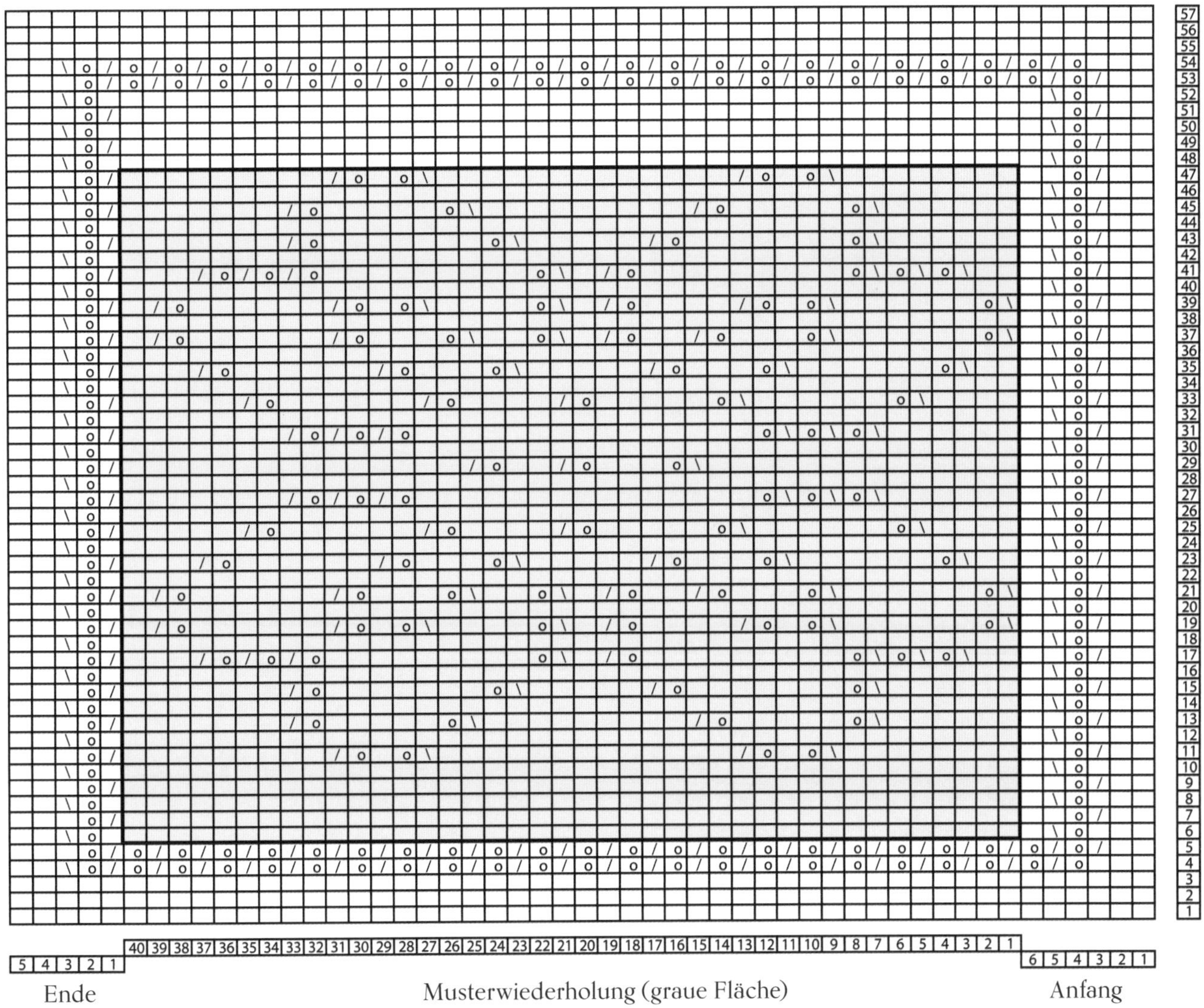

o Umschlag
\ überzogene Abnahme oder SSK
/ 2 Maschen rechts zusammenstricken

Fäustlinge

Mittelteil linker Fäustling Chickweed Größen S und M

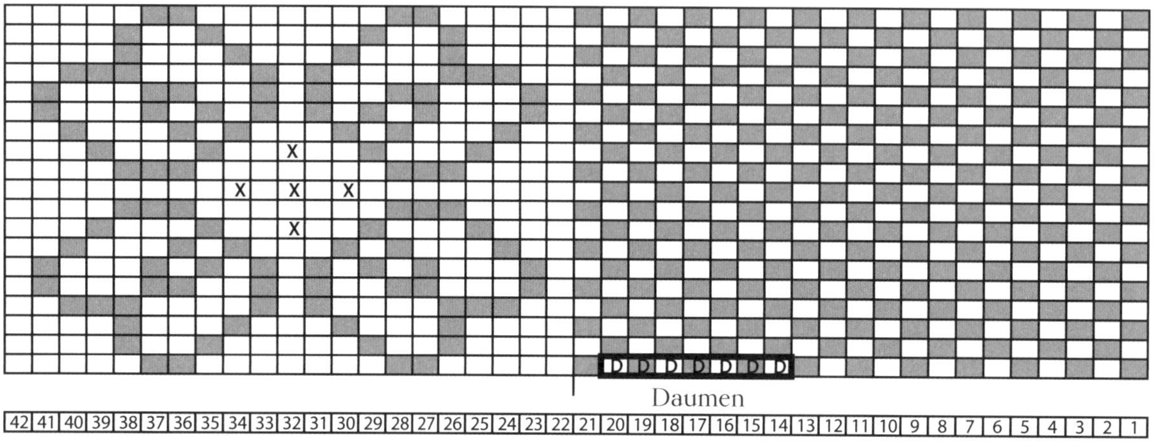

Mittelteil rechter Fäustling Chickweed Größen S und M

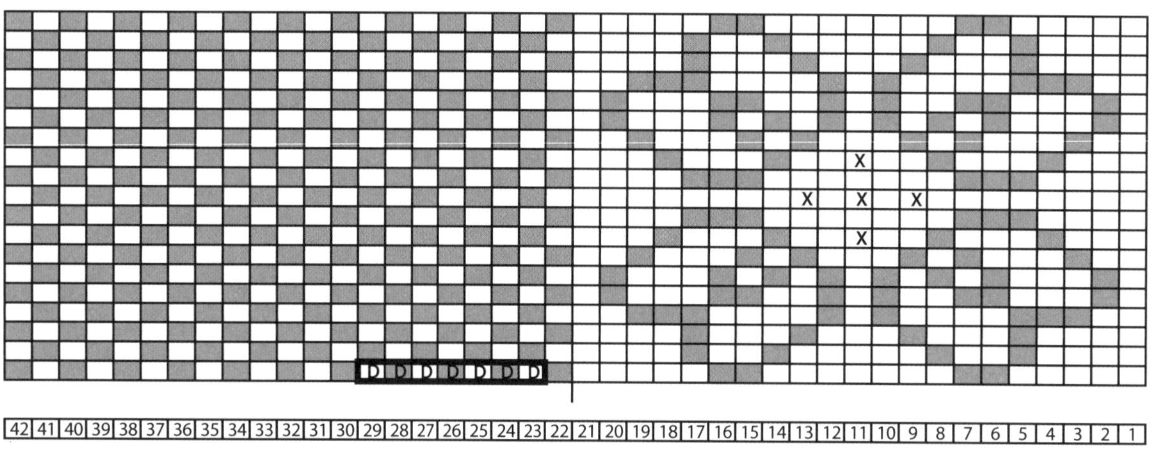

Mittelteil linker Fäustling Chickweed Größe L

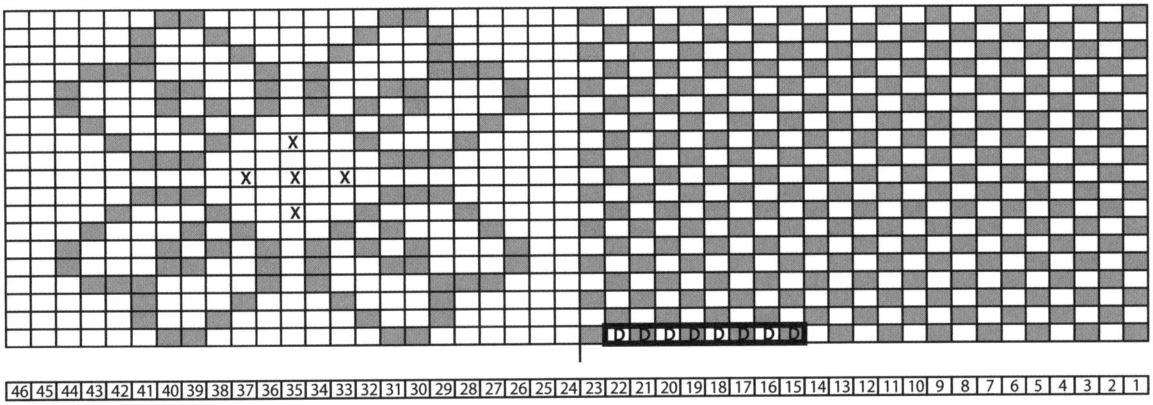

Mittelteil rechter Fäustling Chickweed Größe L

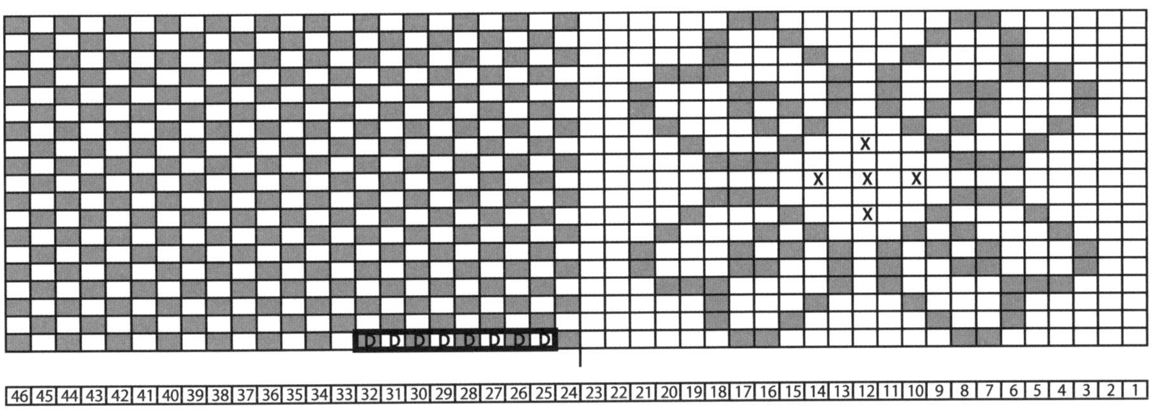

- Grundfarbe
- Einstrickfarfbe
- X Kreuzstich
- D Daumen

Handschuhe

Linker Handschuh

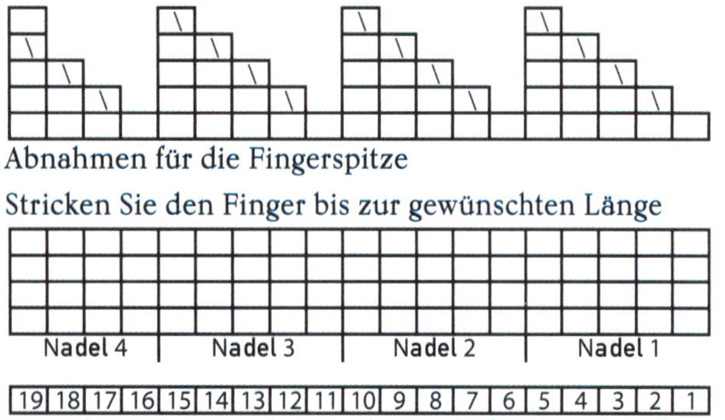

Verteilung der Maschen und Nadeln für den Zeigefinger

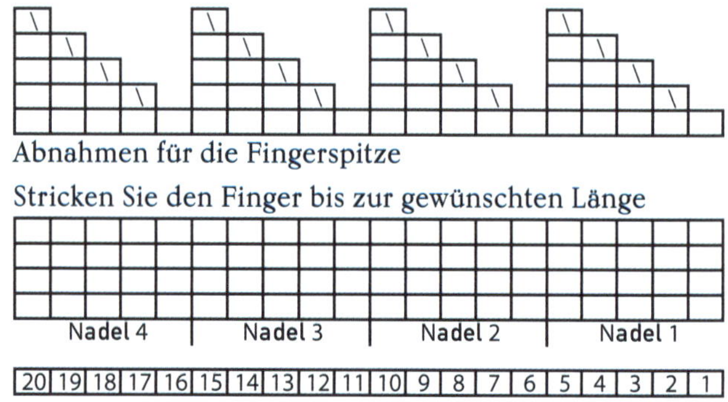

Verteilung der Maschen und Nadeln für den Mittelfinger

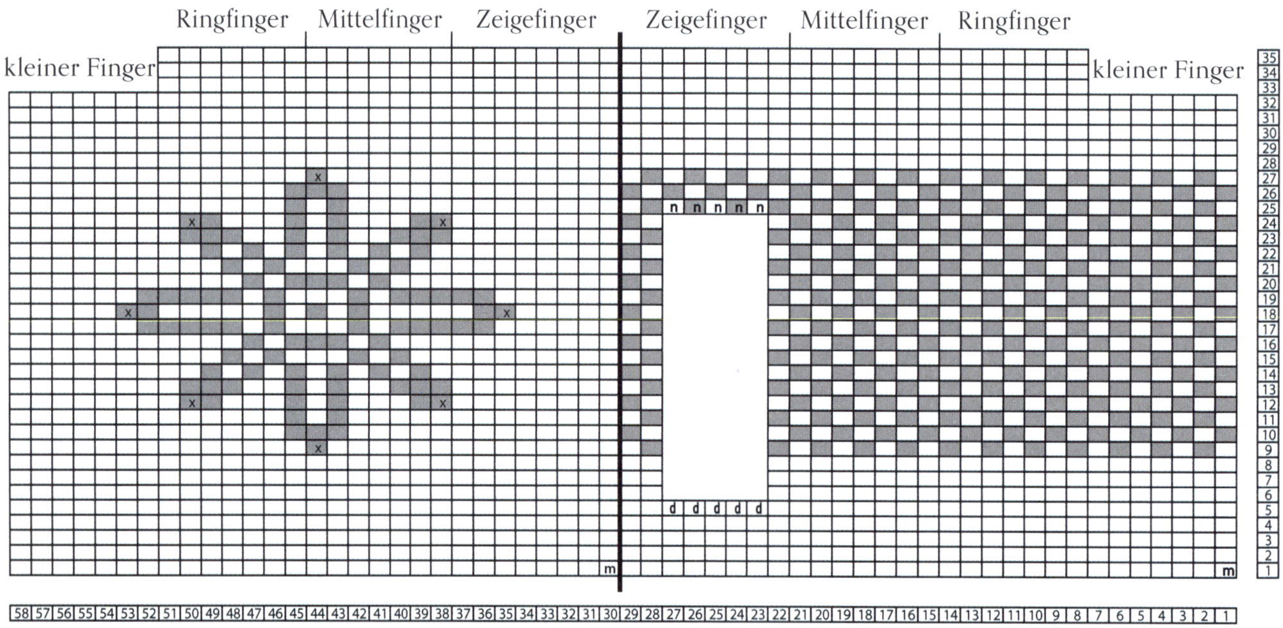

Hand

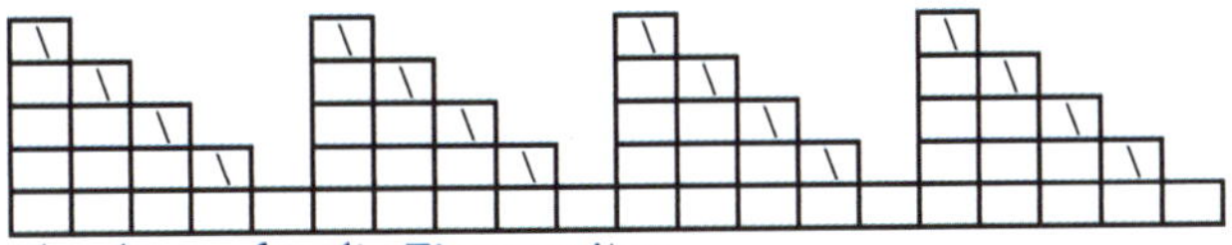

Abnahmen für die Fingerspitze

Stricken Sie den Finger bis zur gewünschten Länge

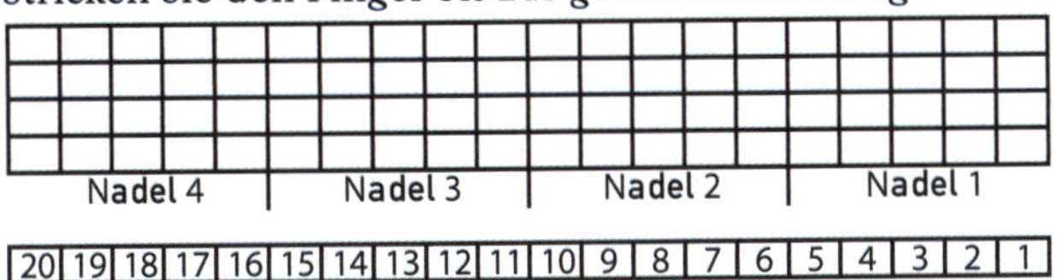

Verteilung der Maschen und Nadeln für den Ringfinger

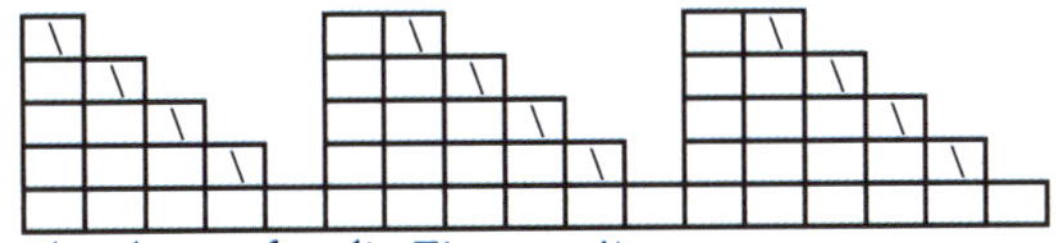

Abnahmen für die Fingerspitze

Stricken Sie den Finger bis zur gewünschten Länge

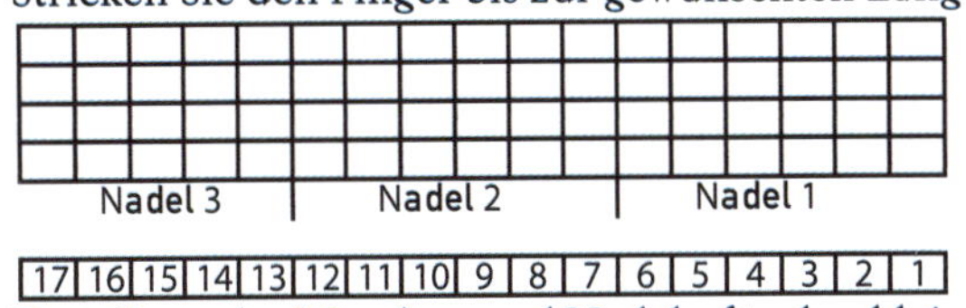

Verteilung der Maschen und Nadeln für den kleinen Finger

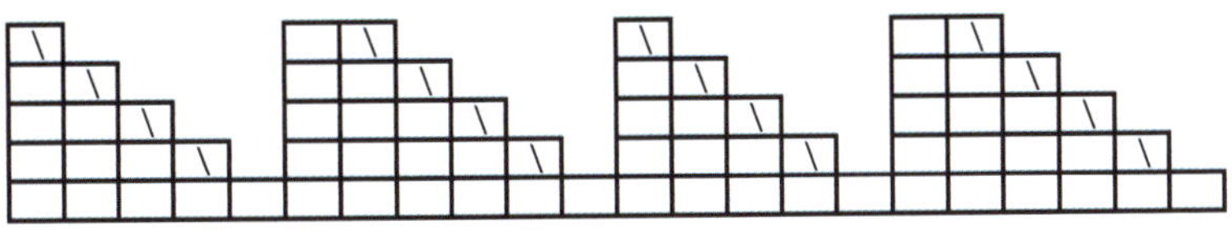

Abnahmen für die Daumenspitze

Stricken Sie den Daumen bis zur gewünschten Länge

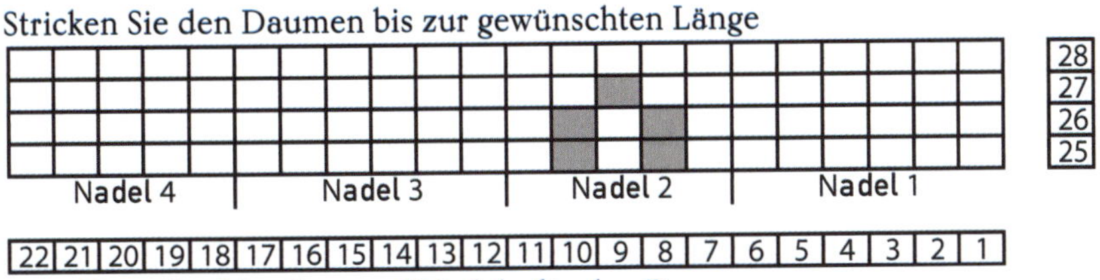

Verteilung der Maschen und Nadeln für den Daumen

Daumenkeil

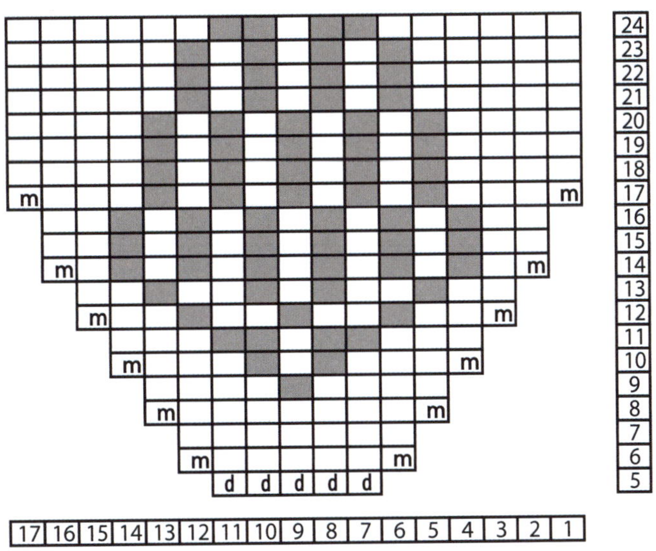

Rechter Handschuh

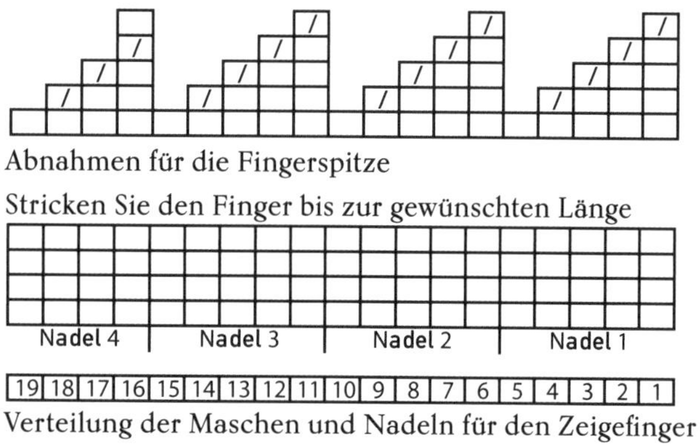

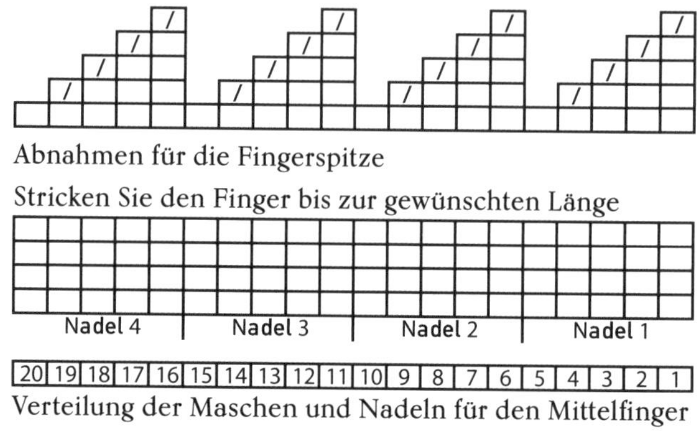

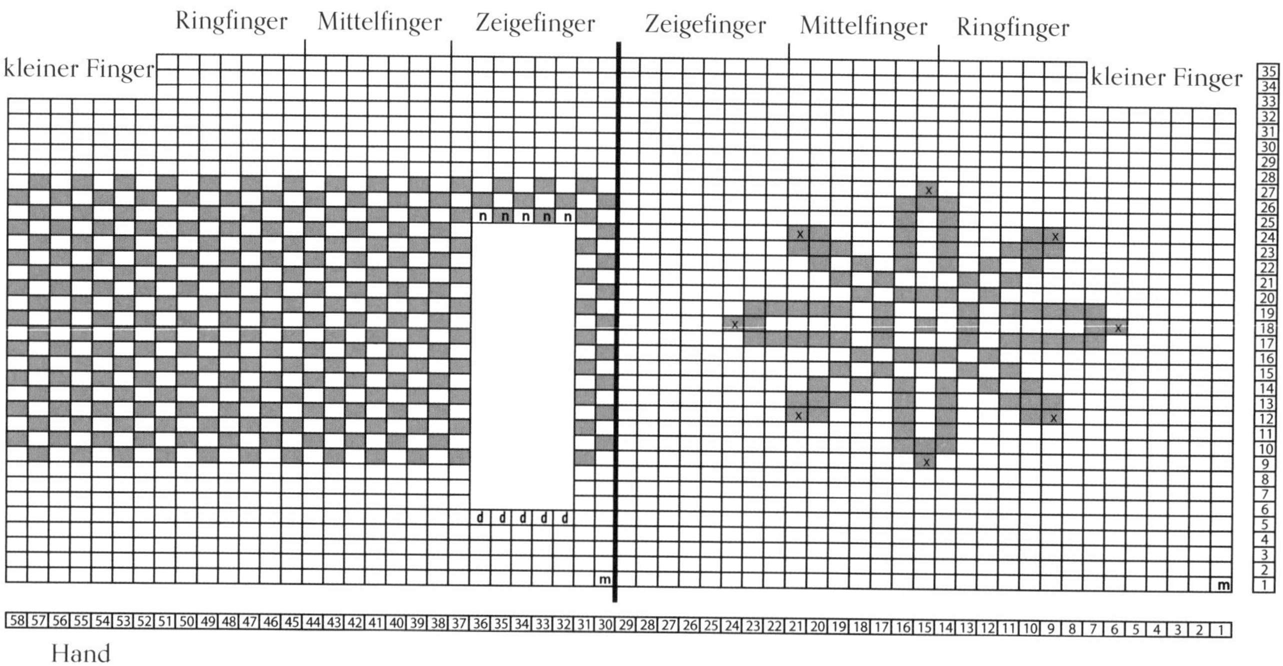

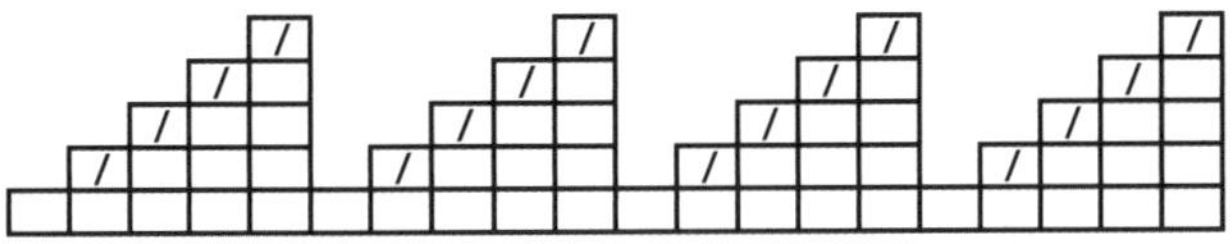

Abnahmen für die Fingerspitze

Stricken Sie den Finger bis zur gewünschten Länge

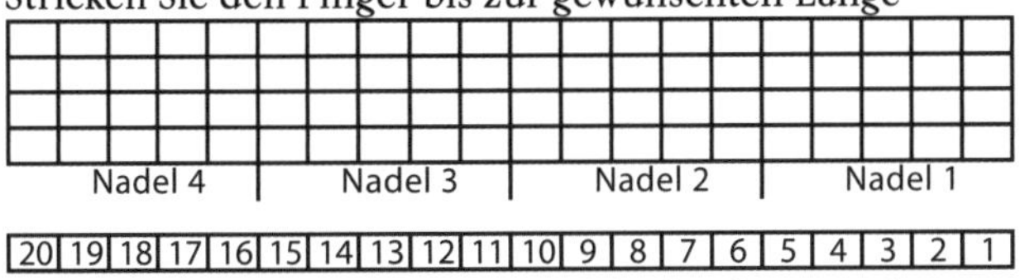

Verteilung der Maschen und Nadeln für den Ringfinger

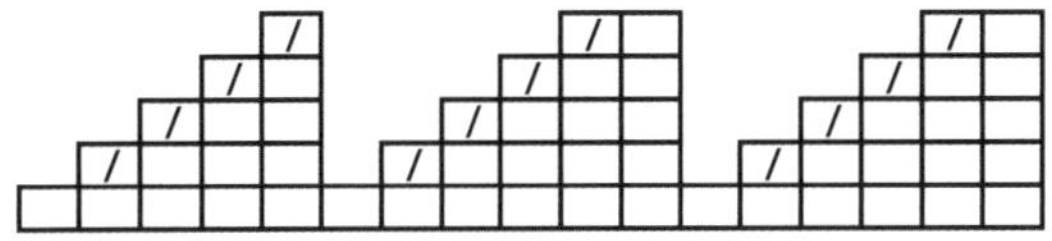

Abnahmen für die Fingerspitze

Stricken Sie den Finger bis zur gewünschten Länge

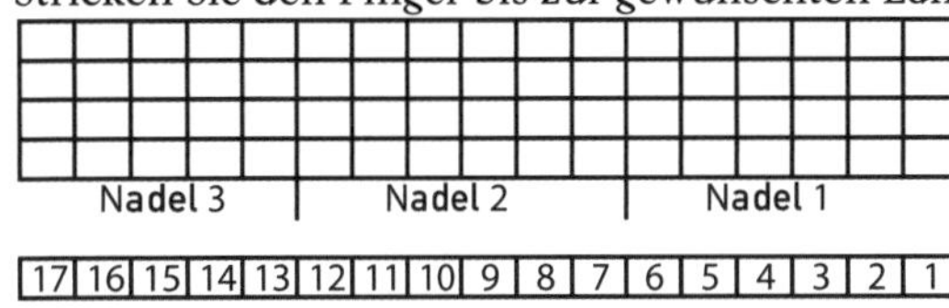

Verteilung der Maschen und Nadeln für den kleinen Finger

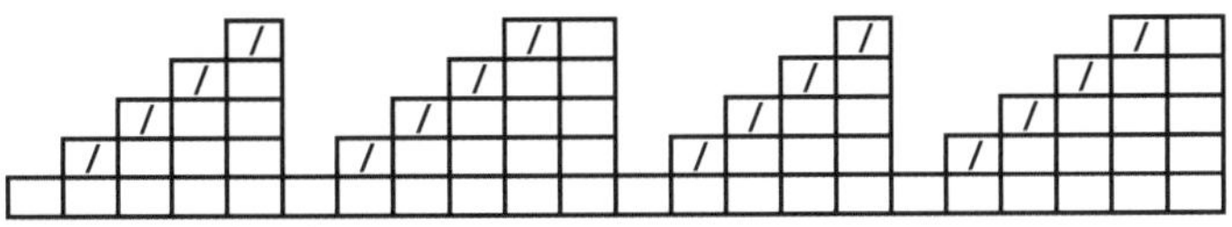

Abnahmen für die Daumenspitze

Stricken Sie den Daumen bis zur gewünschten Länge

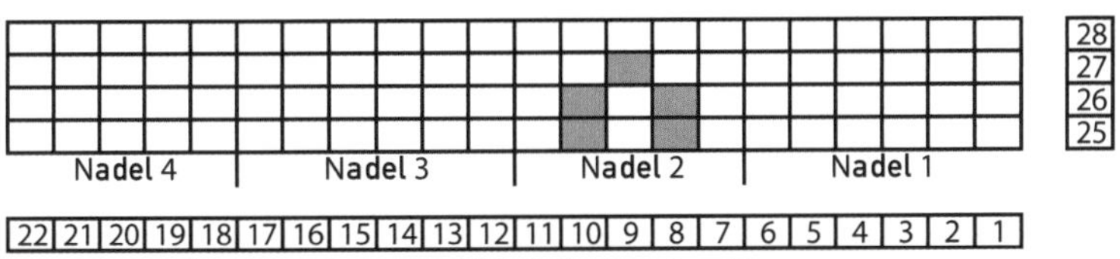

Verteilung der Maschen und Nadeln für den Daumen

Daumenkeil

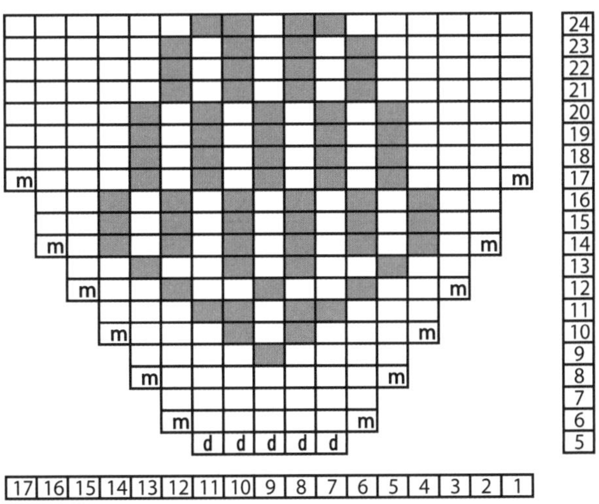

- Grundfarbe
- Einstrickfarbe
- X Kreuzstich
- \ überzogene Abnahme oder SSK
- / 2 Maschen rechts zusammenstricken
- d Maschen, die den Daumenkeil bilden
- m Masche herausstricken
- n 1 Zusatzmasche

Barett

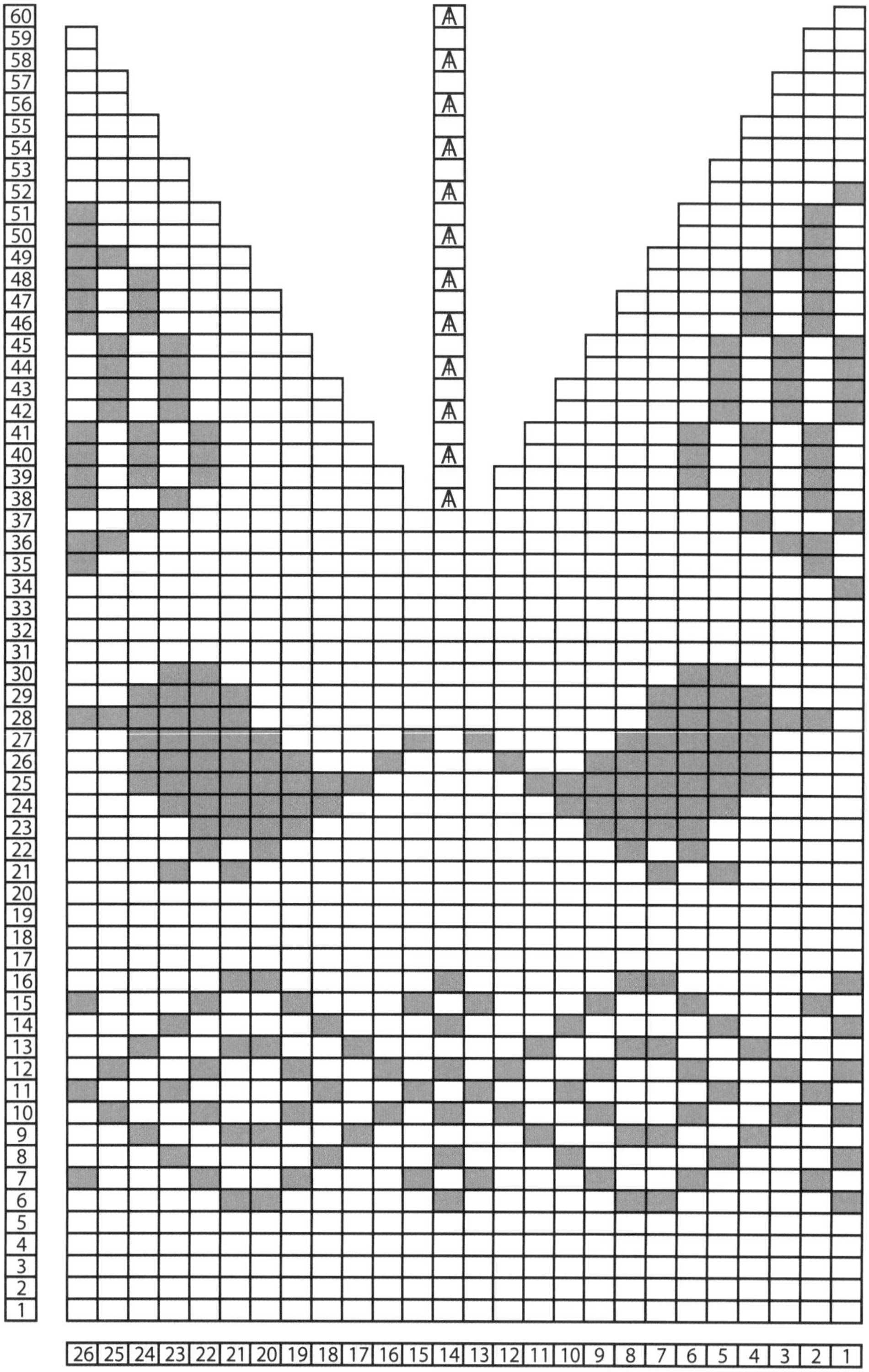

- Grundfarbe
- Einstrickfarfbe
- doppelt überzogene Abnahme

Croft

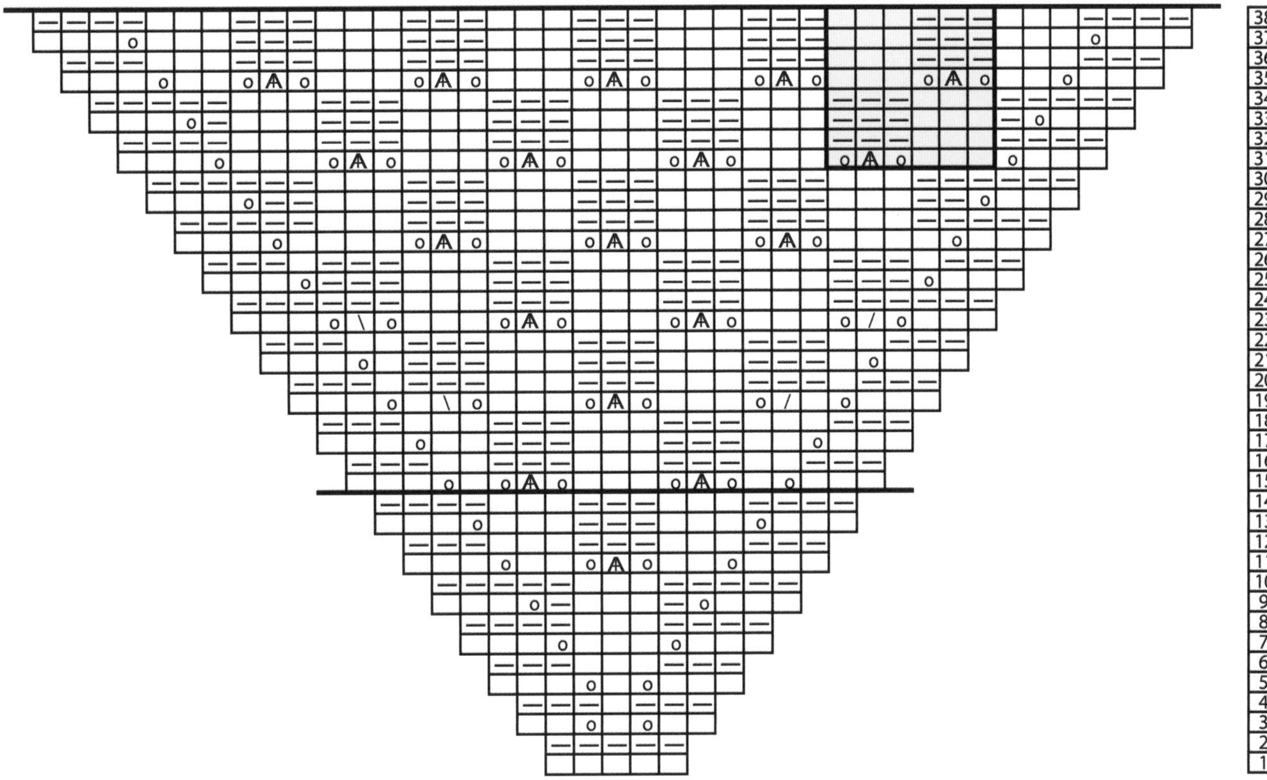

- ⩚ doppelt überzogene Abnahme
- \ überzogene Abnahme oder SSK
- / 2 Maschen rechts zusammenstricken
- o Umschlag
- – Links auf der Vorderseite, rechts auf der Rückseite

Zaunkönig A

Rechts

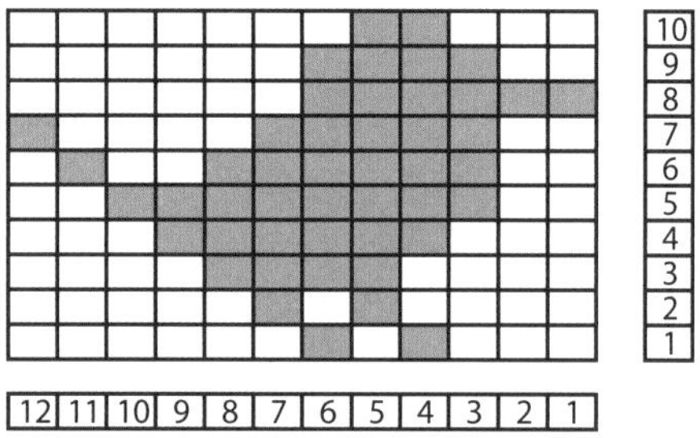

Links

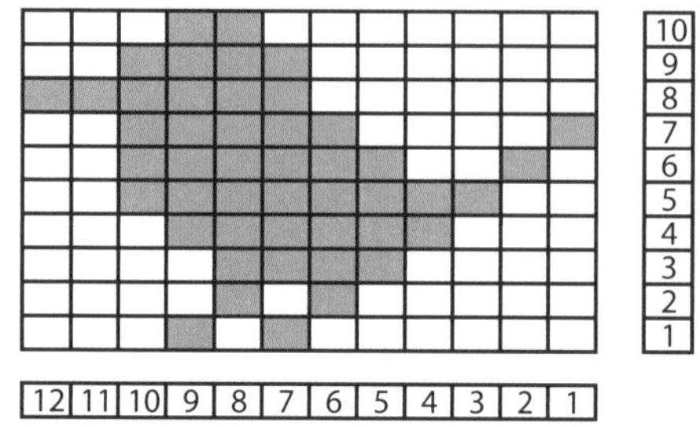

Zaunkönig B

Links

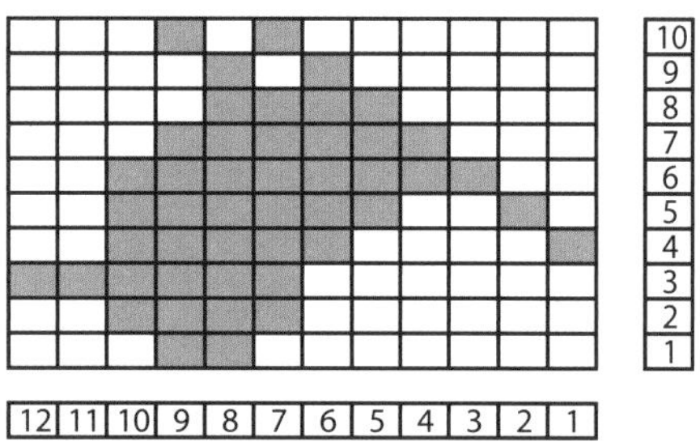

Rechts

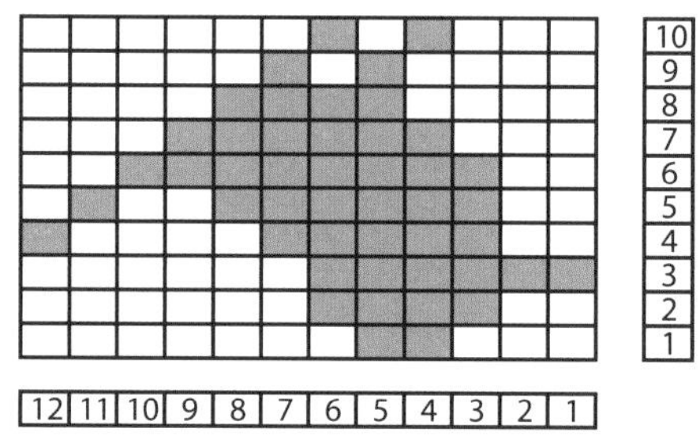

Yoal

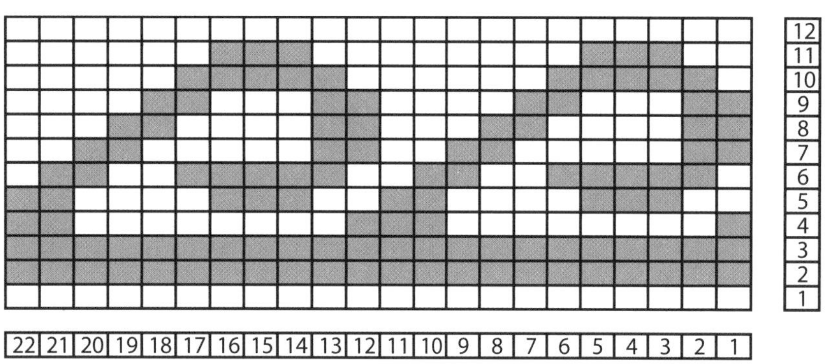

Grundfarbe

Einstrickfarbe

Zeichnungen

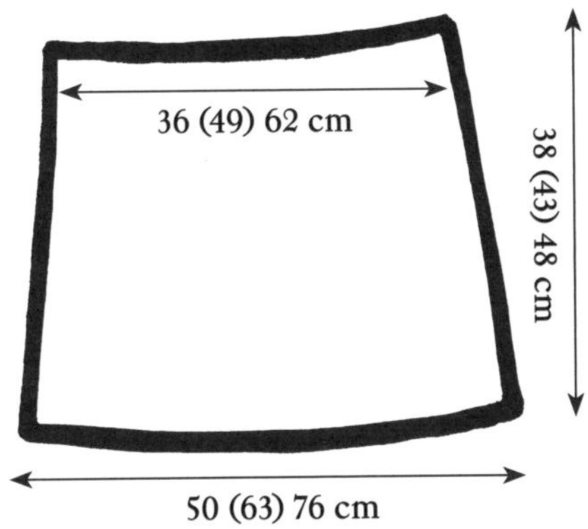

Rock

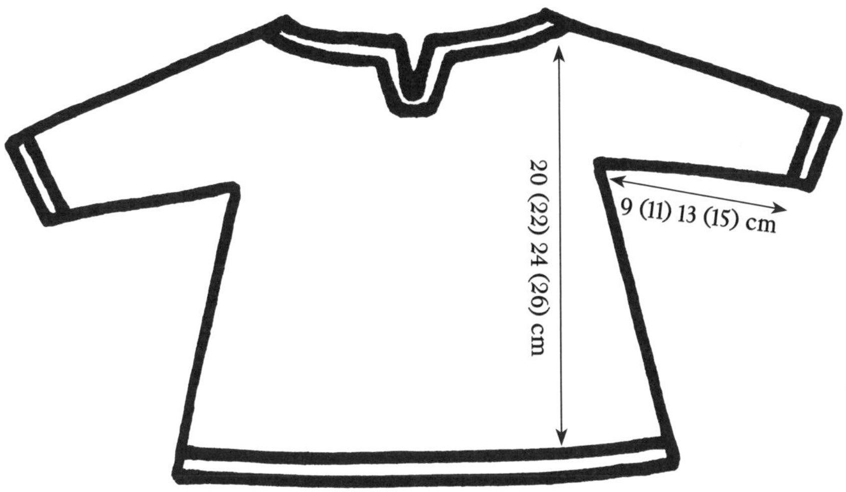

Babypullover

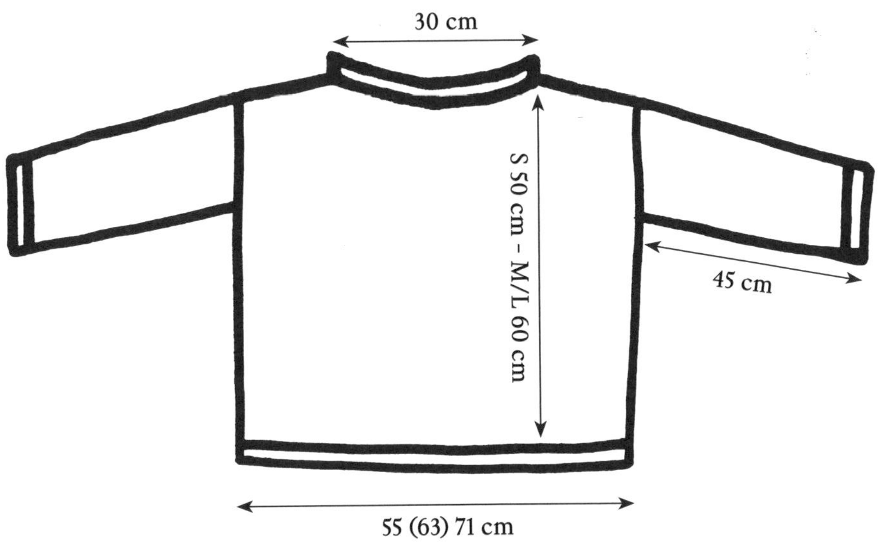

Pullover

Tipps

Tipp 1: Maschenprobe
Passen Sie, falls nötig, die Nadelstärke an, damit Sie das gewünschte Maschenverhältnis erhalten.

Tipp 2: Einstricken
Halten Sie das Garn, mit dem Sie den Hintergrund stricken, in der rechten Hand (in den Niederlanden halten wir während des Strickens das Garn üblicherweise in der rechten Hand). Legen Sie das Garn, mit dem Sie einstricken, über den linken Zeigefinger. Arbeiten Sie einfach mit dem Hintergrundgarn weiter. Wenn das Garn, das über dem linken Zeigefinger liegt, an der Reihe ist, wird es mit der Spitze der Stricknadel aufgenommen und nach vorne durch die Masche gezogen (dies ist die sogenannte kontinentale Methode, die überall, außer in Großbritannien und den Niederlanden, angewandt wird). Lassen Sie die Farbe, die Sie gerade nicht brauchen, auf der Rückseite locker mitlaufen, bis sie wieder gearbeitet wird, damit sich das Gestrick auf der Vorderseite nicht wellt und somit schön gleichmäßig wirkt.
Wenn Sie nach dieser Methode einstricken, entstehen auf der Rückseite der Arbeit Schlingen. Ist die Rückseite ebenfalls sichtbar, dann sind längere Schlingen weder schön noch praktisch. Man bleibt mit Fingern und Schmuck leicht darin hängen. Kleinere Schlingen sorgen auf der Rückseite des Gestricks für ein eigenes rhythmisches Muster, wodurch auch die Rückseite sehenswert wird. Deshalb stricken wir nie mehr als zwei Maschen ab, ohne den anderen Faden mit einzuweben.
Das Einweben des linken Fadens: Stricken Sie zwei Maschen rechts, stechen Sie die Nadelspitze unter den Faden, der über dem Zeigefinger liegt, dann den Faden über die rechte Nadelspitze herumlegen, den linken Faden wieder von der Nadelspitze gleiten lassen und die Masche rechts abstricken. Die nächste Masche stricken. Auf der Rückseite des Gestricks können Sie sehen, wie der rechte Faden den linken festhält.
Das Einweben des rechten Fadens: Stricken Sie zwei links verschränkte Maschen, stechen Sie die rechte Stricknadel in die Masche (so wie gewohnt), schlagen Sie den rechten Faden um die Nadelspitze, und nehmen Sie dann mit der Nadelspitze den Faden, der über den linken Zeigefinger läuft, normal auf, schlagen den rechten Faden zurück und stricken die Masche ab. Stricken Sie die nächste Masche. Auf der Rückseite hält jetzt der linke Faden den rechten fest.
Es ist ratsam, diese Technik kurz zu üben, damit man sich an das Einweben gewöhnt und die Einwebe-Bewegung schließlich unmerklich im Rhythmus der gewohnten Strickbewegung mitschwingt. Dies ist auch der Grund dafür, weshalb wir unsere Arbeiten so gerne rund stricken. Man kann durchgehend rechts und nach obiger Technik stricken. Stricker, die gerne visuell lernen, können sich diese und ähnliche Techniken auf YouTube ansehen. Suchen sie zum Beispiel nach «Fair Isle» oder «Knitting Fair Isle».

Tipp 3: Locker einweben
Achten Sie darauf, dass während des Einwebens die Spannfäden auf der Rückseite nicht fester angezogen werden als die Maschen auf der Vorderseite. Wenn man die Arbeit spannt und ein schönes, gleichmäßiges Resultat erhalten will, müssen die Fäden des eingestrickten Musters noch lang genug sein.

Tipp 4: Maschenstich
Sollen die Kanten einer Strickarbeit möglichst unsichtbar gesäumt werden, dann verbindet man am besten die Maschen, die gesäumt werden müssen, mit den gegenüberliegenden korrespondierenden Maschen. Diese Technik nennt man «Zusammennähen im Maschenstich». Sie verhindert das Verziehen der

Kanten und Säume. Außerdem entsteht dadurch eine fast unsichtbare Naht.

Tipp 5: Stricken mit einer Farbe
Wenn Sie Runden mit nur einer Farbe stricken, sollte in der Strickarbeit das Garn der anderen Farben weder mitlaufen oder festgelegt werden. Sie würden dadurch unnötig viel Garn verbrauchen.

Tipp 6: Waschen
Waschen Sie ihr fertiges Strickstück mit einem Wollwaschmittel. Heutzutage sind umweltfreundliche Varianten auf dem Markt, welche die natürlichen Eigenschaften der Wolle intakt lassen und in denen kein Mikroplastik steckt. Wir arbeiten am liebsten mit dem Wollwaschmittel von Sonett oder Kernseife. Sie können Ihrer Strickarbeit auch eine Lanolin-Wollkur gönnen, was ihr sehr gut tut. Wir raten Ihnen, Shetlandwolle von Hand zu waschen. Schleudern ist sogar mit hoher Schleuderdrehzahl kein Problem. Dadurch wird Ihre Strickarbeit handtuchtrocken und deren Trockenzeit verkürzt sich erheblich. Anschließend spannen wir unsere Strickarbeit. Dies können sie stärker oder weniger stark tun, es hängt ganz davon ab, welches Resultat Sie damit erzielen möchten. Schals und Tücher werden heller und weicher wenn man sie kräftig spannt, und einen Pullover können Sie dadurch genau auf Maß bringen. Fixieren Sie vor allem die Borten immer sorgfältig, denn dadurch werden sie flach und werden sich später nicht mehr aufrollen. Sie können dies mit Nadeln machen (achten Sie darauf, dass sich an den Kanten keine Rundungen bilden), oder Sie verwenden spezielle Spannungsdrähte.

Tipp 7: Farben
Alle Farben können nach Ihrem individuellen Farbempfinden kombiniert werden. Wählen Sie Farbkombinationen, die das, was Sie als Schöpfer/in sagen möchten, am besten zum Ausdruck bringen.

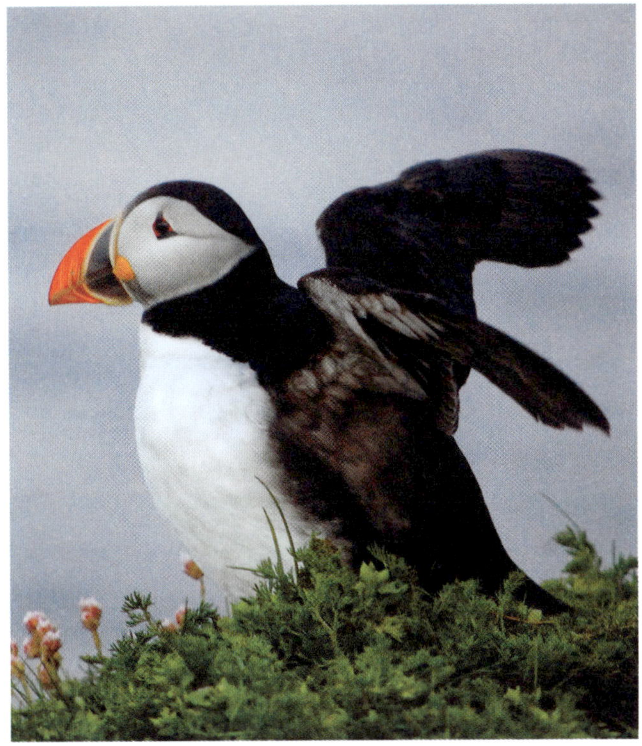

Tipp 8: Abnahmen
Überziehen: Heben Sie eine Masche rechts ab, stricken Sie die folgende Masche rechts ab und ziehen Sie die abgehobene Masche über die abgestrickte Masche.
SSK: Heben Sie 1 Masche ab, heben Sie nochmals 1 Masche ab, stechen Sie die linke Nadel vorne entlang von links nach rechts durch diese beiden Maschen und stricken diese zusammen.

Tipp 9: Zunahmen
Nehmen Sie bei den Tüchern Orchidee und Chickweed Maschen zu, indem Sie 2 Maschen aus einer herausstricken. Stechen Sie dazu nochmals in die hinterste Schlaufe derselben Masche. Somit bleiben die schrägen Kanten des Tuchs dehnbar.

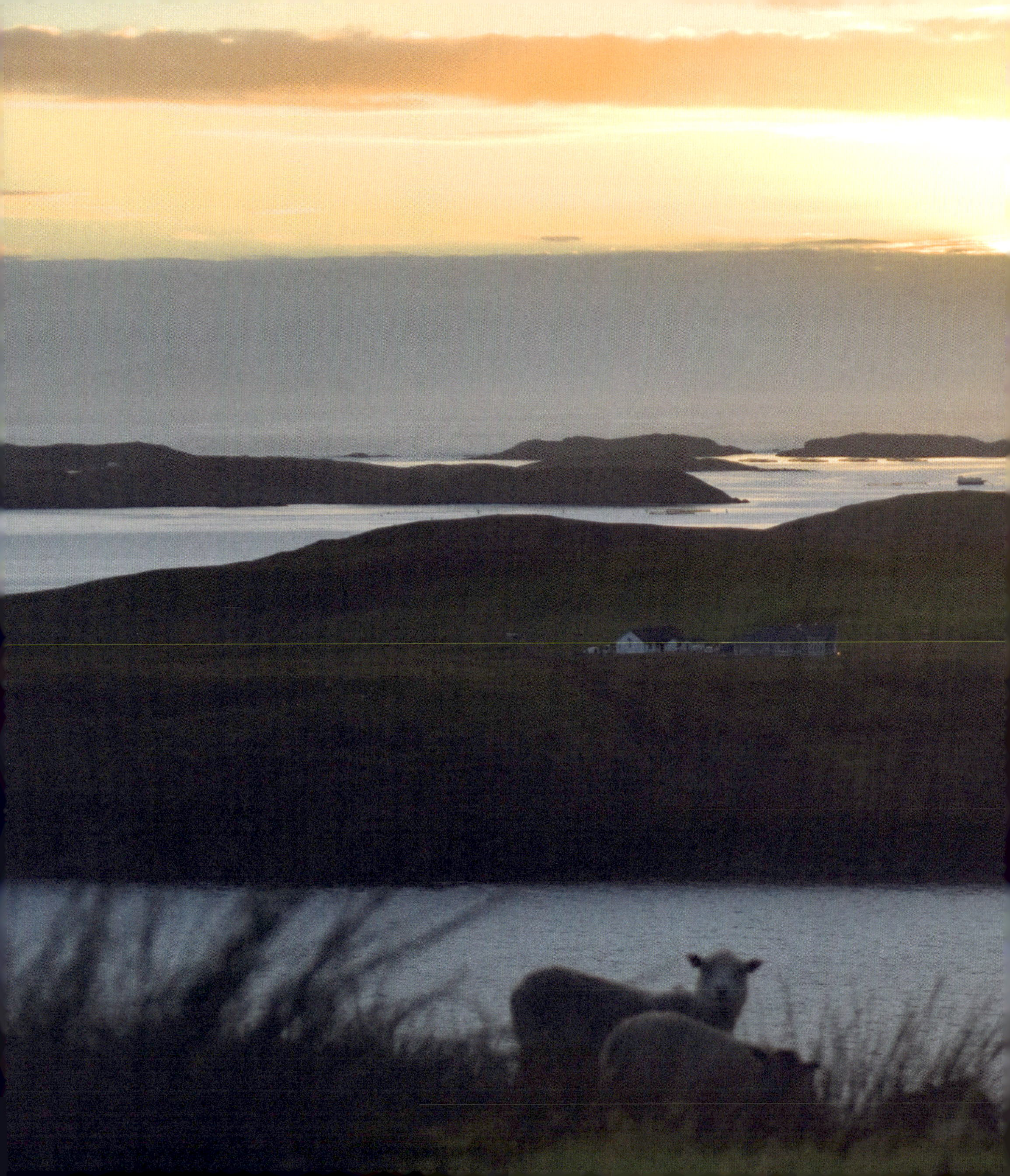

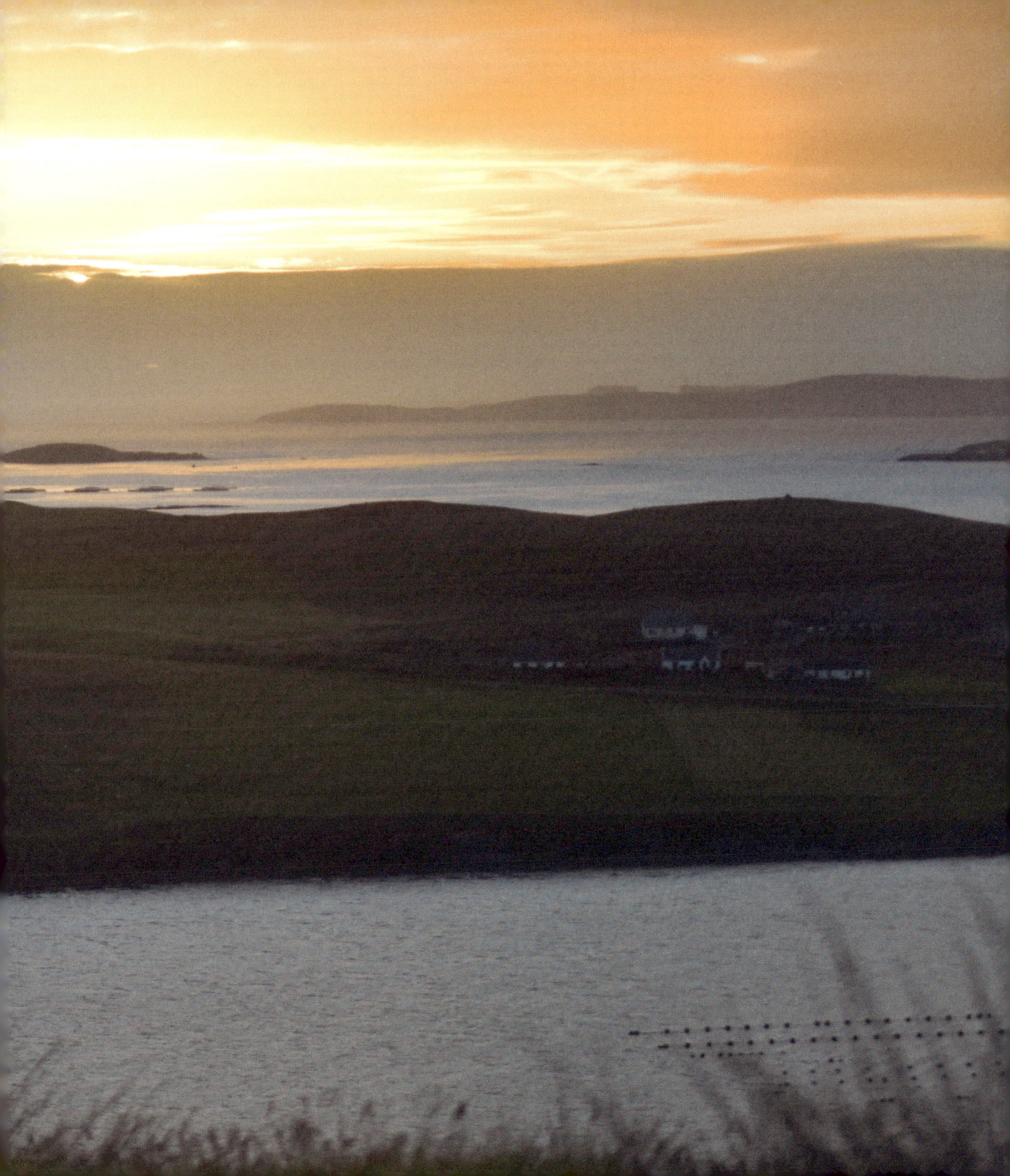

Verzeichnis der im Buch verwendeten Farben

«Jamieson's of Shetland Ultra» (50% Shetland Wool/50% Lambswool, 194 m/25 Gramm)
«Jamieson's of Shetland Spindrift» (100% Pure Shetland Wool, 105 m/25 Gramm)
«Jamieson's of Shetland DK» (100% Pure Shetland Wool, 75 m/25 Gramm)
«Jamieson's of Shetland Heather» (100% Shetland Wool, 92 m/50 Gramm)
«Shetland Organics 1-ply lace» (100% Organic Shetland Wool, 390 m/50 Gramm)
«Trollenwol Organic Shetland Lambswool» (100% Organic Shetland Lambswool, 175 m/50 Gramm)
«Uradale Yarn Jumper Weight» (100% Organic Shetland Wool, 175 m/50 Gramm)
«Uradale Yarn DK Weight» (100% Organic Shetland Wool, 130 m/50 Gramm)
«Uradale Yarn Aran» (100% Organic Shetland Wool, 82 m/50 Gramm)

Farbiges Tuch Chickweed

«Jamieson's of Shetland Spindrift»
75 Gramm Leprechaun (Farbe 1)
75 Gramm Natural white (Farbe 2)
25 Gramm Spice (Farbe 3)
25 Gramm Scotch broom (Farbe 4 Grundfarbe)
25 Gramm Autumn (Farbe 5 Grundfarbe)
25 Gramm Mirage (Farbe 6 Grundfarbe)
25 Gramm Bramble (Farbe 7 Grundfarbe)
25 Gramm Damask (Farbe 8 Grundfarbe)

Naturfarbenes Tuch Chickweed

«Uradale Yarn Jumper Weight»
150 Gramm Grey (Farbe 3, Grundfarbe)
100 Gramm Natural white (Farbe 2)
50 Gramm Shetland black (Farbe 1)
50 Gramm Moorit (Farbe 4)
50 Gramm Fawn (Farbe 9)

Stirnband

«Uradale Yarn Jumper Weight»
50 Gramm Shetland black/Silver (Grundfarbe)
50 Gramm Fawn/Grey (Einstrickfarbe)
Einige Meter Shetland black

Lace-Schal

«Shetland Organics 1-ply lace»
100 Gramm Natural white
oder
100 Gramm Moorit

Pulswärmer

«Uradale Yarn Jumper Weight»
50 Gramm Moorit (Grundfarbe)
50 Gramm Naturel white (Einstrickfarbe)
Einige Meter Fawn

Fäustlinge

«Uradale Yarn DK Weight»
50 Gramm Moss/Selfheal/Bilberry (Grundfarbe)
50 Gramm Natural white/Meadowsweet/Sundew (Einstrickfarbe)
Einige Meter Selfheal/Moss/Tormentil

Rock

«Uradale Yarn Aran»
200 (300) 400 Gramm Bilberry (Grundfarbe)
50 (100) 100 Gramm Ling (Einstrickfarbe 1)
Einige Meter Selfheal für die Kreuzstiche
«Jamieson's of Shetland Heather»
200 (300) 400 Oceanic (Grundfarbe)
50 (100) 100 Gramm Eesit/White (Einstrickfarbe 1)
50 Gramm Highland Mist (Einstrickfarbe 2)
Einige Meter Romance für die Kreuzstiche

Handschuhe

«Jamieson's of Shetland Spindrift»
50 Gramm Spagnum (Grundfarbe)
25 Gramm Poppy (Einstrickfarbe 1)
25 Gramm Cinnamon (Einstrickfarbe 2)
«Uradale Yarn Jumper Weight»
50 Gramm Moorit (Grundfarbe)
50 Gramm Shetland black (Einstrickfarbe 1)
50 Gramm Natural white (Einstrickfarbe 2)

Stiefelmanschetten

«Jamieson's of Shetland DK»
75 Gramm Moorit (Grundfarbe)
25 Gramm Poppy (Einstrickfarbe 1)
25 Gramm Oyster (Einstrickfarbe 2)
«Uradale Yarn DK Weight»
100 Gramm Shetland grey (Grundfarbe)
50 Gramm Bilberry (Einstrickfarbe 1)
50 Gramm Selfheal (Einstrickfarbe 2)
Einige Meter Natural white

Tuch Orchidee

«Uradale Yarn Jumper Weight»
500 Gramm Shetland black (Grundfarbe)
300 Gramm Natural white (Einstrickfarbe 1)
50 Gramm Deer grass (Einstrickfarbe 2)

Babymütze

«Jamieson's of Shetland Spindrift»
25 Gramm Wild violet/Mist/Granny Smith (Grundfarbe)
25 Gramm Peony/Prussian blue/Ivy (Einstrickfarbe)
«Uradale Yarn Jumper Weight»
50 Gramm Natural white/Juniper (Grundfarbe)
50 Gramm Fawn/Natural white (Einstrickfarbe)

Babypullover

«Uradale Yarn Jumper Weight»
50 (50) 50 (100) Gramm Natural white (Grundarbe)
50 Gramm Fawn (Einstrickfarbe)
«Jamieson's of Shetland Spindrift»
50 (50) 50 (75) Gramm Wild violet/Granny Smith (Grundfarbe)
25 Gramm Peony/Ivy (Einstrickfarbe)

Babysöckchen

«Jamieson's of Shetland Spindrift»
25 Gramm Wild violet/Mist/Granny smith (Grundfarbe)
25 Gramm Peony/Prussian blue/Ivy (Einstrickfarbe)
«Uradale Yarn Jumper Weight»
50 Gramm Natural white/Juniper (Grundfarbe)
50 Gramm Fawn/Natural white (Einstrickfarbe)

Stirnband Papageientaucher

Reste von: «Uradale Yarn Jumper Weight»
Shetland black (Grundfarbe = Farbe 1)
Natural white (Farbe 2)
Deer grass (Farbe 3)
«Jamieson's of Shetland Spindrift»
Pumpkin (Farbe 4)
Cornfield (Farbe 6)
«Trollenwol Organic Shetland Lambswool»
Hawkweed (Farbe 5)

Barett

«Jamieson's of Shetland Spindrift»
25 Gramm Pine forest (Grundfarbe)
25 Gramm Moorgrass (Einstrickfarbe 1)
25 Gramm Peony (Einstrickfarbe 2)
25 Gramm Wren (Einstrickfarbe 3)
«Uradale Yarn Jumper Weight»
50 Gramm Shetland black (Grundfarbe)
50 Gramm Silver (Einstrickfarbe 1)
50 Gramm Natural white (Einstrickfarbe 2)
50 Gramm Fawn (Einstrickfarbe 3)

Croft-Tuch

«Jamieson's of Shetland Ultra»
125 Gramm Waterlily
«Uradale Yarn Jumper Weight»
200 Gramm Ling

Pullover

«Uradale Yarn Jumper Weight»
400 (500) 600 Gramm Shetland grey (Grundfarbe)
100 Gramm Shetland black (Einstrickfarbe 1)
50 Gramm Deer grass (Einstrickfarbe 2)
50 Gramm Selfheal (Einstrickfarbe 3)
50 Gramm Ling (Einstrickfarbe 4)
50 Gramm Shetland white (Einstrickfarbe 5)
50 Gramm Moorit (Einstrickfarbe 6)

Decke

«Jamieson's of Shetland DK»
175 Gramm Madder (Farbe 1)
175 Gramm Aqua (Farbe 2)
150 Gramm Nighthawk (Farbe 3)
125 Gramm Sunrise (Farbe 4)
125 Gramm Spice (Farbe 5)
125 Gramm Seabright (Farbe 6)

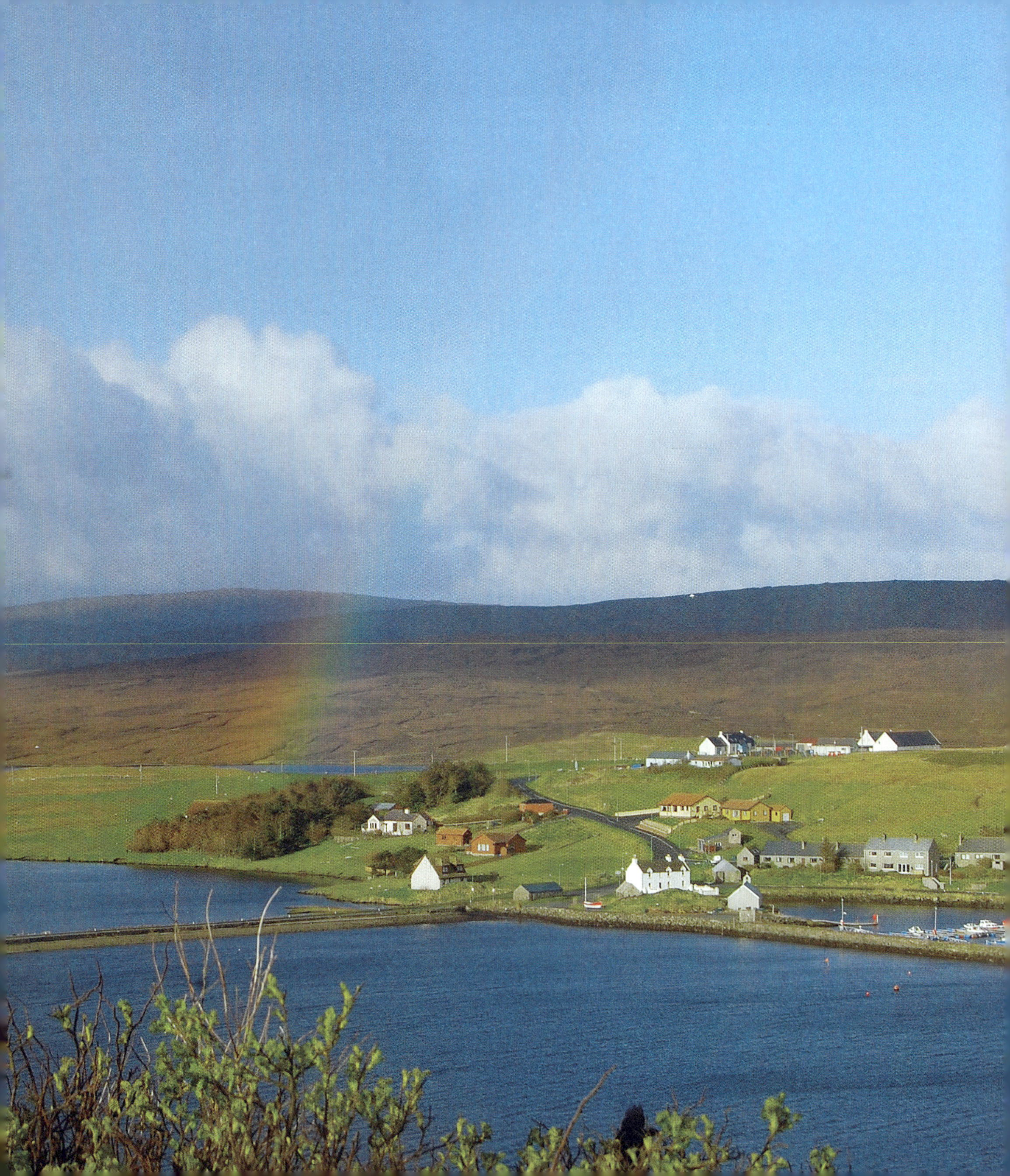

Nachwort

Dieses Buch kam nicht nur dank unserer Liebe zur Wolle und zur Natur zustande, sondern auch in erheblichem Maß durch die enthusiastische Mitarbeit und Reaktion der Bewohner Shetlands. Ohne ihre Bereitwilligkeit, uns so viel zu erzählen und zu zeigen, hätten wir dies alles nie geschafft. Auf den Shetlands leben auf einem relativ kleinen Fleckchen Erde viele Menschen mit außergewöhnlichen Talenten, die zudem noch mit einer riesigen Portion Herzlichkeit gesegnet sind. Dank ihnen haben wir viel über die wundersame Welt der Schafe und des Strickens auf Shetland erfahren und gelernt.

Unser Dank geht ganz besonders an all diejenigen, die mit ihrem spezifischen Fachwissen einen Beitrag zu diesem Buch geleistet haben: Ronnie Eunson und Sue White von Aalmerk/*Uradale Yarn;* die Familie Jamieson von *Jamieson's of Shetland;* Pete und Linda Glanville von *Shetland Organics;* Mike Finny von *Red Houss* und *Ramnaberg Stud Scalloway.*

Zu großem Dank sind wir auch denen verpflichtet, die uns unseren Aufenthalt auf Shetland mehr als angenehm gestaltet haben: Die Mitarbeiter verschiedener Museen, die wir besucht haben und die uns immer wieder geholfen haben, wenn wir keinen Rat mehr wussten; Lorna Grains, die ihr «Upper Garden» an uns vermietet hat, wo die allerersten Ideen zu diesem Buch entstanden; die *Shetland Soap Company,* die herrlich duftende Seifen herstellt, mit denen wir auch problemlos unsere Strickarbeiten waschen konnten; Hazel Tindall und die *Shetland Guild of Knitters, Spinners, Weavers and Dyers,* die uns während unserer ersten Reise zur Teilnahme an ihrer monatlichen Zusammenkunft eingeladen und uns den fröhlichsten Strick-Morgen unseres Lebens beschert haben; der Fremdenverkehrsverein in Lerwick, bei dem wir immer dann vor der Tür standen, wenn wir nicht mehr wussten, wohin wir noch gehen könnten; der *Shetland Times Bookshop,* in dem wir immer genau die Bücher über die besonderen Sehenswürdigkeiten Shetlands gefunden haben, nach denen wir suchten; und vor allem Niela, von *Nielanell,* in Hoswick, die eine riesige Inspirationsquelle ist und die uns mit ihrer Begeisterung und Erfahrung enorm unterstützt hat.

Auch danken wir unseren Angehörigen, die unser hektisches Treiben während der Entstehung des Buches – vor allem bei näher rückendem Abgabetermin – mit Gelassenheit ertragen haben. Und zu guter Letzt danken wir Katelijne de Haan, die alles, was wir produziert haben, zu einem Buch vereint hat, auf dass Sie nun munter losstricken und Shetland entdecken können.

Marja de Haan
Anne de Haan
Hilly van der Sluis

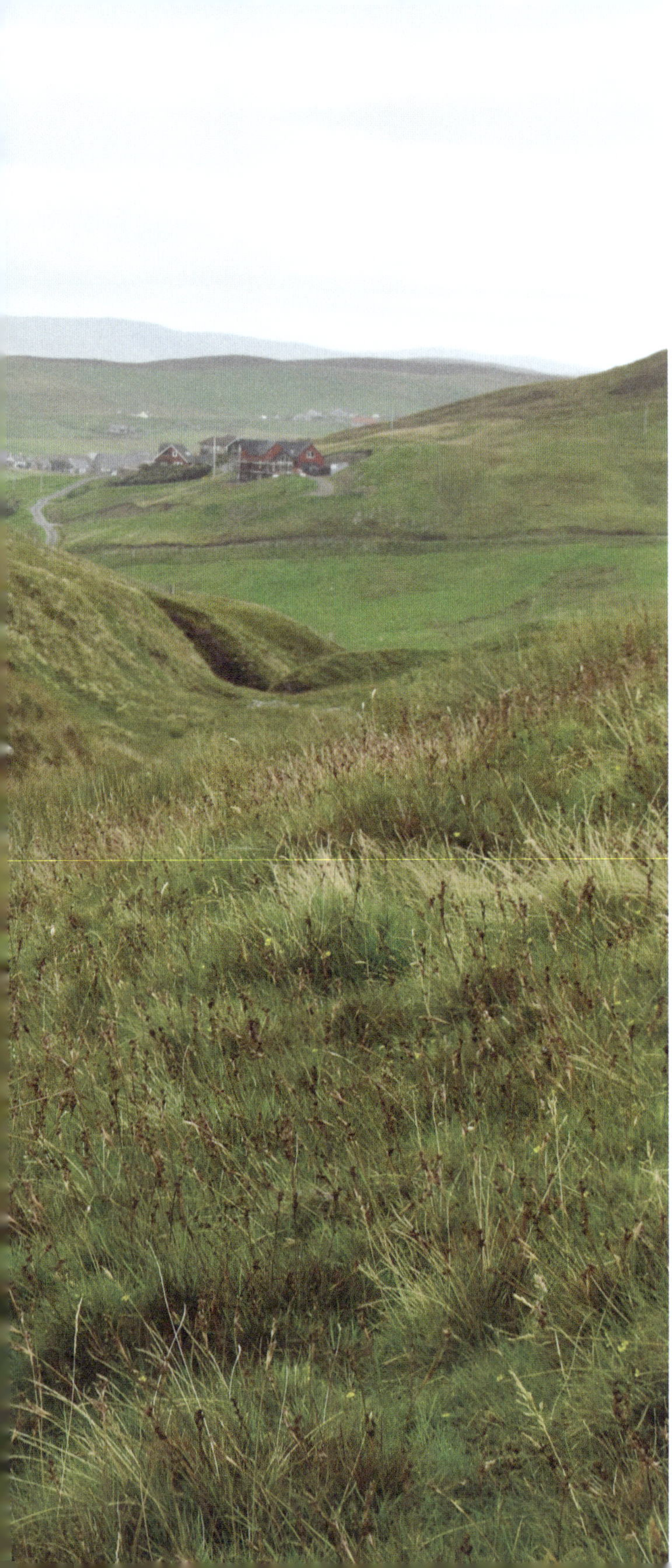

Weitere Informationen über die Wolle und deren Bezugsquellen finden Sie im Internet unter den folgenden Adressen:

www.trollenwol.nl
www.trollenwolweb.nl
www.jamiesonsofshetland.co.uk
www.uradale.com
www.shetlandorganics.com

Trollenwol
Traaij 7
3971 GB Driebergen-Rijsenburg
Niederlande
Mail: info@trollenwol.nl

Notizen

Aus dem Niederländischen von Andrea Prins

2. Auflage 2022

Verlag Freies Geistesleben
Landhausstraße 82, 70190 Stuttgart
www.geistesleben.com

ISBN 978-3-7725-2750-0

Die Originalausgabe erschien 2017 unter dem Titel
Shetland breien bei Trollenwol, Driebergen-Rijsenburg

www.trollenwol.nl

Models: Malou van der Sluis / Anne de Haan / Katelijne de Haan / Kaat

Für die deutsche Ausgabe:

Fachlektorat: Friderike Plath
Gestaltung: Thomas Neuerer
Druck: DZS Grafik, Ljubljana
Printed in Slovenia

Klimaneutral
Druckprodukt
ClimatePartner.com/13357-2202-1007

FSC www.fsc.org
MIX
Papier aus verantwortungsvollen Quellen
FSC® C106600

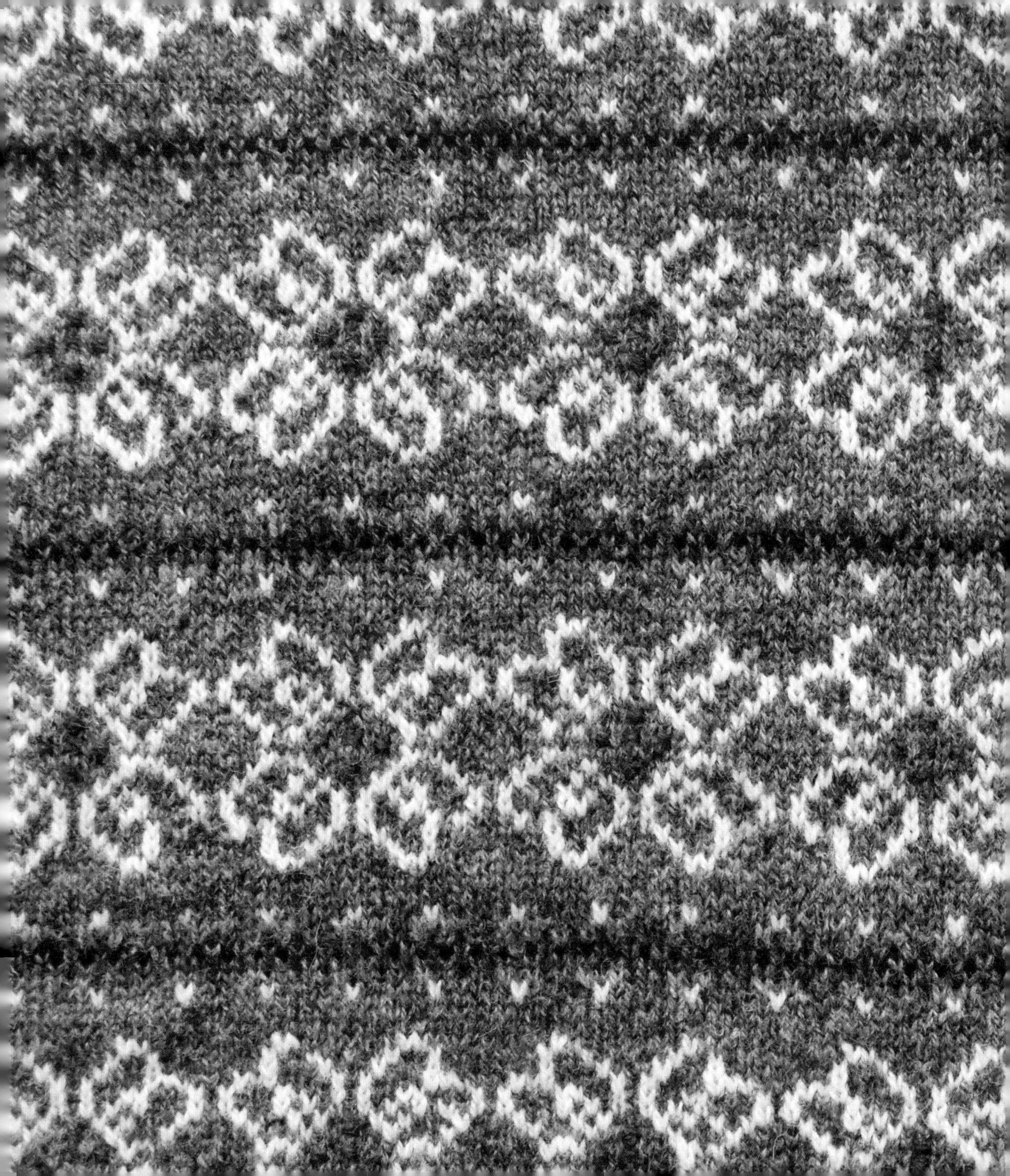